面 向 2 1 世纪课程教材
Textbook Series for 21st Century

普通高等学校社会工作专业主干课系列教材

小组工作

Xiaozu Gongzuo

（第二版）

中国社会工作教育协会 组编
刘 梦 主 编
张和清 副主编

编者（按所写章序排名）：
张和清 刘 梦 张青方 陈钟林

高等教育出版社·北京

内容提要

本书是中国社会工作教育协会组编的高校社会工作专业主干课系列教材之一。第二版吸收最新研究成果，力求反映本土实务领域取得的进展和面临的问题，案例鲜活生动。全书主要内容包括：小组工作的起源与发展，小组工作的价值观和职业伦理，小组工作的理论基础和工作模式，小组动力学，小组发展过程与各阶段技巧，小组的评估，小组工作在不同人群中的运用等。着重阐明小组工作的基本理念、价值观、职业伦理和技巧；注重理论和实践结合、课堂教学和实践教学结合，通过学习过程中的实务训练，结合中国本土的经验，坚持"学中做"的原则，以增强学生开展小组工作的实践能力。

本书主要可供高校社会工作专业教学使用，也适于社会福利部门和机构的行政人员、非营利机构中的管理者及各类社会工作者阅读。

图书在版编目(CIP)数据

小组工作/刘梦主编；中国社会工作教育协会组编．--2版．--北京：高等教育出版社，2013.1（2023.5重印）
ISBN - 978 - 7 - 04 - 036319 - 7

Ⅰ.①小… Ⅱ.①刘…②中… Ⅲ.①社会工作-高等学校-教材 Ⅳ.①C916

中国版本图书馆 CIP 数据核字(2012)第 242302 号

策划编辑 张 然 责任编辑 张 然 封面设计 于 涛 版式设计 余 杨
责任校对 金 辉 责任印刷 刘思涵

出版发行	高等教育出版社	咨询电话	400 - 810 - 0598
社 址	北京市西城区德外大街 4 号	网 址	http://www.hep.edu.cn
邮政编码	100120		http://www.hep.com.cn
印 刷	中农印务有限公司	网上订购	http://www.landraco.com
			http://www.landraco.com.cn
开 本	787mm×960mm 1/16	版 次	2003 年 12 月第 1 版
印 张	18		2013 年 1 月第 2 版
字 数	330 千字	印 次	2023 年 5 月第 21 次印刷
购书热线	010 - 58581118	定 价	36.00 元

物料号 36319 - 00

总　　序

20 世纪 80 年代中期，国家教委（现称教育部）决定在高等学校设立社会工作与管理专业（后改为社会工作专业），北京大学等几所高等学校在多方支持下开办了该专业。到 90 年代中期，社会工作专业获得了一定发展。近几年来，社会工作专业在规模上获得了快速增长，这与我国体制改革的深入和社会进步的要求，以及高等教育的发展密切相关。

教材建设是学科建设的重要组成部分。在社会工作专业建立之初，编写高水平的专业教材对于我国社会工作教育学者来说是具有挑战性的，因为社会工作专业教育在我国高等学校中断了 30 多年，我国社会工作教育学者对国际社会工作专业理论和知识不甚熟悉，另外，学者们对我国本土的社会工作（社会服务）的理论和实践的深入研究也不够。十多年来，各校社会工作专业教育同仁在这方面做了积极的努力，也取得了一些成果，但总的来讲教材建设还相对滞后。

中国社会工作教育协会于 1994 年成立，并决定把教材建设和学科规范化作为其工作的重要内容。基于国内同行的知识积累和现实要求，中国社会工作教育协会决定着手组编社会工作专业教材。从 1997 年开始，经过 5 所高等学校 14 名有丰富教学经验的学者两年多的努力，由高等教育出版社出版了王思斌教授主编的《社会工作概论》，迈出了由协会统筹、各高等学校共同编写教材的第一步。该书出版之后得到了同行专家的好评，它不但被许多学校当作教材，而且在 2002 年获得教育部全国普通高等学校优秀教材二等奖。实践说明，集中各校有丰富教学经验的学者共同编写教材这条路是可行的。

随着高等教育的快速发展，教育部进一步提出了加强各专业主干课教程建设的措施，其中包括确定各专业主干课程，编写和颁布“主干课程教学基本要求”。在这种情况下，受教育部委托，教育部高等学校社会学学科教学指导委员会几次召开会议，在各校系主任、专业负责人和资深教师的广泛参与下，确定了社会学专业和社会工作专业的主干课程，并协助教育部编制了“主干课程教学基本要求”。中国社会工作教育协会在组编《社会工作概论》经验的基础上，积极承担了组编社会工作专业主干课教材的任务。2002 年 7 月中国社会工作教育协会召开教材编写研讨会，确定了专业主干课程的教学基本要求和各主干课教材的编写人选，同时决定教材编写实行主编负责制。

协会计划在2—3年内出版全部专业主干课教材，并出版一批专业教育急需的其他教材和教学参考书，以及研究性学术书刊——《中国社会工作研究》。行内学者积极地参与了这一重要的学科建设过程，参加教材编写的学者在繁忙的教学、科学研究过程中，付出巨大努力精心编写教材。可以说，这些教材是当前我国社会工作专业教学和研究水平的展示。

应该特别提出的是，香港凯瑟克基金会对我国社会工作教育给予了重要支持。香港凯瑟克基金会是一个以支持社会服务为主的非营利组织，多年来，以亚太区社会工作教育协会香港中国小组为中介，该基金会对中国内地的社会工作教育给予了多方面的支持。在得知中国社会工作教育协会的上述发展计划之后，香港凯瑟克基金会决定无条件地给予经费方面的资助，这对我国内地社会工作教育学者是一个极大的激励。所以，这套主干课程系列教材的出版，要由衷地感谢香港凯瑟克基金会，当然也感谢为我们搭起桥梁的香港社会工作教育界的同仁。

编写高水平的专业教材谈何容易。虽然参与编写这套主干课程系列教材的都是有丰富教学经验、也有一定研究成果的教育学者，但是毕竟中国内地的社会工作专业教育恢复重建时间尚短，所以，这套教材肯定会有一些不尽如人意之处。一个学者是不愿意将自己不甚成熟的著述拿出来示众的，但是学无止境，社会工作专业的快速发展使得我们不能再等下去，因为大量新开办的社会工作专业的师生迫切需要既能介绍国外先进理论和知识，又对我国社会工作实践有一定理论总结和分析的教材。在这种情况下，也为了规范社会工作专业教育，这套教材将陆续面世，供大家使用并提出批评、改进的建议。教育部在制定“专业主干课程教学基本要求”时的指导思想是“一纲多本”，即在遵循上述“基本要求”的前提下，鼓励编写有不同特点的教材，相互比较、竞争发展。希望这套教材能在这方面发挥积极的作用。

在中国内地社会工作教育的发展过程中，本人受多方同仁的启发，曾指出学科建设既要遵循国际通则，又要注重我国社会实际，并对社会工作本土化提出某些看法。在编写专业主干课教材问题上，我也希望重申上述观点。我们必须充分尊重国际社会工作、社会福利学术界的研究成果，相信在诸多方面人类知识具有共同性，要客观地、全面地介绍那些有价值的理论和知识。另一方面，社会工作的务实特点要求必须将理论和中国实际尽可能紧密地结合起来。在这方面，必须强调社会工作研究，其中包括理论研究、实务研究、教学研究等。在这里，社会工作的本土化研究和本土社会工作经验的研究都是重要的，而二者的整合将使中国社会工作的理论和实践达到一个新的水平。显而易见，要做到这一点，需要社会工作教育学者积极而深入地参加社会工作实践。如果社会工作专业教材能达到这一水平，那么就可以说，我们对中国社会工作教育和社会工作实践的发展做出了更大贡献。

感谢教育部高等教育司、教育部高等学校社会学学科教学指导委员会、高等教育出版社对出版这套教材的支持。在研讨和设计这套教材的时候，教育部高等教育司给予了具体的指导和部分经费支持。教育部高等学校社会学学科教学指导委员会，特别是主任委员郑杭生教授、副主任委员宋林飞教授、谢遐龄教授对社会工作专业的发展和本套教材的编写给予了大力支持。高等教育出版社文科分社副社长王方宪同志对这套教材的编写提出了参考意见，在教材编写过程中，高等教育出版社的编辑于健航、干咏昕等同志做了大量推动和建设性工作。

各方为社会工作专业在中国的发展做出了积极的努力，但愿它顺利成长并尽快成熟，并为中国人民的福祉作出自己的贡献。

中国社会工作教育协会会长

王思斌

2003年10月

目　　录

第一章

小组工作概述

本章重点问题：

1. 怎样理解小组和小组工作？
2. 小组的类型和小组工作的功能有哪些？
3. 掌握小组工作在西方、中国港台和内地的发展状况。

人类是群体性生物，人在群体中(in groups)生活，而且通过群体(through groups)达到发展和改变的目的。人类生活离不开小组，我们每个人都有参加小组并与他人合作的经验，有在小组中与别人分享和成长的体会。小组工作正是基于在群体中与别人互动，发挥个人潜能，达到改变的目的。本章从讨论小组和小组工作的概念入手，系统介绍小组工作的功能、分类以及小组工作在欧美和中国港台特别是内地的发展历程。

第一节 小组与小组的类型

一、小组

我们的生活通常离不开小组，每天早上我们起床后与家人共进早餐；出门后与一群陌生人共乘一辆交通工具；进入单位后，与同事合作完成一天的工作，小组成为我们生活、工作的重要组成部分。那么，到底什么是小组呢？

《现代汉语词典》对小组的定义是：“为工作、学习上的方便而组成的小集体。”《全英大百科全书》对小组的定义是:“一群彼此有关系的人。”《商务词典》对小组的定义是:“一群人有常规接触和经常性互动,彼此影响,产生友情,团结合作,实现共同目标。”从这些定义中,我们发现小组具备以下特点:

- 规模:小组在人数上有一定的要求,是个小集体或一群人。
- 关系:组员彼此之间有关系和交往。
- 目的:组员彼此之间交往出于某种目的。

为了帮助人们更好地理解社会工作情境中的小组,我们来看看不同的小组工作学者是如何界定小组的。

◆ 小组建立在组员(或者说小组的组成部分)之间的互相依存之上。①

◆ 小组指的是一群人在某段时间内可以经常沟通,人数足以让彼此之间能够直接地、面对面沟通,而不是经过他人或间接沟通。②

◆ 小组指的是由两个或以上的人组成的单位,他们会进行有目的的交往,且这种交往是有意义的。③

◆ 小组是一个由两个或以上的人构成的社会系统,彼此之间会有地位和角色关系,在小组过程中,要遵循一定的规则或价值观,来约束成员的个人态度和行为。小组说明了不同人群中间的关系,因此,社会系统就会具有结构、某种稳定性、互动、互惠、独立和小组约定。开放的社会组织不会存在于真空之中,它们必须与周围的环境之间形成互动,并成为环境的组成部分。

◆ 小组是一群人的集合,他们在一个合适的机构中,彼此配合,来完成共同的任务。

◆ 当两个及以上的人界定自己为小组组员,并得到至少一人认可的群体。④

◆ 小组是两个或以上的人经由社会关系而组成的。⑤

由上述定义可推知,在小组工作情境中,小组具有以下这些特点:

- 有一定的规模(两人及以上),⑥
- 组员间有经常性的互动,
- 组员彼此有认同感,⑦

---

① Lewin K. 1951. *Field theory in Social Science*:*Selected theoretical papers*. New York:Harper & Row.

② Homans G. 1951. *The Human Group*. London:Routledge and Kegan Paul.

③ Mills T M. 1967. *The Sociology of Small Groups*. Englewood Cliffs NJ:Prentice-Hall.

④ Rupert B. 1988. *Group Processes*: *Dynamics within and between groups*. Oxford: Wiley Blackwell.

⑤ Forsyth D R. 2006. *Group Dynamics*. 4th ed. Belmont CA:Thomson Wadsworth Publishing.

⑥ Benson J. 2000. *Working More Creatively with Groups*. London:Routledge.

⑦ Turner J C & Hogg M A. 1987. *Rediscovering the Social Group*: *A self-categorization theory*. Oxford:Basil Blackwell.

- 组员彼此之间互相依存，[①]
- 小组就共同关注的问题能产生共同的信念、价值观和规范，
- 组员为了共同的目标和任务而走到一起，
- 小组会与环境互动，并成为环境的一部分。

香港的学者是这样总结小组的特点的[②]：

- （成员间）形成关系，
- 有共同的目标和利益，
- 成员间互相影响，
- 地位与角色的演变，
- 成员有归属感，
- 小组有发展阶段，
- 有规范、准则等社会控制，
- 小组的文化与气氛。

学者们从不同的角度对小组的特点进行了全面的综合和总结，掌握这些小组特点，能够有效帮助我们理解小组工作的特征和功能。

二、小组的类型

小组的分类有很多，从小组理论的角度，学者们将小组分成了不同的类型：初级小组与次级小组，计划小组与偶现小组，形成小组与自然小组，自愿小组与非自愿小组，封闭小组与开放小组等。

1. 初级小组与次级小组

初级小组指一群人的集合，例如家庭或亲密朋友圈子，他们会出现紧密的、面对面的亲密交往，组员之间互相依存，彼此关爱和照顾，分享自己人的感受。在初级小组中形成的关系比较持久，初级小组是社会化的重要手段，在这些初级小组中，人们开始建立各自的态度、信念和价值观[③]。

次级小组指组员之间很少有直接交往的群体，组员之间并不熟悉和了解，他们缺乏情感联系，但具有共同的利益或活动。它们的规模通常会很大，并且是正式形成的小组。在这样的小组中，人们彼此交换的是商品，例如劳务工资、收费服务。工会、行业协会等组织就是这样的次级小组，这里也是人们进行社会化的重要场所，但其重要性低于初级小组。

---

① Cartwright D & Zander A. 1968. *Group Dynamics*: *Research and theory*. 3rd ed. London: Tavistock Publications.

② 何洁云等，2002，《社会工作实践——小组工作》，香港：香港理工大学应用社会科学系。

③ Cooley C H. 1909. *Social Organization*: *A study of the larger mind*. New York: Scribners.

2. 计划小组与偶现小组

计划小组指为实现某种目标而建立的小组,可能由组员建立,也可能由组外人士、团体或机构组建。因此,这类小组的明显特点是事先策划组建的,目的明确,典型的例子就是治疗小组、委员会、团队、机组人员、专业运动队、俱乐部等。

偶现小组是人们发现自己身处同一场所而形成的,或者一群人通过一段时间的谈话或互动了解而形成的小组①,这类小组的特点是情境性的、自我组织的。典型的例子就是听众、排队的人群、酒吧的酒友等。

福赛思(D. R. Forsyth)曾经经典地说明了这两个小组的区别:"人们创建了计划小组,而往往发现了偶现小组(People *found* planned groups,but they often *find* emergent groups)"。② 由此可见,计划小组是人们出于某种目的而有意识地组建的小组;偶现小组是在没有事先策划的基础上,在某个时间和空间,由于外在的环境因素而导致一群人的临时性的集合,或者是人们的一种自我组织行为。

3. 形成小组与自然小组

形成小组指在外在因素影响下而组织的小组。它们通常是出于某些目的,在某些人的影响下人为形成的。如教育小组、社会行动小组和团队等。

自然小组指由于自然事件发生、人际吸引或成员出于共同目标而形成的小组。它们通常没有受到外界的影响而自发成立,如家庭、同伴、朋友网络、街头团伙和帮会。

4. 自愿小组与非自愿小组

自愿小组是基于组员自身动机和主动性而形成的,自愿小组中所有组员都是自愿参与的,例如,志愿者小组、社交技巧训练小组、育儿技巧学习小组等。

非自愿小组则指组员不是因为自身动机和主动性而形成的小组,组员参与小组是迫于强制压力和指令而参与的。例如,司法机构或矫正机构中的戒毒小组、戒酒小组、施暴者小组等。

5. 封闭小组与开放小组

封闭小组指的是从小组首次聚会到小组结束,组员的身份不会发生改变,不会随着时间的改变而增加或减少小组组员。一般来讲,结构性较强的治疗性小组或者会涉及一些深层互动的小组,都会采取封闭小组的形式,以确保组员的稳定性和持续性。例如,家庭暴力受害者和施暴者的治疗小组等。

开放小组指的是在小组过程中允许组员离开或者加入。教育性、任务性小

① Cartwright D & Zander A. 1968. *Group Dynamics*:*Research and theory*. 3rd ed. London:Tavistock Publications.

② Forsyth D R. 2006. *Group Dynamics*. 4rd ed. Belmont CA:Thomson Wadsworth Publishing.

组一般是开放小组，因为对小组的结构要求不高、小组的内容可能会滚动性重复，因此，允许老组员离开和新组员加入，不会影响小组的进程。例如，法律知识普及小组、社区环境保护教育小组等。

在社会工作情境中，会较多地涉及次级小组、计划小组、形成小组、自愿小组和封闭小组，也会涉及一些有关家庭、同伴、朋友网络等初级小组或自然小组，在某些情况下还会涉及非自愿小组和开放小组。有很多学者在不同小组背景中开展了研究和实务，贝尔(J. Bell)试图将小组工作技术运用到家庭工作中去，克雷恩(A. Klein)将小组工作方法运用到与帮派相关的工作中，马吉尔(L. Maguire)曾将小组工作的知识运用到帮助社会性隔离的人群建立社会网络的工作中[1]。

第二节 小组工作的含义

一、小组工作的定义

小组工作[2]是社会工作的专业方法之一，对于小组工作的定义，学者们从不同的角度提出了不同的观点，归纳起来主要有以下几种：

• 墨菲(M. Murphy)的定义：小组工作是社会工作的方法之一，它通过有目的的小组经验来增加人们的社会功能性[3]。

• 克那普卡(G. Konopka)的定义：小组工作是社会工作的方法之一，它通过有目的的小组经验，提高个人的社会生活功能性，并协助每个人更加有效地处理个人、小组和社区问题[4]。

• 特雷克(H. Trecker)指出，小组工作是一种方法，它由知识、认识、原则和技巧所组成，通过个人所在社区机构中的各类小组，借助小组工作者的协助，引导小组组员在小组活动中的互动，促使组员彼此建立关系，并以个人能力与需

---

① Maguire L. 1991. Social Support Systems in Practice: A generalist approach. Washington DC: National Association of Social Workers (NASW) Press.

② 英文 group 可以翻译成小组或团体，group work 可译成小组工作或团体工作，在我国台湾和大陆以前的社会工作课程中，我们使用过团体和团体工作名称，为了规范并与我国的“社会小组组织”相区别，从 2002 年开始，我们统一使用小组和小组工作的名称。

③ Murphy M. 1959. *The Social Group Work Method in Social Work Education*. New York: Council on Social Work Education.

④ Konopka G. 1983. *Social Group Work: A helping process*. 3rd ed. Englewood Cliffs NJ: Prentice-Hall.

求为基础，获得成长的经验，旨在达成个人、小组和社区发展的目标[①]。

• 布朗（A. Brown）指出，小组工作给人们互助提供了环境，这是一个帮助小组和个人成长的方法，它会影响个人、小组、组织和社区，并促使他们解决不同层面的问题。

• 特斯兰和理瓦斯（Tosland & Rivas）提出，小组工作是“在小型的治疗和任务小组中进行的，以满足社会—情感需要、完成某些特定任务为宗旨，以目标为导向的活动。这个活动是在一个社会服务系统内进行的，针对个体组员和全体小组而开展的”[②]。

• 诺森（H. Northen）的定义是，小组工作旨在帮助组员运用小组应对和解决社会心理功能方面的问题，预防可能出现的问题[③]。

归纳和总结上述定义，我们认为，小组工作是社会工作的工作方法之一，它在小组工作者的带领下，通过组员间的互相支持、充分互动和分享，激发组员的能力和潜能，改善组员的态度、行为，提升他们的社会功能性，解决个人、群体、社区和社会问题，促进个人、小组和社区的成长和发展，实现社会和谐、公平、公正发展。

从上述不同的定义中，可以发现小组工作的定义包含了以下几个特点：

第一，作为社会工作的专业方法之一，小组工作是由工作员[④]与组员一起组成一个关系体系，在这个体系中，会出现多层次的互动：工作员与组员互动、组员与组员间互动、小组与外部环境互动等，通过互动，培育小组的凝聚力，激发组员的潜能，学习应对策略，提升能力。

第二，小组工作是有明确的目标的，在目标确定之后，工作员会通过有目的的过程，引导组员积极参与，促成目标的实现。

第三，小组工作既是过程，又是促进组员改变的方法和手段。在小组互动过程中，通过工作员与组员间、组员彼此之间的分享、分担、支持、教育和治疗，带来组员态度和行为的改变，改善组员和小组的社会功能。

第四，小组具有互助性。在小组过程中，在工作员的带领下，组员与工作员之间、组员彼此之间会产生有效的、积极互动，组员的利他性、自我价值感会被充分调动出来，从而产生互助，而互助会成为组员应对生活难题的主要动力来源。

---

① Trecker H. 1955. *Social Group Work: Principles and practices*. 2nd ed. New York: Association Press.

② Tosland R W & Rivas R F. 2006. *Introduction to Group Work Practice*. 5th ed. New York: Allyn & Bacon.

③ Northen H. 1988. *Social Work With Groups*. 2nd ed. New York: Columbia University Press.

④ 本书对小组工作者的指称为“小组工作者”或“工作员”。

二、小组工作的功能

有关小组工作的作用，西方和我国港台许多学者都提出了自己的看法。到目前为止，人们比较多的还是采用克雷恩提出的小组工作八个方面的功能，下面根据我们的认识和理解，分别加以阐述。

1. 康复(rehabilitation)

康复是指针对有问题的组员，帮助其在情绪、行为、态度和价值观等方面恢复到原来状态的过程。这个功能通常体现在一些治疗性的小组中，通过工作员设计的一些有目的的活动，运用一些专业技巧，来帮助组员解决其行为、情绪、态度和认知方面的问题，使其恢复到正常状态。

2. 能力建立(capacity building)

能力建立是指组员在小组中成长和发展的过程，是一种通过教育和技能培训提升意识和自信心，而不是治疗的过程。在这个意义上，小组并不是为了治疗组员的问题，而是为组员的个人成长和能力提高创造一个良好的环境，在组员的互动过程中，协助组员学习、反思、提高和成长。

3. 矫正(correction)

矫正是指协助违反社会秩序、道德规范或侵犯他人利益的"问题"组员在小组工作中改变的过程。小组的这个功能通常体现在一些行为和价值观矫正的过程中，特别是针对一些在认知和行为层面存在严重的反社会倾向的组员，通过专业的工作手法，帮助组员认识、反思自己的行为和价值观，学习并巩固符合社会规范的行为和价值观。

4. 社会化(socialization)

社会化是指协助组员学习社会规范和人际关系技巧的过程。人在一生中不断面临再社会化的过程，会遇到很多适应和人际关系处理的问题，小组的一个重要功能就是帮助组员在小组环境中，学习适应社会规范，学习人际相处的技巧，解决在再社会化过程中遇到的种种问题。

5. 预防(prevention)

预防是对可能发生的困难做预测，并提供人们所需要的环境支援。小组的预防功能主要体现在小组的经验分享和学习中，通过组员之间的互动，学习到可能会发生的困难的解决方法，同时小组组员之间的信任关系，能够为组员提供一种支持和帮助。

6. 社会运动(social action)

通过鼓励组员参加社会运动，使其学会领导、服从、参与、决策等方法，并承担社会责任。小组工作除了关注个人层面、组员层面的需求之外，还关注社区和整个社会问题的解决。在一些社会目标小组中，小组会调动组员，参加社会行动，促进社区环境的改变，甚至社会政策的改变。在这个过程中，小组会协助组员学习一些参与和领导社会行动的技巧，通过参加社会行动，增强组员的社会责任感。

7. 问题解决（problem solving）

协助组员做出决定并解决问题是小组工作的主要功能之一。在小组过程中，工作员协助组员发现自己的问题，通过民主决策，找到问题解决的途径。在参与过程中，组员学会解决问题的方法，这是小组工作最容易体现的一个功能。

8. 社会价值（social values）

鼓励组员实现其社会价值。通过参加社会行动和组员间的互相帮助，组员很容易获得一种成就感和自我实现感，借此可以提高其自信心，进而实现其社会价值。

三、小组工作的类型

对于小组工作的分类，不同的学者提出了不同的方法。科瑞等人（Corey & Corey）提出了五种小组工作的类型：治疗小组、咨询小组、自我成长小组、训练小组、结构性自助小组[①]。雅各布斯等人（Jacobs，Harvill & Masson）将小组工作类型分成了七种：相互分享小组、教育小组、讨论小组、任务小组、成长小组、治疗小组和家族小组[②]。特斯兰和理瓦斯将小组工作分成了两类：治疗小组和任务小组，其中，治疗小组包括支持小组、教育小组、成长小组、治疗小组和社会化小组。此外，还有一些按照组员的参与方式、组员身份和小组工作的性质和目的来确定小组工作类型的，下面我们一一介绍。

1. 教育小组

用小组的方式帮助组员学习与自己的生活、工作相关的新知识和技巧。例如，组员会受到离婚、婚姻冲突、亲子关系等问题的困扰，这样的教育小组可以帮助组员了解相关的信息和知识，从而提升自己的自信心和能力。教育小组常常在学校、医院和社区中心等机构中应用，典型的教育小组就是育儿技巧学习小组和社交技巧学习小组。

2. 成长小组

通过组员之间的互动，促使他们在思想、感情和行为等方面觉醒和反思，从而不断获得成长，其重点在于通过对组员人际关系、价值观、感觉等方面的内容

---

① Corey M & Corey G. 1992. *Groups: Process and practice*. 4th ed. Pacific Grove CA: Brooks & Cole.

② Jacobs E, Harvill R & Masson R. 1994. *Group Counseling: Strategies and skills*. Pacific Crove CA: Brooks & Cole.

的探讨，帮助组员发现、发挥自己的潜能，促进个人的正常发展。成长小组常常用于学校、医院和矫正机构中，大学生自我成长小组就是一个例子。

3. 治疗小组

通过小组互动，协助组员改变认知、情绪或行为问题，或者处理生理、心理、社会创伤后的问题。治疗小组需要一定的治疗技术的支持，因此，对工作者的知识背景有特殊要求。治疗小组常常应用于医院、学校、矫正机构中，代表性的例子就是戒毒小组和行为矫正小组。

4. 支持小组

支持小组的组员常常会拥有相同的经验或面临相同的问题，通过小组分享，组员可以了解他人的遭遇，逐步产生相似感，进而发展出组员间的一致性，培养同舟共济的感受，彼此之间互相支持。离婚妇女支持小组和慢性病家属小组常常都是支持小组。

5. 社会化小组

社会化小组的主要目标就是协助组员发展社会接受的行为和态度，提高其社会适应能力，工作内容包括社交技巧培训、提升自信心和规划未来等。组员基本上有相同的需要，在游戏、角色扮演等活动中，组员之间建立关系，学习与人沟通和互动。社会化小组的形式基本上有三类：社交技巧培训小组、治疗小组和娱乐小组。

6. 任务小组

任务小组具有明确的任务目标取向，组员为了完成某个机构指派的具体任务或者实现某个具体目标而走到一起。在小组中，组员拥有不同的才能和技术，角色分工明确，各显所能。常见的任务小组有个案会诊组、专项工作组、委员会等。

7. 自助—互助小组

通常是自愿性小组，组织和参与者坚信自己的问题在现存的社会服务机构中得不到有效解决，因此，他们希望通过自己的力量来解决自己的问题，他们为了解决共同面临的问题或生活难题而自发走到一起，希望通过互助来解决某些社会—个人问题。在小组中，组员彼此间会提供相关资料信息、情感支持，分享各自的经验，获得认同。最典型的自助小组就是美国匿名酗酒者协会和匿名父母协会。

8. 意识提升小组

意识提升小组的目标是提升组员的个人意识。组员积极参与小组讨论和体验式活动，从中了解自己和他人的感受、态度和行为，增强对自我、环境和社会的理解，提高行动能力，促进改变。单亲母亲自强小组和平寨妇女识字小组都具有明显的意识提升的导向。

9. 社会行动小组

这种小组的目的就是充分利用小组资源，整合社区力量，维护小组和社区的利益，促进社会变革。在这类小组中，组员更多的是为了维护集体利益，而不是解决个人问题。社区治安维护小组和环境保护小组等就属于社会行动小组。

第三节 小组工作的发展历史

用小组工作的方式提供社会服务，最早是在欧洲和美洲发展起来的。小组工作的雏形开始于19世纪的教会活动，早期的代表人物有英国人乔治·威廉士，他于1844年创办了基督教男青年会，定期举行集会，组织各种宗教和社会活动[①]。1884年，在英国伦敦东区成立了汤因比馆，号召青年义务为地区服务，改善本地区居民的环境。受英国的影响，1889年，芝加哥成立了赫尔馆，在社区中提供类似的服务和活动[②]。所有这些为小组工作作为一种工作方法在欧美发展奠定了社会基础。下面，我们将系统地回顾一下小组工作作为工作方法在欧美以及在我国的发展历程。

一、小组工作在欧美的发展

（一）小组工作的萌芽（1900—1920）

20世纪初，最早尝试采用小组的方式来开展教育和精神健康活动，以实现助人目的的人是约瑟夫·何西·普拉特（Joseph Hersey Pratt），他是一个波士顿内科医生，1905年为肺结核病人开办了一个小组。开办小组的初衷是为了节约资源，向更多的人传播有关家庭照顾的信息和知识，但普拉特后来意识到小组具有互相支持的功效[③]。普拉特发现，通过小组活动，组员们更多地关心他人。普拉特对小组的很多特征的关注，如希望、认同、自我袒露和接纳等，后来逐渐为人们所认识，并当做治疗成功的因素在小组过程中得到研究[④]。

最早的学校小组是1907年由耶西·戴维斯（Jessie B. Davis）主持的，他是密歇根州的一位校长。他开办的小组主要是进行教育及职业价值观的指导，每

---

① 叶楚生，1983，《社会工作概论》，台北：同泰公司。

② 徐震、林万亿，1986，《当代社会工作》，台北：五南图书出版公司。

③ Gladding S. 1995. *Group Work: A counseling specialty*. New York: Merrill. Scheidlinger S. 1993. History of Group Psychotherapy. In H. I. Kaplan & B. J. Sadock(eds.). *Comprehensive Group Psychotherapy*. pp. 2-10. Baltimore MD: Williams & Wilkins.

④ Yalom I. 1975. *The Theory and Practice of Group Psychotherapy*. 2nd ed. New York: Basic Books.

周活动一次[①]。另一个学校小组的先驱弗兰克·帕森斯(Frank Parsons)，是现代职业咨询的创始人，他在波士顿地区引进职业和生涯小组，用小组的形式来进行信息和知识传播。

1909年，精神病医生科第·马希(Cody Marsh)认为小组中的互动能够促进康复，于是他在医院的病人中开展现在被称作心理教育的小组工作，虽然他的工作基调含有精神和宗教成分，但是，他相信小组的互动具有治疗功能，这一点非常重要。当时，人们开始相信小组是有效的，但是没有人想过尝试去评估小组成果。

(二) 小组工作的缓慢发展(1920—1930)

20世纪20年代，小组工作开始在医院中出现。爱德华·拉策尔(Edward Lazell)运用小组来治疗那些被诊断为精神分裂症的病人。他发现，通过在小组中给这些病人提供弗洛伊德的心理学知识，那些"顽固不化"的病人的行为发生了明显的改变。随后，拉策尔进一步观察发现，这些在医院中开设的小组，使精神病人的情况明显好转，他们的行为呈现出很大的自主性[②]。福李曼和柏林盖(A. Fuhriman & G. M Burlingame)认为，拉策尔治疗成功的因素是"普遍化"(universality)和"社会互动"(social interaction)[③]。

同一时期，阿尔夫莱德·阿德勒(Alfred Adler)在维也纳开办儿童及其家庭的小组，这些小组把孩子的问题与家庭历史联系起来[④]。阿德勒认为，个人的社会需要就是寻求归属感，他开始将小组工作程式化了。后来，鲁道夫·德莱克尔(Rudolph Dreikurs)接受了阿德勒的程式，将小组工作运用到酗酒者之中[⑤]。

雅各布·莫雷诺(Jacob Moreno)在维也纳运用行为和小组动力学的观点，创立了心理剧，并将其运用到小组当中[⑥]。莫雷诺发展出来的一些概念，如角色扮演，重视此时此刻互动，强调共情，提倡陶冶情操，鼓励组员互相帮助等，都被后来的小组工作接纳。莫雷诺的另一个重要贡献就是，他将小组工作手法运用到情绪有问题的人群中，完全改变了过去的小组工作只针对精神病人的局面。

20世纪20年代，小组工作发展的另一个表现就是，研究人员开始对小组现

---

① Glanz E & Hayes R. 1967. *Groups in Guidance*. 2nd ed. Boston: Allyn & Bacon.

② Scheidlinger S. 1993. History of Group Psychotherapy. In H. I. Kaplan & B. J. Sadock(eds.). *Comprehensive Group Psychotherapy*. pp. 2-10. Baltimore MD: Williams & Wilkins.

③ Fuhriman A. & Burlingame G M. 1994. Measuring Small Group Process: A methodological application of chaos theory. *Small Group Research*, vol. 25, pp. 502-519.

④ Gladding S. 1995. *Group Work: A counseling speciality*. New York: Merrill.

⑤ Fuhriman A. & Burlingame G M. 1994. Measuring Small Group Process: A methodological application of chaos theory. *Small Group Research*, vol. 25, pp. 502-519.

⑥ Scheidlinger S. 1993. History of Group Psychotherapy. In H. I. Kaplan & B. J. Sadock(eds.). *Comprehensive Group Psychotherapy*. pp. 2-10. Baltimore MD: Williams & Wilkins.

象进行研究。奥波特(Allport)采用定量和定性两种方法对组员在小组中的贡献进行测量,以研究小组是如何影响组员的。还有学者对个人及小组的表现进行了评估研究,这些研究为小组工作在30年代的发展奠定了一个很好的基础。

(三)小组工作的快速发展(1930—1945)

20世纪30年代是小组工作的发展阶段,社会改革的研究成果得到人们的认识,从而也推进了小组过程的发展。从教育学到精神病学,到社会工作和社会学,到心理学,到宗教,实务工作者越来越意识到小组在影响社会行为方面的作用。这个阶段出现了几个重要事件。

第一,小组研究出现了专业化和规范化,在实验室中,研究者检测了小组成员是如何被另一些持有特定理念的组员影响的。小组成员融入小组过程的程度等现象,也成为学者研究的对象①。

第二,这一时期,从实务层面来看,医院的小组工作发展最快,心理学家们开展住院病人和非住院病人小组。路易斯·温德(Louis Wender)尝试着鼓励家庭转变,并通过宣泄情绪来帮助病人及其家人重新创造一个健康的家庭。

斯拉夫松(Slavson)是一位教育家和自学成才的治疗师,他发展了儿童心理分析小组,他称之为"行为治疗"小组。医护人员对这种小组非常欢迎,因为运用这个方法,可以使他们摆脱与孤僻症儿童单独工作的困境。斯拉夫松发现,青少年在小组中比在个人治疗中会经历更多的成长和变化,他发展出"行为小组"来鼓励青年人多主动交往。斯拉夫松的研究在很大程度上推动了小组工作在儿童中的应用,同时还检验了小组对儿童和青少年的有效性②。斯拉夫松还发展出了一套儿童小组工作的标准化方法,包括游戏、活动、鼓励联想的表达等。此外,美国出现了自治的小组形式,著名的"匿名酗酒者"协会成立,发起者坚信,个人是有能力团结起来、互相支持、促进改变的。这个小组成为帮助酗酒者重新获得新生活的一个重要机构,在这里人们采用了很多小组工作的技巧,如倾听、表达共情、提供支持和进行引导等。

第三,研究成果和出版物开始大量出现。莫雷诺在1932年写了第一本关于小组心理治疗的书。同时,他提出了"小组治疗"和"小组心理治疗"的术语,他的心理剧也开始被越来越多的人接受,并逐渐流行起来。1942年,莫雷诺创立了小组心理治疗和美国心理剧协会。斯拉夫松创立美国小组心理治疗联盟,《美国小组心理治疗》成为它的正式出版物③。这本期刊在推动发展小组工作的理论

---

① Gladding S. 1995. *Group Work: A counseling specialty*. New York: Merrill.

② Scheidlinger S. 1993. History of Group Psychotherapy. In H. I. Kaplan & B. J. Sadock (eds.). *Comprehensive Group Psychotherapy*. pp. 2-10. Baltimore MD: Williams & Wilkins.

③ Scheidlinger S. 1993. History of Group Psychotherapy. In H. I. Kaplan & B. J. Sadock (eds.). *Comprehensive Group Psychotherapy*. pp. 2-10. Baltimore MD: Williams & Wilkins.

和研究上作出了重要贡献。

第四,在研究小组过程中,资料收集的方法也不断增加。社会学家开始关注对小组规范的研究①。勒温从40年代开始研究小组的动力学及小组与社会环境的关系②。勒温、李皮特和怀特(Lewin,Lippitt & White)开始研究小组领导人特征(如专政、民主、放任等)及其对组员行为和小组过程的作用和影响。这些研究结果有力地推动了小组工作的发展。③

(四)小组工作的专业化(1945—1960)

这个时期小组工作发展的主要特点是:理论著作大量出版;研究和实务开始走向职业化和专业化。第二次世界大战期间,小组工作得到了很大的发展。法西斯的奴役使人们意识到小组的力量,公民积极参加社区生活。此时,无论是前线还是后方,许多个案和小组工作者参与战时服务。同时,精神病学专业(the psychiatric profession)的发展使小组治疗和援助十分流行。美国成立了许多小组研究会,产生了很多知名的小组专家并出版了有影响的专著。

美国的柯意尔(Grace Longwell Coyle)在1946年全美社会工作大会上提出的"小组工作应是社会工作方法"的观点被大会接受。从此,小组工作成为社会工作的三大方法之一。

同时,勒温的著作开始大量出版,他的小组动力学和场域理论开始在小组工作领域发挥重要影响,他第一个将"反馈"这个概念引进小组工作中。勒温发现小组工作给个人带来的改变远远超过个案辅导(Gladding ,1995)。1946年,勒温组建了全美培训实验室(National Training Laboratory),发起了基本技巧培训小组(basic skills training group),以及后来的培训小组运动(T-Group)。1947年,《社会》杂志创刊,1949年改名为《小组心理治疗》,另一个小组工作的重要杂志《国际小组治疗杂志》也于1949年创刊。专业杂志的出现,标志着小组工作开始走上专业化发展的道路。

这一时期有四部专著影响最大:柯意尔(Coyle)的《小组工作对美国青年的服务》(*Group Work with American Youth*)、威尔森(Wilson)的《社会小组工作实务》(*Social Group Work Practice*)、崔克尔的《社会小组工作》(*Social Group Work*)、克那普卡的《以儿童为对象的治疗性小组工作》(*Therapeutic Group Work with Children*)。

20世纪50年代,实证研究激增,特别是关于小组结构、小组趋向、小组领导

---

① Sherif M. 1936. *The Psychology of Group Norms*. New York: Harper.

② Lewin K. 1940. Formulation and Progress in Psychology: University of Iowa studies. *Child Welfare*, vol. 16, pp. 9-42.

③ Lewin K, Lippitt R & White R. 1939. Patterns of Aggressive Behavior in Experimentally Created Social Climates. *Journal of Social Psychology*, vol. 10, pp. 271-299.

关系变量和不同小组的设置的研究。这一时期的研究关注小组治疗的所有方面,包括小组发展和领导关系、组员特征、小组的规范和违规行为、小组风格、问题解决和目标设定等。这些研究为小组工作的发展奠定了坚实的基础。

50 年代小组工作的另一个特点,就是小组工作的方法开始引入家庭辅导中,代表人物是德莱克尔和约翰·贝尔(John Bell)。他们将小组工作的方法和理念运用到家庭治疗和辅导中,来鼓励和帮助那些沉默的家庭成员积极参与家庭治疗。同期比较杰出的治疗师还有内森·奥克曼(Nathan Ackerman)、格利高里·贝茨(Gregory Bateson)和弗吉尼亚·萨提尔(Virginia Satir),他们都将心理分析的小组模式运用到对家庭功能紊乱的治疗之中,不过,他们的焦点更多的是放在沟通方式和互动上,而非家庭关系中的某一特定问题。①

在这一时期,发展性小组工作模式被理查德·布莱克(Richard Blake)和简·穆顿(Jane Mouton)正式提出;小组辅导的概念开始取代小组指导。爱德华·德明(Edwards Deming)的"质性小组",即任务和工作小组,也开始得到更广泛的运用。1958 年,海伦·德莱佛(Helen I. Driver)主编的第一本小组工作的教科书《小组讨论中的辅导和学习》(*Counseling and Learning through Small-Group Discussion*)正式出版。所有这一切都标志着小组工作逐渐走向成熟,作为一种干预模式,开始在越来越多的领域中运用。

(五)小组工作的新方法(1960—1980)

到了 20 世纪 60 年代,小组工作作为一种工作方法,得到了很大的发展,出现了一批杰出的代表人物,他们发展了一些新的小组工作方法。卡尔·罗杰斯(Carl Rogers)将个别辅导理论运用到小组中,并发明了"对质小组"(encounter group),成为促进个人成长的一个重要手段。乔治·巴赫(George Bach)和佛莱德·斯托勒(Fred Stoller)发明了马拉松小组,旨在帮助人们增强对自己的认识和了解。这种小组的时间持续很久,从 24 小时到 48 小时不等,组员在这段时间内都聚在一起,这种长时间的接触能够增强组员之间的信任度,降低防卫,通过互动获得一种成长。佛里茨·派里斯(Fritz Peris)将个案辅导和小组工作有机地结合起来,使得专业干预更有成效。艾力克·伯恩(Eric Berne)提出了交互分析(transactional analysis)的概念。威廉·舒茨(William C . Schutz)将身体语言引入小组过程中,如身体接触和拥抱等。

进入 70 年代后,小组工作的研究和实务都出现了新的趋势。针对 60 年代小组工作蓬勃发展的局面,人们开始认真地审视这个方法,出现了一些批评和争

---

① Broderick C B & Schrader S S. 1981. The History of Professional Marriage and Family Therapy. In A. S. Gurman & D. P. Kniskern (eds.). *Handbook of Family Therapy*. p. 535. New York: Bruner Mazel.

议。贾尼斯(Janis)提出了“小组思维”的概念,他认为,这种在小组中产生的一致的思维方式,会对组员形成控制,从而会破坏个人的成长,削弱小组解决问题的能力。李夫顿(Lifton)则认为,成长小组中的民主思想得不到体现。

为了进一步将小组工作职业化,1973 年,美国成立了小组工作专家协会(the Association for Specialists in Group Work ,ASGW),该协会成为一个指导小组工作实务的专业机构。

70 年代在小组工作研究中,出现了几位著名的学者,他们是:欧文·雅伦(I. Yalom)和乔治·贾兹达(George Gazda)。雅伦的主要贡献在于总结了小组的 11 项治疗性因素,发现了小组领导者的个人特质对小组发展的影响①。贾兹达的主要贡献在于通过所收集的大量资料证明不同的小组工作者是如何认识并主持小组实践的。他们的研究为 80 年代的发展性小组工作模式奠定了基础。

(六) 小组工作的现状(80 年代至今)

20 世纪 80 年代小组工作的发展特点可以归纳为:理论发展迅速,研究成果大量出现,小组形式多元化。

50 年代在所有的咨询研究中,只有 5%的文章是关于小组的;70 年代,小组工作的研究文章上升到 20% ;进入 80 年代后,比例上升非常快②。贾兹达定义了小组工作的发展性理念。发展模式断言小组工作有许多阶段,这些阶段一个接着一个随着规定的发展模式贯穿于小组之中。而且,小组领导者用到的技巧是发展性的,因此他们根据小组组员的需求和期望,通过特殊的介入来开展小组工作。随着对小组结构和过程的研究的减少,对小组因素产生效果的应用研究增多了。

在过去的几十年中,研究的重点是小组工作在一些特殊领域的应用。这些研究包括针对抑郁、暴饮暴食的治疗小组,夫妻治疗小组,儿童行为转变计划小组,特定残障的支持小组,不同年龄失去亲人者的小组。研究比较了不同的小组技巧在某些特定问题小组中的运用,以及评估有关“一般性和特殊性的小组模式效率”③。这意味着,研究者们可以发现,在某种条件下什么样的案主类型需要用什么样的小组介入和技巧。

系统论在小组工作中得到推广,自助小组像雨后春笋般迅速发展起来,发展性小组也开始被越来越多的人接受。小组在很多背景下被采用,如学校、医院、

---

① Yalom I. 1970. *The Theory and Practice of Group Psychotherapy*. New York:Basic Books.

② Stockton R & Moran D K. 1982. Review and Perspective of Critical Dimensions in Therapeutic Small Group Research. In G. M. Gazda (ed.). *Basic Approaches to Group Psychotherapy and Group Counseling* (3rd ed.). Springfield IL:Thomas.

③ Fuhriman A & Burlingame G M . 1994. Measuring Small Group Process:A methodological application of chaos theory. *Small Group Research* , vol. 25, pp. 502 - 519.

社区服务中心、企业等。随着国际经济竞争日益激烈,团队工作受到关注。在这一时期,出现了许多任务和工作小组及机构发展的小组实践①。

随着高科技的发展,越来越多的新形式小组也纷纷出现。电话小组和网络小组也逐步得到人们的青睐。电话小组的优点包括:具有私密性、超越地域界限、可接受性强和开展方便,组员之间不会产生标签感,拥有更多的隐私性和凝聚力等,常常用于那些有视力障碍以及感染了艾滋病等的特殊病人。而网络小组的使用就更加广泛,人们运用聊天室、布告栏和电子邮件等方式,来开展小组服务,主要面对那些老弱病残的组员,特别是那些有特别需要,但又不是分布在同一个区域内的组员。网络小组在处理时间和空间障碍上,比电话小组更加有效。有学者指出,网络小组会与面对面小组组员一样,感受到希望的灌注、凝聚力、普遍性感受和其他治疗性因素。当然,需要指出的是,这类小组与面对面的小组相比,在专业人员表现、过程记录、效果评估以及小组过程产生的费用等方面,都会存在差异,要促进这类小组的发展,需要在专业标准、问责、服务质量监控、服务费用等方法,做好相应的工作。

二、小组工作在中国的发展

1. 小组工作在港台的发展

香港的小组工作最早是由基督教男女青年会在20世纪初期开始的,早期的活动是以帮助社会下层的劳苦大众为主,为他们提供识字的机会和廉价的住房等。在第二次世界大战期间,男女青年会还提供战时服务,将不同背景的人组织起来,参加各种小组的服务。战争结束后,继续为青少年提供识字服务和课外照顾活动。虽然这个时期的小组活动没有专业人员的领导,但是,这些小组活动的目的和内容,与现在的友谊小组没有什么区别,因此,有人认为,香港的小组工作起源于男女青年会的活动。

二战结束后,大批难民由内地涌往香港,为了有效地处理因难民而引起的社会问题,香港社会福利联会于1950年成立,并要求香港大学培训专业社会工作者。随后,小组工作主要在为儿童提供服务领域得到发展,主要的服务内容为教育和娱乐,小组工作被认为有利于青少年的身心发展。1967年,香港大学社会工作系成立,小组工作成为社会工作方法主要课程之一。从60年代后期到70年代中期,小组工作的内容从娱乐、教育开始转向辅导和治疗,服务的对象也开始由青少年转向他们的家庭,以及年轻的夫妻。到了80年代,离婚、家庭暴力、老人照顾等问题引起了小组工作者的关注,服务对象开始包括老人、妇女、儿童

① Zimpfer D G. 1991. Groups for Grief and Survivorship after Bereavement: A review. *The Journal for Specialists in Group Work*, vol. 16, pp. 46 - 55.

和一些特殊人群。到了90年代，香港的小组工作开始出现整合性、治疗性和发展性的特点；小组的目标基本上分为：促进个人成长，培养公民意识和社会参与，增强个人适应社会环境、解决个人问题的能力，改善人际关系等；服务对象和服务内容也出现了多元化趋势。

在台湾，小组工作发展至今，已经成为一个比较成熟的工作领域，小组工作已经成为台湾各高等学校社会工作专业的必修课。同时，小组工作作为一种工作方法，在医院和健康机构、学校、司法机构、工业机构，以及一般的社会服务机构中得到普遍运用[①]，并且得到服务对象的好评[②]。

2. 小组工作在内地的发展

小组工作在内地的发展历史不长，但是，以小组的形式开展工作的做法却历史悠久。早在1885年，中国就出现了第一个基督教青年会，基督教青年会作为基督教的外围组织，在传教的同时也发挥着社会服务的职能，为中国城市社会的现代化、近代教育、近代体育发展作出了一定贡献[③]。基督教青年会作为中华基督教青年会的分会，秉承了基督教青年会的社会福音思想，从教育、实业、生活方式等方面给近代中国社会注入了现代化的气息，他们举办学校，组织社团活动，对民众开展教育，包括德育，智育，公民教育和体育，积极开展筹款募捐，为有需要的人群提供救助和服务，在抗战期间，基督教青年会还提供了大量的国难服务，主要包括抗战宣传、难民救济、军队服务等，对抗战作出了重要的贡献。从这些基督教青年会活动中，都能看到早期欧美小组工作的萌芽。

辛亥革命以后，内地开始涌现出不同性质的小组，其中有一些救济性、互助性的小组，基本上有五种类型：一是私人办的社会救济福利小组，二是官方办的社会救济福利小组，三是宗法性的社会救济福利小组，四是宗教性的救济福利小组，五是外国人办的救济福利小组。这五种类型的社会救济福利小组有一些是交叉的。例如在外国人办的社会救济福利小组中很多都是宗教性的救济福利小组。私人性的和宗法性的社会救济福利小组也往往掺杂在一起。这些救助小组在帮助有困难的人群渡过难关的过程中发挥了一定的作用。

中华人民共和国成立以后，党和政府非常重视社会福利工作，但由于在传统计划体制和苏联的国家保障模式的影响下，新中国所建立的社会福利体系是以社会孤老残幼等特殊弱势群体和城镇企事业单位职工为对象的混合型的福利制

① 李增禄，1995，《社会工作概论》，台北：巨流图书公司。

② 秦燕，1996，《医务社会工作》，台北：巨流图书公司。

③ 贾永梅，2008，《基督教青年会传入中国史实考略》，《史学月刊》第2期，第3页。侯杰、王文斌，2007，《中华基督教青年会与近代中国城市社会——以天津中华基督教青年会为例》，《理论学刊》第6期，第92—96页。赵晓阳，2003，《强健之路：基督教青年会对近代中国体育的历史贡献》，《南京体育学院学报》第2期，第9—12页。

度。而服务职能也是由单位和相关机构来承担的。此外,还有一些群团组织也参与了服务提供,例如全国总工会、中国青年联合会、中国共产主义青年团、中华全国妇女联合会、中国残疾人联合会、中国老龄问题全国委员会和中国红十字会等都各自担负了一部分向特殊人群提供社会服务的职责,在帮助困难人群解决生活困难、改善家庭关系和提高社会适应能力等方面,发挥了重要作用。

专业的小组工作在内地的发展,基本上是在 90 年代初期,其发展路径是从高校教育开始,逐步延伸到社会服务领域。随着高校社会工作专业系的建立,小组工作作为社会工作的主要工作方法被列入教学大纲之中。随后,小组工作作为课程实习,进入服务领域,作为一门专业方法,小组工作在内地开始进行传播。从 2007 年开始的社会工作资格考试中,小组工作成为必考课之一。

据不完全统计,目前内地出版的有关小组工作的教材不下 12 种,翻译教材 2 种。运用小组工作的领域主要包括:自我成长、拓展训练、生命教育、婚姻家庭问题处理、亲子关系、特殊儿童治疗、特殊家庭支持、失业贫困支持、人际交往学习、就业辅导、疾病治疗和康复、离退休适应、社区矫正、戒酒戒赌戒毒服务、灾后重建、育儿技巧学习,等等。小组的类型主要是:学习小组、成长小组、支持小组、互助小组、自助小组、治疗小组以及兴趣小组等。从事专业小组工作的人员主要为社工专业毕业生以及在校的专业教师和学生。

本章要点

• 从对小组和小组工作的理解中,认识小组工作的特点。小组工作是一个关系体系,是一个互动过程,是社会工作的专业方法,有明确的目标。

• 小组工作对组员、对小组、对社会环境都具有明显的功能。对组员提供群体生活经验和支持;可以形成团队精神;提供社会支持,推动社会环境的改变。

• 根据不同的分类标准,可划分不同的小组工作类型,特别是根据性质和目的可分成不同类别的小组。应了解每一种小组的应用及其在中国本土的适应性。

• 了解小组工作在欧美、中国香港及内地的发展历程。

推荐阅读书目

何洁云等,2002,《社会工作实践——小组工作》,香港:香港理工大学应用社会科学系。

[美]法利等著,隋玉杰等译,2005,《社会工作概论》,北京:中国人民大学出版社。

[美]特斯兰、理瓦斯著,刘梦译,2008,《小组工作导论》,北京:中国人民大学出版社。

第二章

小组工作的价值观和职业伦理

本章重点问题：

1. 小组工作的基本价值观是什么？
2. 在小组工作过程中，应该遵循的职业伦理守则是什么？
3. 小组工作的标准是什么？
4. 小组工作者的基本素质要求是什么？
5. 如何应对伦理困境？

在社会工作专业中，专业价值观给从业人员提供一套专业使命指南，指明了实务工作必须遵循的方向，而职业伦理则规范了从业人员在助人关系中对服务对象、同事、机构和专业，以及社会大众的义务和责任，从而确保社会工作专业能够实现使命，充分发挥其服务功能[①]。小组工作的实务深受一套系统的专业价值观的影响，这些价值观会影响工作员的干预风格和技巧的使用，还会影响当事人对工作员的回应。本章将详细讨论小组工作的基本价值观、在小组工作过程中必须遵循的职业伦理，以及可能碰到的伦理困境。

① 曾华源、胡慧莹、李仰慈、郭世丰，2011，《社会工作专业价值与伦理概论》，台北：洪叶文化事业有限公司。

第一节 小组工作的价值观

一、社会工作基本价值观

小组工作的价值观是以社会工作价值观为基础的，是社会工作价值观的具体化。因此在讨论小组工作价值观时，必须清楚社会工作价值体系的基础和基本内容。

1. 什么是价值观

价值观指的是一套信念体系，根据这个体系，我们会确定自己所期望的世界是怎样的，人类行为模式是怎样的，并根据这个信念体系来决定自己的行为举止[①]，因此，社会工作者在实践过程中，都要按照特定的价值体系，来指导自己的实践[②]。

2. 社会工作基本价值观

国际社会工作者协会(2004)颁布了社会工作的定义，这个定义得到来自世界各地的社会工作者的认可，其中明确指出了社会工作价值观的基本内容：“社会工作产生于人文主义和民主的理想，社会工作价值观的建立在尊重人人平等、尊重人的尊严和尊重人的价值的基础之上。社会工作自其产生以来已有一百多年的历史了，社会工作的实践一直强调满足人类的基本需要，发掘个人的潜能。维护人权和社会公正成为社会工作实践的主要奋斗目标和推动力。通过与弱势群体团结一致，社会工作者致力于消除贫困，解除对弱势群体的压迫，实现社会融合。”

不同的学者从不同的角度来界定和诠释社会工作的基本价值观。

戈登(Gordon)提出社会工作价值体系包含了六个方面的内容：

(1) 个人应该得到社会的关怀；

(2) 个人与社会是互相依赖的；

(3) 每个人对他人都负有社会责任；

(4) 除了具有人类共同的需要外，每个人都是独特而异于他人的；

(5) 民主社会的基本特征在于每个人的潜能都能得到充分实现，同时，每个

---

① Rokeach M. 1968. *Beliefs, Attitudes and Values: A theory of organization and change*. San Francisco: Jossey-Bass.

② Toseland R W & Rivas R F. 2005. *Introduction to Group Work Practice*. 5th ed. New York: Allyn & Bacon.

人应该通过社会参与而尽自己的社会责任；

(6) 社会有责任提供途径以消除自我实现的障碍，以便个人的自我实现得以完成。

台湾学者曾华源等人是这样概括社会工作基本价值观的：人拥有各种潜能；人有实践潜能的义务；人有生存发展的权利；人有基本的人性需要；人要发挥社会功能；人人拥有社会的权利和对社会的义务；社会有责任以社会正义的方式促使个人自我完成；人有自我决定的权利。

二、小组工作价值观

社会工作价值观如何在小组工作中得到体现，小组工作者应该秉持何种价值观来指导和开展小组工作实务，是小组工作者长期以来需要回答的一个问题。针对这个问题，西方学者提出了不同的观点和看法。克那普卡提出，在小组工作实务中，必须坚持这些价值观：①

1. 小组中来自不同种族、国家、社会阶层和不同年纪、性别的人，应该积极参与小组活动，建立一种积极的平等的关系。

2. 在小组过程中，始终强调合作和互惠性的决策过程，充分体现民主参与的原则。

3. 强调个人在小组中的创造性和主动性。

4. 尊重组员有参与的自由，这些自由包括：对于小组和组员有关问题发表看法的自由，有权参与小组的决策过程的自由等。

5. 强调小组中高度个别化原则，关注小组中每个组员的特定需要。

特斯兰和理瓦斯特别强调了小组工作中的四个核心价值观：

1. 尊重和尊严。不管我们的组员在社会上怎样被贬低，我们都要尊重他们的价值和尊严，也就是要欣赏和关注组员对小组的贡献，自觉遵守全美社会工作者协会的伦理守则。

2. 团结和互助。我们坚信小组中的关系能够帮助个人成长，帮助他们愈合创伤，满足他们与他人交往和互动的需要，发展团结的意识和集体意识。

3. 赋权。我们关注小组的力量能够帮助组员建立自信，协助组员运用自己的能力来实现自助，为自己的生活带来新的改变。

4. 来自不同背景的人们之间的理解、尊重和友谊与忠诚。我们重视小组的力量，帮助组员与来自不同背景的人建立关系。组员间的尊重和欣赏会随着小组关系的加深而不断增强。因此，社会性小组的强有力的长处就是能够减少不

---

① Konopka G. 1983. *Social Group Work*：*A helping process*. 3rd ed. Englewood Cliffs NJ：Prentice-Hall.

同背景的人之间的冷漠、误解和偏见。

诺森等人提出，在小组工作实务中，需要特别强调的一个价值观就是：个人有机会实现个人的潜能，从而以个人满意、社会期望的方式来生活①。格拉斯曼(U. Glassman)等人指出，人文主义价值观在小组工作中发挥了主导作用，它提醒工作者自己的角色，要学会运用自我，同时要理解小组中的组员身份；人文主义价值观强调人要对社会负责，人与人之间也要彼此负责；小组工作者的责任就是要推动合作，促进资源、权力和地位合理、通畅地分配②。此外，还有很多学者认为，互相依存也是小组工作需要关注的价值③。

结合不同学者的观点，我们认为，在学习小组工作的基本价值观过程中，应该特别重视几个方面：

第一，互助。吉特曼(A. Gitterman)指出，在小组中，随着组员彼此之间的关系越来越深厚，他们之间会发展出助人性关系，会关注彼此，并积极参与小组活动④。小组工作者必须明确地认识到，这种互助式的助人关系，是导致个人改变的主要来源。互助可以协助组员体会彼此共同关心的问题，发现自己的问题具有普遍性，从而减低孤独感，消除污名化，彼此之间提供帮助，从其他组员的经验中获得学习和成长。因此，小组工作者的主要作用就是帮助组员加强互动，激发互助的、合作的关系，共同实现自己制订的目标。

第二，尊重组员的权利和能力。小组工作过程中，要特别强调和重视组员的能力，相信组员有改变的能力和潜能，这是小组工作的核心和基本信念。尊重组员的权利和能力，意味着要坚持组员自决和自治的原则，要充分尊重组员的知情权、选择权和参与权。在小组开始阶段，要确保组员对小组工作的内容、过程和使用的方法全面了解，并做到知会同意；在小组活动中，组员有权选择是否参与某些活动、参与到什么程度，当小组活动给组员带来不适时，可以选择不参与或退出等。此外，要相信组员的改变能力是不同的，要尊重每个组员改变的步伐和

---

① Northen H & Kurland R. 2001. *Social Work with Groups*. 3rd ed. New York: Columbia University Press.

② Glassman U & Kates L. 1990. *Group Work: A humanistic approach*. Newbury Park Calif.: Sage Publications.

③ Falck H S. 1989. The management of membership: Social group work contributions. *Social Work with Groups*, 12(3), 19 - 32. Getzel G. 1978. A value base for interactionist practice: A proposal. *The Social Worker*, 46(4), 116 - 120. Schwartz W. 1961. The Social Worker in the Group. In B. Saunders(ed.). *New Perspectives on Services to Groups: Theory, organization, practice.* pp. 7 - 29. New York: National Association of Social Workers. Shulman L. 2006. *The Skills of Helping Individuals, Families, Groups, and Communities*. 5th ed. Belmont CA: Thompson.

④ Gitterman A. 2004. The Mutual Aid Model. In C. Garvin, L. Gutierrez, and M. Galinsky(eds.). *Handbook of Social Work with Groups*. pp. 93 - 110. New York and London: The Guilford Press.

水平。

第三,民主参与和决策。小组不仅可以发掘组员的潜能,促进组员成长,还可以通过民主决策培养组员的民主参与精神。小组中解决冲突的过程,对组员来讲,也是一种重要的学习经验。在小组过程中,要充分调动组员的参与热情,积极营造安全、温暖、舒适、尊重和平等的小组氛围,为组员充分参与小组、表达自己的意见提供条件,同时,要对组员的意见给予及时的回应和回馈。

第四,赋权。小组工作者促进个人和小组的自治,小组目标强调个体组员的成长、权利的提升和社会变革。在小组中,要运用小组动力关系,提升组员的自信心和自尊,培育组员的批判性分析能力,协助组员运用自己的能力,逐步实现自治和自助,改变自己的生活,并从个人层面的改变,促进群体和社会层面的变革。

第五,高度的个别化。这个原则体现在两个层面,一是在小组中,了解每位组员的独特性和特别的需求,有针对性地设计干预方案,具体的目标要因人而异。二是在小组设计中,要个别化地对待每个小组,相信每个组都是独特的,因为构成小组的成员是独特的。因此,在服务设计中,要根据每个小组的特定要求来设计需要的服务。

第二节 小组工作的职业伦理

一、小组工作伦理守则

小组工作的伦理守则是以社会工作的一般伦理守则为基础发展出来的,在很多教科书中,人们对小组工作的伦理守则没有具体明确的总结。美国心理咨询协会的小组工作专业人士协会于1989年制定了《小组咨询师伦理指南》,其具体内容如下:

1. 导向与信息提供:小组咨询师应尽可能地提供准组员或新组员有关筹备中或进行中小组的信息,以协助他们做好准备。

2. 组员的筛选:小组咨询师须筛选组员(当咨询师的理论取向能配合时),咨询师应尽可能地选择需求和目标与小组目标不冲突、不会对小组过程造成阻碍、个人的福祉不会因小组经验而受到伤害的组员。小组的导向说明(ASGW伦理守则#1)应包括在筛选的会谈中。

3. 保密原则:小组咨询师要清楚地告知组员保密的内涵、重要性及实施时可能的困难,以便保护组员免受伤害。

4. 自愿/非自愿的参与:无论组员是自愿或非自愿参与小组,小组咨询师均应告知组员相关的信息。

5. 离开小组：要做相应的安排，协助小组组员以有效的方式终止参加小组。

6. 强制力及压力：小组咨询师要尽可能保护组员使其免受身体的威胁、恐吓、强迫及过度的同辈压力。

7. 咨询师价值观的强制接受：小组咨询师要能察觉个人的价值观、需求及其对可能采取的处理方式的潜在影响。

8. 公正地处理：小组咨询师要努力公平地、个别化地对待每位组员。

9. 双重关系：小组咨询师应避免与小组组员有双重关系，因其可能会影响咨询师的客观性及专业判断，也可能破坏组员充分参与小组的能力。

10. 技术的使用：除非受过训练，或由熟悉某种技术的咨询师督导，否则小组咨询师不应尝试使用任何技术。

11. 目标的发展：小组咨询师应尽力协助组员发展自己的个人目标。

12. 咨询：小组咨询师应对两次小组聚会间组员的咨询制定原则，并应对组员解说清楚。

13. 小组终结：小组咨询师应根据组员参与小组的目的，在最有效的时机促使组员结束小组。

14. 评估及跟进：小组咨询师应努力尝试进行持续的评估，并应为小组设计跟进程序。

15. 转介：若某类型的小组所提供的服务无法满足某一特定组员的需求，小组咨询师应对该组员建议提供其他合适的专业转介。

16. 专业的发展：小组咨询师应知道，专业成长在个人生涯中是一个持续不断的发展过程。

这个指南对小组咨询的全过程进行了明确的规定和说明，从某程度上，对小组工作也有一定的指导和示范作用。特斯兰和理瓦斯提出了下列专业伦理标准：

1. 组员拥有明确的知情权，在小组开始阶段，社工有责任告诉每个组员小组的目的和目标是什么，参与小组可能的危险是什么，时间安排，每节的长度，参与是否是自愿的，整个小组的活动安排等。

2. 明确保密的原则和措施。

3. 从事小组工作的社工，必须经过一定的培训和专业教育，具备一定的经验才可以带领一个小组。

4. 在特定的情况下，社工在带领小组过程中，遇到问题时可接受督导和咨询。

5. 经过筛选决定组员，形成小组后，要确保组员的需求能够在小组中得到满足。

6. 社工有责任协助组员达成治疗目标。

7. 组员在小组中必须得到保护,不受到身体伤害、威胁、被迫接受别人的价值观、胁迫、其他形式的压力和来自组员的压力。

8. 平等公正地对待每个组员。

9. 社工不能利用组员来达到个人目的。

10. 社工有责任对组员进行及时评估和跟进,以保证他们的需要得到满足。

2010 年,社会小组工作推广协会(Association for the Advancement of Social Work with Groups,Inc.)在其修订后的《社会工作小组实务标准》(第二版)中,明确提出了小组工作实务中应该遵循的几个伦理守则:

1. 要了解最能反映小组工作艺术、知识和研究结果的最佳实践,并将其运用到小组工作实务中。

2. 与潜在的组员深入讨论,并使其知会同意,清楚解释小组可以提供什么服务,对组员和小组有什么具体的要求。

3. 尽可能给组员提供最多的选择,尽可能减少工作员强制性控制,强调组员的自觉,为小组赋权。

4. 与组员讨论保密的重要性、限制和意义。

5. 协助小组维护小组建立初期形成的目标,在组员和组长达成共识的基础上,可以进行调整。

6. 在坚持小组目标的前提下,为组员提供所需的服务,包括在必要时提供个案辅导。

7. 明确决策过程。

8. 明确说明组员选择的过程和标准。

9. 记录每次小组活动,并将其妥善保管。

二、小组工作者实务原则

为了保证小组工作者能够很好地执行上述职业伦理和工作原则,科瑞等人从小组工作者的个人修养、专业技巧和实务训练的角度开出了一个清单,对初学者来讲 具有很强的指导性[①]。这个清单包括:

1. 自我洞察力和反思性:小组工作者要明确个人的价值观和文化认同,明确自己的职业对个人生活方式和行为方式的影响,以及这些影响是否会影响小组组员,要清楚自己在小组中的角色和作用,只有这样,才能在小组中与组员进行有效的沟通。

---

① Corey G, Corey M & Callanan P. 1993. *Issues and Ethics in the Helping Profession*. 4th ed. California: Brooks & Cole.

2. 量力而行，不要轻易主持一个自己力所不能及的小组。

3. 明确自己设计的小组的类型，能够明白地向组员介绍自己小组的目的和特点。

4. 发展出一个筛选标准，能够鉴别什么样的人适合参加自己的小组，什么样的人不适合参加。

5. 对正在参加其他治疗性小组的成员来讲，如果他们想参加自己的小组，社工必须与治疗师取得联系，并得到他们的同意。

6. 在小组开办前，告诉组员小组对他们的期望是什么，鼓励他们制定协约以保证实现个人目标。告诉组员在小组中要有个人生活经历的袒露、新行为的学习、过去生活的检讨和反思、思想和情感的表达，要积极倾听别人、尊重别人、为他人提供真诚的支持等。

7. 让组员明白在小组中可能会采用的新技术和治疗方法，并要求他们积极参与。

8. 明确小组的重点是什么，并围绕重点来选择工作方法。

9. 保证组员有权决定是否与其他组员分享自己的经验，是否参加某些活动。要及时觉察出小组中压迫关系的存在，以及避免破坏个人自决的行为出现。

10. 选择适合的练习，并且保证这些练习在过去的小组中使用过。

11. 理论联系实际，及时了解小组工作研究动态，并将最新研究成果运用到小组工作实务中来。

12. 明确在小组中可能出现的为了满足社工的要求而牺牲组员利益的情况。

13. 要及时告诉组员小组过程中可能给他们带来的心理危险因素。

14. 在组前、组中和小组结束前，反复向组员强调保密的原则。

15. 不要将个人的价值观强加给组员，要尊重组员的能力，理解其价值观形成的社会文化因素，并保证组员之间互相尊重。

16. 当小组无法满足某些组员的需要时，要积极采取措施，提供转介服务。

17. 鼓励组员讨论自己在小组中获得的经验，并评估在小组中个人目标实现的程度，在每节结束前，不要受时间的限制，让组员充分表达自己的感受和想法。

18. 协助组员将小组中学习的新行为运用到现实生活中，帮助他们应付可能遇到的负面反应。

19. 小组结束后，要安排跟进活动，了解组员在组后的变化。跟进一方面能够为评估小组成效提供资料，另一方面也让组员看到其他人的经历和成长，使组员能够将小组当做个人成长的一个开始。

20. 发展一些评估方法，通过评估有效地总结、改进个人的工作方式，从而形成独特的工作手法。

克那普卡也提出了下列小组工作实务的原则[①]：

1. 小组中的个人化原则。了解每个组员的独特性和特别的需求，有针对性地设计干预方案，具体的工作目标要因人而异。

2. 小组个别化原则。每个小组的构成和具体情况各不相同，因此，每个小组都是一个独特的实体，有自己独特的问题和需求，在设计小组的时候，必须考虑到每个小组的具体情况。

3. 真诚地接纳每个人的长处和短处。相信每个组员都有自己的长处和短处。

4. 有意识地在社工和组员之间建立一种助人的关系。小组工作的基本信念是：在与别人的互动过程中，个人的改变才会发生，为了促进这种变化，人们需要帮助，尤其需要专业的帮助，因此，建立一种职业的助人的关系将有助于导致变化。

5. 积极鼓励和促进组员之间互助合作的关系。组员间的平等互动关系会带来积极的改变，因此，工作者的主要责任就是帮助组员间建立一种积极的关系，以推动变化的出现，使小组实现自己的目标。

6. 在小组进行过程中，可以适当修改小组计划，以更好地满足小组和组员的需要。为了更好地完成小组目标和个人目标，在小组过程中，要不断地进行评估，根据小组和组员进展情况，及时调整小组计划。

7. 根据组员个人的能力，因人制宜地鼓励他们积极参与，提高他们的能力。积极参与小组活动是小组工作的核心，但是，由于个人的参与能力不同，小组工作者要根据每个人的具体情况，决定他们的参与程度和改变的程度，使他们不感到有压力，从而进入一个健康发展的状态。

8. 鼓励组员积极参与问题解决的过程和决策过程，体现民主精神。

9. 小组工作者在主持小组过程中，要热情，具有人情味和自律性。

综合上述原则可以看出，这些核心的实务原则可以聚焦在以下三个方面：

第一，服务对象的权利和责任，包括尊重组员的各种权力。

第二，社会工作者的能力和培训，特别强调小组工作者应该具备的能力和素养。

第三，如何带领小组，在小组的各个阶段，应该注意的事项和原则。

因此，在实务过程中，小组工作者要时刻牢记自己的专业使命，严格按照专业伦理和原则来开展实务，在遇到价值冲突和伦理困境时，要积极寻求督导，共同解决问题，在问题解决中不断获得专业成长。

---

① 吉洁拉·克那普卡著，廖清碧、黄伦芬等译，1994，《社会团体工作》，台北：桂冠图书公司。

三、小组工作者的素养

若要很好地实现社会工作的使命，完成小组工作的任务和目标，小组工作者应该具备一定的专业素质和个人素养。

1. 专业素质

从伦理学的角度来看，凡是有专业能力的人，才能从事某种职业。美国辅导员认证委员会对小组辅导员的知识背景作出了具体的规定，明确了一个小组辅导员必须具备的知识结构由下列8个方面组成：

(1) 人类成长和发展：包括人类行为和人格理论、生命历程等。

(2) 社会和文化基础：不同文化生活方式、互动方式和社会知识。

(3) 助人关系：助人过程的哲学基础。

(4) 小组动力和小组辅导理论。

(5) 生活方式和生涯发展。

(6) 个人需要评估技巧。

(7) 研究与评估技术。

(8) 专业定向。

国内针对小组工作的从业人员并没有制定一个明确的规范，然而，在社工专业训练和教育中，应该有一个最低限度的标准。根据教育部对社会工作核心课程的规定，结合社会小组工作推广协会《社会小组工作实务标准》，我们建议一个合格的小组工作者专业训练应该包括以下知识：

(1) 社会科学和人文科学的背景：社会科学基本的学科训练，如社会学、心理学、职业伦理、逻辑学、人类学、法学、管理学、政治学等基本训练。

(2) 理论背景：心理咨询理论、人格理论、学习理论、社会学的系统理论、资源理论、小组动力学等。

(3) 辅导技巧：心理咨询方法、个案工作方法、小组工作方法。

(4) 研究方法：包括社会科学研究方法、实务评估方法等。

(5) 实务经验：作为课程的一部分，需要有实习和接受督导的经验，实习时间不能少于200小时。

2. 个人素养

作为一个助人者，小组工作者自身的素养很大程度上会影响其助人工作的过程和结果，因此，要实现助人目标，完成社会工作的使命，实现“用生命影响生命”，小组工作者需要注重在以下几个方面不断修身养性，提升个人素养。

(1) 自我认知，自我接纳，促进内心的强大。

(2) 自尊、自信、自强、自爱，提高自我概念和自我效能感。

(3) 敏锐的观察力和自我察觉能力，善解人意。

(4) 坦诚、自然、温暖、礼貌、幽默、令人信任。

(5) 热爱生活,乐于工作,正视现实,接受现实。

第三节 小组工作的标准

一、小组工作的标准

1998年10月,社会小组工作推广协会提出了小组工作的标准。2010年,修订后的《社会工作小组实务标准》(第二版)正式出版了。这个标准包括:(1)小组工作实务过程中包含的特别的知识和价值观;(2)小组工作每个阶段必须完成的任务;(3)完成每个阶段的任务必须具备的知识。

这个标准共6个部分,在宗旨中,明确提出:这个标准为小组工作者提供了有效开展小组工作的指南,它帮助小组工作者有意识避免违背伦理守则。引言部分指出:这个标准关注了小组工作的鲜明特征,强调了社会工作者带入实务中的独特视角。从设计上讲,这个标准更多关注的是一般性、描述性原则,而非特殊的、规定性的原则。这些原则可以运用到广泛的实务背景中,包括治疗小组、支持小组、心理教育小组、任务小组和社区行动小组中。这个标准建立在全美社会工作协会出版的伦理守则基础之上,涉及社会科学中的小组理论、个人与环境的知识、社会工作小组实务的历史根源、目前的小组实务以及实务研究。因此,这个标准是建立在小组工作实务理论和智慧之上的,具有深厚的实证基础。它强调利用和理解小组过程,理解组员是怎样彼此帮助的,以实现小组的目标。标准指出,工作员的角色就是要充分体现社会工作专业价值观,同时也要反映小组工作实务特点。

标准的第一部分是关于价值观的知识,第二到第五部分提出了从小组策划到小组结束过程中所需要的知识、工作员的主要任务和需要的技术。第六部分是对小组实务中伦理守则的反思和总结。

下面是这个标准的一些主要内容:

第一部分
核心价值观和知识

小组工作者需要了解小组工作的历史,以及在每个历史阶段,小组工作者所面临的挑战。在小组工作的发展进程中,下列的价值观逐步形成,并成为小组工作实务的核心。

A. 核心价值观

1. 尊重人和人的自治

鉴于人人平等的原则,每个人都应该受到尊重,都享有尊严。在小组讨论过程中,所有组员都是平等的,即便是工作员、任何一个组员或者机构的负责人,都不应该享有特权。在小组中,小组工作者要协助组员欣赏其他组员对小组的贡献,让组员感受到自己的想法都有人倾听,得到关注,这就体现了平等和尊重。一旦发现在小组中,工作员利用自己在机构中所处的地位,或者自己的专业能力而对小组产生影响时,需要特别强调尊重和平等的原则。这个原则要求工作员要有节制地对小组产生影响。

这个原则的指导意义在于,要特别尊重和重视多元性的方方面面,例如,文化、种族、性别、性取向、生理和精神能力、年龄等。

2. 建设公平社会

小组提供了机会来感受和践行平等、自治的民主原则,因此,工作员要运用自己的知识和技巧来推进民主过程。工作员要时刻牢记不断追寻一个公平的、民主的社会,以确保人类的基本需求能够得到满足。这个价值观要在合适的时候传递给小组组员,并在小组实践过程中不断进行强化。

B. 核心知识

小组工作者要更好地服务小组,需要一些专门的知识。这包括社会工作专业历史和使命,因为它用小组的方式给穷人、少数民族和无权者提供了服务。了解何时提供小组工作服务,也是非常重要的。实践专业使命所需的技术是与我们的专业价值观和知识保持一致的,需要专业化的教育才能获得。

1. 关于个体的知识

a. 了解人类个体的成长和行为的本质,运用生物—心理—社会的视角和“人在情境中”的视角。认识影响个人和小组的各种力量,这些是小组评估和干预中的重要因素。这包括将个体组员放在小组和社区的背景中加以观察。

b. 认识到家庭的、社会的、政治的和文化情境会影响组员的社会认同、互动方式、关注点、机会以及他们潜能的实现。

c. 相信组员有能力互相帮助,并实现改变。

d. 相信组员有能力对小组之外的社区社会变革作出贡献。

e. 运用能力为本的评估,小组工作者在关注组员的困扰的同时要关注组员的优势。工作员还必须理解有哪些保护性因素和危险因素影响组员的服务需求,以及他们的行动能力。

f. 工作员要学会欣赏和理解组员中的差异性,例如文化、种族、性别、年龄、生活和精神能力以及性取向,因为这些差异性会影响小组工作实务。

2. 有关小组和小组行为的知识

a. 工作员要理解小组是一个独立于组员之外的、有明显区别的实体。小组有自己的动力关系、文化和其他社会条件。

b. 工作员要理解小组是由若干个助人关系组成的，因此，组员彼此之间就可以互相帮助，以实现个人目标和小组目标。这就是常说的“互助”。

c. 当小组中出现了人人争为小组贡献，组员的贡献得到大家的尊重时，组员就可以发展出对小组的“主人翁”的感受，小组中的民主过程就出现了。

d. 小组的发展会促进小组组员从个体和集体层面，获得赋权，组员因此可以代表自己和小组而采取行动。

e. 小组发展出来的目标是需要全体组员为之而奋斗的。这些目标可能促进组员个人成长、小组发展或社会变革。

f. 小组成员以及作为一个整体的小组，都应该推动社会环境的变革。

g. 在小组生命周期中，小组的各个发展阶段都会对变革产生影响。

h. 小组过程和结构包含了小组中出现的所有交互关系，并对小组的生命周期产生影响。这包括小组的角色、规范、沟通、情感表达以及互动模式的性质等。这些因素会影响和塑造组员的行为，也会影响小组的发展，同时还决定了小组是否会实现自己的目标，以及用何种方式来实现目标。工作员要明白小组的过程和结构是如何塑造和影响组员的行为，以及小组发展进程的。

i. 小组的形成是出于不同的目标的（例如教育、问题解决、任务完成、个人变化、社会行动），这一点会影响工作员的工作方法，影响小组实现目标的途径，还会影响工作员与组员之间、组员彼此之间、小组与资助机构之间的协议性质。

3. 有关小组工作者功能的知识

a. 工作员能促进个人和小组自治。

b. 工作员要协助组员选择实现个人和小组目标的途径。

c. 工作员的评估和干预需要具有灵活性、敏感性和创造性。

d. 工作员应该清楚地认识到小组发展的各个阶段、各阶段的小组特征、不同阶段组员的行为和任务，以及不同阶段工作员的任务和技术。

e. 实务需要建立在现有的知识和研究之上，要反映当代实务原则。

f. 工作员有责任不断地进行监测，通过个人观察和信息收集，来评估小组是否成功实现了目标，从而对小组结果和过程进行评价。工作员要邀请组员参与到过程评估中。具体而言，就是说组员要在小组生命周期中，参与结果评估。工作员要系统评估小组目标实现的情况。工作员要了解小组评估的方法和测量手段，以及其他可以测量小组目标和个人目标实现的方法。工作员要运用现有的证据，来发现不同小组中某些干预方法的有效性。

g. 工作员应该对小组过程进行完整的记录，同时要对这些记录保密。

h. 工作员有责任支持小组工作的研究，有责任通过专业会议、教育和学术活动来传播有效的实务知识。

i. 工作员要遵守与社会工作实务相关的专业的、伦理的和法律规定，同时还要遵守与小组工作实务相关的规定。工作员要努力避免一切可能给组员带来伤害的行动。

j. 工作员有责任开展反思性实务，要不断评估自己的实务，积极寻求督导和咨询，以不断提高自己的实务水平。

第二部分
小组前期：策划、招募和新小组形成

A. 任务和技术

1. 工作员应该了解从潜在组员、工作员和机构的角度是如何看待组员的希望和需求的。

2. 工作员需要得到机构对小组的支持和肯定。

3. 工作员需要根据小组的目标来选择合适的小组类型、结构、过程和规模。

4. 工作员应该开展外展活动来招募组员。

5. 工作员应该依据伦理指南和机构的规定，得到潜在组员或其他相关人士的知会同意。

6. 工作员应该明确潜在组员的目标、对小组工作服务的期望，要根据这些信息来评估潜在组员对小组活动的投入程度。工作员要协助组员明确小组目标，从而推动目标的实现。

7. 工作员要选择合适的聚会地点和时间，增进组员的舒适度、安全感，提高小组的便捷性。

8. 工作员要以合适的方式协助组员为小组活动做好准备。这需要具体情况具体分析，要取决于小组是要实现个人目标，还是要完成机构任务或社区的任务。工作员要运用同理心，来探索组员的感受、对参与小组的回应。

9. 工作员要根据小组组建的原则来选择合适的组员参加小组，尽管这个原则并不适用于某些任务小组，因为在某些任务小组中，成员是由其他机构指定的。

10. 工作员要准备一个清晰说明小组目标的材料，要能够反映组员的需求和机构的使命与目标。在准备材料过程中，工作员需要与组员共同完成。

11. 工作员需要考虑各种情境性、环境和社会因素可能对小组产生的影响。

12. 工作员在合适的时候，要向组外人士解释小组的目的和过程，例如，其他机构的工作人员、相关的社区组织，以及父母或转介机构。特别是如果小组的目标是要促进个人改变时，更需要这样。

13. 工作员要以合适的方法加强小组内容（包括各节小组活动中的内容），很好地运用各种小组活动、设备和其他资源。

14. 工作员需要了解采用什么方法能够追踪小组进展（例如小组进展笔记、正式或非正式评估等）。

15. 每次小组活动结束后，工作员要与协同小组领导（如果有的话）一起总结反思、计划，并定期接受指导或督导。如果有协同小组领导，他们应该认真思考他们之间的异同点对各自工作方法、领导风格和沟通方式都会产生什么影响。

B. 需要的知识

1. 机构的使命和功能，以及它们是如何影响小组工作服务的特点和小组工作服务发展的。

2. 了解可能会对小组工作服务发展产生影响的社会和制度性障碍。

3. 如何评估社区和机构背景对小组的影响。

4. 小组组建中相关的问题（例如性别、教育、社会经济地位、过去的小组经验、职业、种族、民族、年龄、出现的问题等）。

5. 文化因素对潜在组员生活方式的影响、对他们参与小组互动的影响，以及与他人、机构和工作员之间关系的影响。

6. 重视多元性在实现小组目标中的作用。

7. 小组工作者运用的各种理论方法，如何选择最合适、最有效的方法来实现小组目标。

8. 了解与小组结构相关的问题（例如小组的规模、小组活动的时间长度、聚会地点、是否对新组员开放、资源、设备和交通）。

9. 认识到人类发展和生命周期因素对潜在组员的需求、能力和小组目标的影响。

10. 熟悉小组类型（例如任务小组、治疗小组、心理教育小组、社会娱乐小组）以及它们是否能够满足组员、机构和社区的需求。

11. 明确与小组活动内容相关的问题，例如讨论的过程、有目的地运用小组活动和奖惩办法。这些问题包括：这些活动内容是否以及怎样受到小组发展阶段、组员的能力和小组目标的影响的。

12. 把握好协约程序，包括确定和澄清小组目标、行为标准和规范，以实现潜在组员、工作员和机构共同确定的目标。

13. 把握好招募程序，例如社区外展和转介程序。

14. 如何发现并开发小组发挥功能所需的资源。

15. 了解小组监督和评估程序（例如前后测手段、小组过程记录、问卷等），以记录工作员的干预、小组过程和小组工作服务。

16. 为了提高小组工作服务的质量，要重视咨询和督导的作用。

第三部分 开始阶段的小组工作

A. 任务和技巧

1. 任务：制定开始的协约

技巧/行动

a. 工作员与组员共同制定一个开始阶段的工作协约，明确规定小组要完成的任务、实现的目标以及小组工作的程序。

b. 工作员要明确社区和机构在小组中的利益、小组的目的和程序，要明确界定工作员和组员的角色。

c. 要明确说明保密性以及保密的限制。

d. 工作员要协助组员明确并界定其个人目标和小组目标。

e. 工作员要帮助组员将个人目标与小组目标有机联系起来。

f. 工作员要邀请组员全面参与小组活动，并就小组进展听取组员的反馈。

g. 工作员要采用特别的技巧对非自愿组员开展工作，要深刻认识到，组员的非自愿身份会对小组动力关系产生怎样的影响。

2. 任务：培养小组凝聚力

技巧/行动

a. 工作员要与组员以及整个小组建立信任的工作关系。

b. 工作员还要协助组员彼此之间建立关系，以推动小组凝聚力的产生。

c. 工作员要强调组员间的相似性，在组员之间建立关联性，鼓励组员间的沟通。

3. 任务：形成参与小组的规范

技巧/行动

a. 工作员要努力协助小组建立参与小组的规范，以促进其建立安全感、信任，培育小组工作文化和互助精神。

b. 工作员要积极示范这些规范，必要时要指导组员如何创造性地参与小组活动。

c. 工作员要欣赏不同的心理、社会文化和环境因素对小组规范的影响。

d. 当小组中出现了非创造性规范时，工作员要引导小组对此进行探讨。

e. 工作员要示范如何尊重社会文化差异，要积极推动自治和自决，鼓励组员赋权。

B. 所需知识

1. 工作员要深入了解自己小组中出现的社区、机构、小组和个人之间的动态互动。

2. 掌握与组员的发展性、心理社会和临床需求相关的理论和证据为本的实务,以及这些知识如何运用到小组开始阶段。

3. 了解小组的类型和采用的技术,以及这些技术如何在小组开始阶段影响小组的功能性。

4. 认识小组发展开始阶段的特点和需求,以及相关的技巧。所需的知识包括如何与非自愿组员工作、如何取代原来的工作员、如何在小组过程中接收新组员的加入。

第四部分
小组工作中期

A. 小组任务和工作员技巧/行动

1. 任务:协助小组朝着个人目标和小组目标前进

当小组目标是主要任务时,例如在任务小组和社区小组中,工作员要鼓励组员运用自己的方式来实现小组目标。

技巧/行动

a. 强化个人担心/需要与小组目标之间的关联性。

b. 提供有利于小组目标实现的程序化的想法和行动,同时,协助组员实现个人目标和小组目标。

c. 评估小组朝着个人目标和小组目标前进的进程。

d. 发现阻碍小组和组员实现自己目标的困难和障碍。

e. 如果障碍与个别组员的具体需求有关,在必要时,在组外要与组员单独开展工作。

f. 确保小组关注了每个组员的特别需求(例如生理的、认知的、语言的或文化需求)。

g. 协助组员参与问题解决、选择和决策,还要参与评估决策的结果。

h. 与小组一起总结每次小组活动。

i. 与小组一起策划下一步活动。

j. 必要时,要与组员重新协议,以协助他们实现个人目标和小组目标。

2. 任务:关注小组动力关系/过程

技巧/行动：

a. 支持组员发展一个互助系统。

b. 明确并解释组员之间、组员与工作员之间、小组与组外系统之间的沟通模式。

c. 在组员之间、组员与工作员之间建立坦诚沟通模式，主动示范，鼓励组员学习并提供反馈。

d. 回顾小组价值观和规范。

e. 协助组员识别自己的感受，并清楚表达感受。

f. 协助组员感受语言和非语言沟通。

g. 在小组中帮助组员调解冲突。

h. 协助组员与其他组员之间建立关系，如果合适的话，这种关系会延续至小组结束之后。

i. 运用赋权工具协助组员对小组产生"主人翁"的感受。

3. 任务：运用小组中的最佳实务方法，善用组内外的资源

技巧/行动：

a. 协助组员发现组内外的资源，并获取这些资源。

b. 运用小组工作者的知识、技巧和其他资源，以及组员的资源和组外其他资源。

c. 根据文献呈现的内容、工作员和机构的经验以及其他专业知识，采用最适合组员的小组方式。

d. 运用记录的方式来监测领导技巧和小组过程。

e. 接受督导，并善用督导。

B. 所需知识

1. 小组动力学。

2. 角色理论及其在组员彼此关系、组员与工作员关系中的运用。

3. 沟通理论及其在小组语言和非语言沟通中的运用，以及在小组与组外人员之间的沟通中的运用。

4. 小组中问题解决过程。

5. 小组中的冲突解决。

6. 组织理论。

7. 社区理论。

8. 发展理论。

9. 评估理论和方法。

10. 多元性的影响：阶级、种族、性别、性取向和能力。

11. 有关小组与其环境关系的知识。

12. 与小组要解决的问题相关的特定知识。

13. 自我意识。

第五部分
小组结束阶段

A. 任务和技巧

1. 事先帮助组员为小组结束做好准备。

2. 在直接实务小组中，帮助组员明确自己通过参与小组活动的收获和改变。在任务小组中，组员可以讨论自己通过小组活动学到了什么，对自己未来的任务小组有什么指导意义。这里还需要考虑，实现小组目标会怎样推动其他的机构和社区的功能正常发挥。

3. 讨论小组会对组外系统产生什么影响(例如家庭、机构、社区)。

4. 讨论小组在过去一段时间中有什么进展。

5. 识别并讨论组员对小组结束会有哪些直接或间接的反应。

6. 分享工作员对小组结束的感受。

7. 协助组员彼此分享，并与工作员分享各自的离组感受。

8. 系统地评估个人目标和小组目标实现的情况。常规性系统地评估小组经验，需要在小组过程中反复进行，而这个工作不能只是在结束阶段才开始。

9. 协助组员与其他合适的机构和服务计划建立联系。

10. 协助组员在日常生活中运用新知识和技巧。

11. 鼓励组员对工作员在小组中的角色和行为提供反馈意见。

12. 帮助组员在组外运用新的知识和技巧。

13. 必要时给转介提供有关小组记录的材料。

B. 所需知识

1. 掌握与结束相关的小组动力关系。不同类型的小组可能内容也有所不同(例如长期的、短期的、单次活动的小组)。还有特殊的情况，某个组员或工作员退出小组了，但整个小组还会继续，或者会有新工作员加入等。

2. 了解能够维持和增进组员成长的正式和非正式资源。

3. 明白组员和工作员生活中经历过的生离死别对小组结束的影响。

4. 掌握机构有关政策，明确工作员在小组结束后，是否可以继续与小组保持联系或提供小组服务。

5. 熟悉不同形式的评估，包括正式和非正式、定量的和质性的评估手段。

二、小组工作实务原则在中国的运用

中国的小组工作实务，还没有一个明确的职业伦理守则和工作原则，但是作为一个国际认同的职业，我们相信上述讨论的国际性的职业守则和标准，对我们具有很强的指导性。我们认为，在中国开展小组工作实务，除了要遵循小组工作自身的价值和伦理原则之外，至少还要特别重视下列几个原则：

1. 程序性的原则。所谓程序性，指的是小组工作者要具备专业知识背景和个人能力。初学者应该在导师的督导下进行实习。在小组过程中，小组工作者必须善始善终，从组前的访谈、小组的设计和规划、小组的开展、组后的跟进，到小组过程和结果的评估，都要严格认真，一丝不苟。小组工作者要用专业价值观来指导自己的工作，要在实务过程中，不断地学习反思，获得自我成长。

2. 尊重组员的原则。包括尊重组员的知情权，强调保密的原则。组员有权了解小组的目的、内容、程序、方法等具体内容，在知情的前提下，有权决定是否参加某些小组活动，是否中途退组。还要尊重组员自决。同时，要相信组员的能力有差异，要个别化对待组员，尊重和接纳组员不同的成长水平和能力。

3. 灵活和折中的原则。灵活的原则指的是在小组工作过程中，要灵活把握小组的进展，及时评估小组过程，及时调整小组活动内容，以最大限度地满足组员和小组发展的需要。折中的原则指的是在小组过程中，要综合考虑各方的需要，包括组员、工作员、机构和社区的需要，要将各方需要整合起来，使多方共同受益。

4. 理论联系实务的原则。在小组工作中，小组工作者不仅仅是一个工作者，更是一个研究者和知识的创造者。他们一方面要对小组工作的研究成果有所了解，并将其运用到自己的工作当中去，另一方面也参与了知识创造过程。例如，小组评估可以有效地帮助小组工作者总结经验和教训，进一步改进自己的工作手法，建立和发展自己的工作风格，同时，也可以与同行进行交流和互相学习。

5. 互惠的原则。在实务过程中，社会工作者与组员之间是互助互惠的关系，在小组过程中，社会工作者运用自己的专业知识，协助小组建立良好的互动关系，使得组员获得成长和改变。同时，组员们丰富的生活经历，对社会工作者而言，也是一个学习和成长的过程。因此，这种工作关系，也是一种互助互惠的关系。

6. 处理好国际标准与中国本土实践的关系原则。在小组工作伦理原则和标准建设中，中国还处在一个起步阶段，如何处理好国际标准和本土特点之间的关系，是每个小组工作教育者和实务者需要认真思考的问题。国际标准的执行，一定要与本土的情境和需要结合起来，不能盲目执行国际标准而忽视本土实践，同样，也不能强调本土特点而忽视国际标准。因此，把握国际标准，兼顾本土特点，在实践中不断检验和创新，是推动小组工作专业标准建设的很好的尝试。

第四节　价值观与伦理的反思

小组工作作为社会工作的专业助人方法被引进到中国内地已经有二十余年的历史，我们有机会根据自己的教学和实务工作，对小组工作涉及的专业价值伦理、方法技术和本土化问题有一个全面的反思，这无论对今后小组工作的教学和实务，还是对中国内地推行小组工作方法，都具有深刻意义。

一、价值与伦理的反思

人生活在群体的世界里，归依和认同群体并且在其中学习与成长，是人最基本的需求。故以小组的方式助人是最自然、真实而有效的方法。这也是社会工作专业领域中采用小组的方式开展工作的主要原因。

1. 小组工作中外价值体系的差异性思考

源于西方的现代小组工作以尊重人、个别化、案主自决、非判断、保密等作为自己的价值伦理原则。这些原则背后蕴涵着西方现代文化中崇尚个人主义和体现自我意识的哲学观念。当这些价值观和小组工作的方法被一起引入中国本土时，就一定会涉及对本土情境的适用性问题，因为中国文化伦理价值原则具有独特性。相比而言，中国文化总体是强调家族集体本位，注重静思与个人的道德修养，关注人际关系的和睦、与自然的和谐，突出世俗社会的积善成德，强调至爱亲情、仁爱、无私奉献、集体至上等价值观。

个人至上的西方文化与中国人倡导家族集体本位①有本质的区别。这就是中外价值体系的差异性。所以，基于西方价值伦理的小组工作，在中国的处境和脉络下，必须重视本土化问题。

笔者参与观察昆明“中美戴托普戒毒康复村”举办的小组工作，是东西文化整合的范例。比如这里非常强调“家”的感觉，组员把戴托普康复村比做一个温暖的家，把小组当做自己的“家”，这种文化氛围非常符合华人家庭本位的传统文化。小组中强调“完善自我”与西方社会工作“充分发挥人的潜力”是一致的。小组中用同伴压力、群体治疗、爱和归属等与儒学强调的仁爱和家族群体本位、人

① 笔者以为从“西方文化”、“中国文化”这样的本质化概念去讨论东西方文化本身就有很大限制，因为文化是非常情境化和脉络化的，我们只有在一个具体的文化情境中才能探讨文化的含义。这样类化地去处理东西方文化限制了文化的差异性和多样性。但笔者还找不到一种方法处理教科书中对文化的书写，只有这样讨论了。

际关系和睦是一致的。同时,也会有两种文化冲突的表现。比如在“对质小组”和“情感发泄小组”中,目的是学会识别、尊重和正确处理自己的情感,最大限度地在小组宣泄自己的情感,解决矛盾。“在戴托普,就像一个人被剥光了衣服放到阳光下暴晒,你身上的一切被看得清清楚楚。你没有隐私,没有任何东西可以让你回避,真的是无处藏身。”这些做法与“中国人的行为与情感倾向于不苟言笑,不善表达;亲情与隐私:华人的家庭要求成员紧密连接在一起,彼此之间没有私人的时间、空间和界限;爱面子等”相冲突。直接的对质有负面作用,容易激化矛盾。许多人“发泄完以后心里更堵”(不舒服);“本来的目的是对事不对人,但许多人既对事也对人,甚至只对人不对事,泄私愤并进行人身攻击”[①]。

2000 年 5 月至 10 月间,中华女子学院社会工作系、香港大学社会工作及社会行政学系,与北京市崇文区龙潭街道办事处和北京方舟家庭中心一起,开办了两期单亲女性自强小组。这个小组对帮助单亲女性获得自强自立、走出婚姻失败的阴影,重新开始新的生活发挥了重要作用。两期“自强小组”在设计理念中将赋权的概念和视角运用到小组中,同时注意将西方的社会工作价值观与中国的文化传统结合起来,她们提出了宽恕和放得下的概念,鼓励妇女们从婚姻失败的阴影中尽快走出来,学会放弃和宽容,重新设计未来的新生活。与此同时,她们加入了“爱自己与积极思维”的概念,希望妇女们学会关注自己个人的感受和需要,加深对自己的认识和了解,从而进一步发现自己的潜能,改变自我否定和自责的看法。

以上案例给我们的启示是:第一,在中国本土运用小组工作方法时一定要考虑到东西文化(包括各地区各民族)的差异性,特别是要关注文化的冲突;第二,在一个本土的处境和脉络中可以将各种文化价值观的优势整合起来,去最大限度地助人自助;第三,小组工作的价值伦理既要考虑专业通则(尊重、自决、守密)在本土处境下的意义,更要考虑本土处境下的独特价值观(仁爱、宽恕等)在助人中的意义。

2. 几个具体价值伦理的适应性问题[②]

以下是我们在具体的实务中遇到的几个具体的职业伦理适应性的问题。

(1) 工作员未具备应有的训练是否构成伦理问题。常可以听到工作人员或者是学校里的老师表示他们不知道带领小组还有那么多要考虑的和要遵守的规范。笔者认识的一位老师,他在看过一两本书后对小组工作产生了兴趣,碰巧学校又缺少带领成长小组的老师,于是他就开始了尝试性的工作;还有一位福利院

---

① 这是戴托普居住者亲口告诉笔者的。

② 这个部分引自长沙民政学院刘志红副教授 2002 年撰写的《对团体工作专业伦理的思考》(未发表),特此致谢。

的工作人员，到国外参观回来后，就开了一个家庭治疗小组。当然，这些做法也不排除有成功的可能，但其中隐藏的危机是显而易见的。这符合伦理吗？

小组工作作为社会工作的专业方法，要求从业人员必须经过专业训练，包括专业伦理的内化、专业技能的训练，以及足够的实务和督导经验等。因此，在学习借鉴西方小组工作的经验成果时，必须先衡量自己的专业知识和能力是否能胜任，在开展工作之前至少应有多次参加小组及担任观察员、协同工作员工作等经验，万万不可将组员当成“临床实验品”，否则对组员造成的伤害须担负伦理甚至法律责任。换言之，工作员要随时自我反省，以发现自己能力的限制，只有经历了足够的专业训练，建立了小组活动的哲学基础及专业理念并将方法的清晰化，再进行小组活动才是合乎伦理的。

（2）小组组员甄选的伦理问题。很多人认为，小组的组成主要是自愿参与，小组工作既然是助人，就应该是无条件地接受有需要的人进入小组。但是，小组是由组员组成的，组员的人格特质及行为模式会直接影响小组的过程和效果。在小组中，他们既是当事人又是协同助人者，而组员不是专业人士，不受专业伦理规范的约束，为了防范组员的行为对小组造成不良的影响，组成小组之初，严格甄选组员是非常必要的，工作员也应负有慎重甄选小组组员的伦理责任。甄选组员的过程涉及两个重要的伦理问题，其一是工作员要尊重当事人的自主权，当事人有自动参与与退出的权利，工作员不得阻挠；其二是工作员有保护其他组员权益的伦理责任，即工作员要慎重选择组员，以免因疏忽而造成对其他组员不利的影响。笔者非常认可的办法是开组前约见每一位潜在组员，借以相互了解，由组员自己决定这个小组是否适合自己，工作员也借此机会甄别不合适的组员。

甄选组员是工作员及当事人互相认定的双向过程，当事人有权知道工作员的资格及有关小组的细节，而工作员也因专业职责所在，有责任确定当事人是否合适参与该小组，以避免造成对其他组员的伤害，或影响整体效果。

（3）工作员可否表露自己的价值观并要求组员接受。从团体动力学的观点来看，小组是一个动态的、有生命的集合体，因此小组过程会影响组员与整个小组的交流互动，组员之间、组员与工作员之间、组员与小组之间会自然产生影响作用，包括人际影响、行为影响、情感影响及认知影响。价值观是人类认知结构中的一部分，在小组过程中，要保持完全的价值中立是不可能的，工作员的价值观会影响组员的价值观是自然的互动结果。所谓“自然”是指工作员不是为自己的私欲，也不是为防卫自我，而是组员确认该价值观对其成长发展有益或符合个人理念而自主性地接受影响的状态。如果违反“自然”原则，工作员过度地价值观介入，既违反了专业伦理，也会破坏小组关系。

在小组经验中，有的工作者或组员所给予的反应能深远地影响一个人的知觉、行为和自我意识。这也是小组工作的目标之一，但这种结果并不都是有利的,例如造成难为情、失去尊严、彼此仇视、伤害工作关系等问题,所以在小组工作进行中要尽量避免这种不良的后果。在小组进行中,工作员应平等地重视每一个组员,尊重组员在小组中的反应,常鼓励组员彼此交流,提供回馈或反思的机会,组员也有不接受他人观点的自由。但这并不是说就任凭小组自由发展,工作员应把持小组的发展与目标和共同的愿望的一致。一些不负责任或能力不足的工作员不能清楚地把握小组目标而任凭小组自由发展,常使整个小组陷入茫然、迷茫、失落与空洞之中。

(4) 对待小组中的特殊组员的伦理问题。一般来说,沉默的组员易受到垄断性组员的压力,理智的组员易受到攻击者的挑战,依赖者习惯于求助救援者,嬉戏者经常将责任归于代罪羔羊。小组成员的互动有时会失去平衡,工作员有责任觉察并处理小组中的特殊组员。沉默的组员常会受到较多说话的组员的挑战。这种挑战若使组员们变得失去功能,工作员应该及时制止。所以,此种挑战只允许出现在促使组员加入小组时,且对组员有较佳的效果时才行。因此,小组工作员应有足够的敏感度小心地处理小组中较沉默、退缩的组员,不能任凭其他组员对他逼迫。某些工作员有一些错误的观念,认为在小组中对成员做深度的"挖掘"才是有价值的,对组员才有帮助,才能帮助他了解自我、面对自我。笔者曾碰见一位工作员自得地说:"今天我把他们挖得很深,好多东西都挖出来了,下次还要继续挖。"结果这位被挖掘的组员在对自己非常失望和不接纳自己的情况下,再也不愿面对小组,转而求助于个案工作者,这种一厢情愿的"挖掘"做法实在是残忍。小组工作不一定适合于每一个人,如果小组中有组员对小组有破坏时,工作员应负何种责任?此种破坏包括威胁、恐吓其他组员或造成其他组员的诚实、尊严受损。此时,工作员应该考虑这个组员是否合适留在小组中。

(5) 对可否具有双重关系的伦理思考。对小组工作而言,我们可将双重关系定义为:除了专业关系外的一种存在于工作员和组员之间的关系。通常认为小组工作员要避免与成员的双重关系,以预防这样的关系危害他的客观性与专业的判断,并且削弱组员在小组中充分参与的能力。但是,笔者认为双重关系本身并不具危害性,许多的双重关系反而可对小组成员有所助益。双重关系常常是不可避免的,只要工作员能意识到可能衍生的问题,我们就不认为工作员和他的组员有社交往来是不合伦理的,而确认会不会因此危及专业关系,则是工作员的责任。笔者的看法是:任何利用性的双重关系都是不合伦理的,应该加以避免,至于其他的双重关系则应小心进入。所谓"利用性",就是指工作员以各种方式利用小组组员谋利,比如"爱情"关系或"性"的关系,或者商业关系,都是应尽力避免的。最常见的违反道德的表现是与组员构成了"亲密关系"。工作员也是平常人,有时候,他们会被组员吸引不足为奇,这种吸引的感觉本身并非不道德,真正不道德的是照着这种感觉去做而不考虑与案主的专业关系。所以双重关系并不可怕,关键要看工作员的把握。[①]

当工作员与组员个别咨询时,另一种关系就产生了。有些人觉得工作员不应该与组员建立个别关系,笔者却不这样认为,事实上,如果这样对组员有利而工作员却不提供个别帮助,那才违反伦理。小组工作的目的就是帮助组员有更理想的生活,而如果个别咨询可以协助其做改善,那么个别咨询应被视为一种在助人过程中具有特殊价值的工具。

(6) 保密及妥善管理和运用小组资料的伦理问题。由于组员在小组过程中容易受到情景压力、小组气氛的影响而自发地或非自主地分享个人深层次的感受或隐私性的经验,工作员尽管无法对每一位组员能够完全做到保密,但应该时常提醒组员,强调保密的重要性,告知组员保密的本质及隐私权的限制,并与组员讨论在什么情况下保密的资料是需要提供出来的。

小组工作员本人应该特别注意保密的问题,走漏组员的消息给任何人都是不合乎伦理的。但也有一些例外的情况,比如成员危害到自身或他人时而且在一些机构中,工作员被要求做记录,且这些是对同事公开的,处理这种情形的最好的方式,就是告知组员"如果袒露你的行为,你就有较佳的机会赢得成员的合作;假若隐藏你自己,就会失去他们对你的信任"。在法律允许的范围内和征得组员同意的情况下来运用资料是可行的。

二、小组工作技巧的反思

小组技巧非常多,下面根据本书涉及的一些技巧和我们在实务中遇到的一些问题进行粗浅的反思,期望引起讨论。

1. 小组沟通技巧反思

良好的沟通是小组工作的动力源。笔者认为小组工作的最高境界就是在小组中达到"理想的沟通情境"。那么,什么是理想的沟通情境?怎样才能达到理想的沟通情境呢?良好的沟通状态是一种平等的对话关系。现实中理想沟通状态之所以难以达到,主要因为对话中存在权力关系。在一个小组对话中,我们很容易听到理性(男性—强者)的声音,而忽视一些直接的感受(女性—弱者)。所以,在一个性别关系的小组中,一般总是听到"宏大论述"(概念、规律等),而很少谈及自己内心的感受,所以,对话很难展开。许多时候小组的讨论中组员不是将自己放置到对话的情境中,而是不断地说服别人,不是聆听、分享和回应,而是压

① 笔者非常赞同刘志红副教授的深刻见解。根据笔者的认识,在一个实务的场景中"专业关系"和"私人关系"的界限很多时候是很难把握的。当我们有目的地表达自己的感情时,我们的感情本身就要受到质疑。但如果我们不去把握这种关系,又会把与案主的关系搞得"一塌糊涂",不仅不能有效帮助案主反而会伤害他们。所以为这里的问题是一个两难的困局,怎样去平衡这种关系值得探讨。

制对方。一些外在的身份(比如权势等)很容易在小组对话中发挥作用,所以,一些人的声音大,而另一些人很少发声。对话在不平等的状态中进行,这种沟通自然不理想。

所以,我们倡导小组沟通应该在一个尽力平等(不可能完全平等,因为我们的身份是隐不去的)的权力关系中对话。小组工作者在运用小组沟通技巧时应该对权力关系有足够的警觉,包括自己所拥有的权力(工作者由于特殊身份其实权力很大)。在小组中尽力使每一个人的声音都能够呈现出来。

2. 小组冲突处理技巧反思

小组冲突是一把“双刃剑”,一方面,冲突和解决冲突可以使小组动力达到高潮;另一方面,如果冲突解决不好,会使小组解体。通常人们都害怕冲突,试图在小组中避免冲突发生。但有经验的工作者都知道怎样利用小组冲突及解决冲突的过程,实现小组目标。我们对冲突要有正确认识,不是所有的冲突都具有破坏性,相反,许多冲突及其解决的过程是建设性的。在笔者的小组经验中(参加小组或带领小组),当组员处于“你好、我好、大家好”的状态时,小组的动力是最低的,此时,小组就像戴了一张面具,毫无吸引力,组员表面上“相安无事”,内心却有很多不满,但又不能发泄出来,自己在小组中就像要窒息了。此时,工作者要善于“挑起”矛盾,给组员一个冲突的舞台。笔者的体会是当冲突发生时工作者不是站在外面,而是把自己放进冲突中,有时工作者就像一个冲突发泄的对象,有时又像一个冲突的“受害者”。但这些一定不是假装出来的,而自己真的就在冲突中与组员一起去面对和解决。

3. 小组工作者角色反思

关于工作者的角色问题,我们在小组的构成中已经论述。但这里需要反思的是笔者提出的“同行者”的角色。我们提倡用“同行者”的角色与案主相处,意思就是大家共同经历,在过程中,彼此认识、理解、信任,直到合作实现目标。我们要知道组员的真实需要只有在与他们的同行中实现。我们不是站在外面,从局外人或专家的角色进行评价;我们也不是站在上面,从权势者或资源拥有者的角色进行施舍或恩赐,而是在同行中,评估需求。同行中,我们应该尽力把自己外来者的一些先赋的东西(位置、身份、权力等)放下①,通过放松和融入等,去和当事人建立深刻的信任关系。社会工作者所谓的“同行”核心不是与服务对象长期住在一起,而是社会工作者与服务对象相处的身份意识。工作者与服务对象

① 笔者认为放下自己是同行的前提,但这也是最难做到的。因为由于主流的知识观和对进步的看法,在我们这些外来者身上固着了许多优于服务对象的观念和行为,而这些定型化的观念很容易在不自觉中表现出来,无形中就强化了服务对象的弱势位置。当然,笔者也认为,我们不可能成为服务对象,因为外来者的身份是抹不去的,你也不可能假装看不到。但我们可以通过对他们经验的认同,和他们建立信任关系。

一路同行，但在同行的过程中又扮演着许多可变的具体角色。在小组刚开始时可能是一个倡导者或引导者的角色。在中间阶段，工作者可以扮演使能者、资源提供者或榜样的角色，工作者推动组员彼此分享和表达，推动他们付诸行动并实现目标；工作者以自己的模范行为给组员一个榜样的力量；工作者为组员提供信息和联系社区资源等。在结束阶段，工作者可能又是一个倡导者的角色。

4. 小组活动节目设计反思

小组目标是活动中带出的，在小组的技巧中，活动节目的设计是很关键的。活动节目通常以游戏等形式带出来。目前，我国的港台地区已经吸收了很多活动节目，相关的书籍也出版了不少。在一些小组工作中，各种活动已经被广泛地采用。然而许多时候，我们过于注重活动本身而忘记了活动背后的逻辑和价值取向，我们过于注意活动技术处理而忽视了活动带出的意义。

有个游戏叫"喊数抱团"，游戏的规则非常简单，选择一个平坦的场地，让10～20个参与者(最好是偶数)先报数，让大家知道场上一共有多少人，接着，让他们在场地随意走动，要求他们注意听指令。当组织者高喊："二人一组，牵起手来！"时，参与者应立即与临近的同伴按所喊数字组成一组，并牵起手来。这时，大家会发现每个人基本上都能找个伙伴，组成一个小组。接下来，组织者可改变人数，变成三人组，这个时候，组织者会发现，大家会非常紧张、忙乱，生怕自己被剩下。但是，随着小组组成人数的改变，总会有人被剩下，被孤独地排斥在小组之外。这个游戏的关键，是在最后时分逐一地访问每次分组中落单的人，在被集体排斥的那一刻，是何感受？你并无过错，但你是否体验到了深深的失望和沮丧……

这个游戏最具吸引力的是重复做都可以有不同的感受。通过这个游戏可以带出下列问题去让学生思考：当你被排斥时有什么感受？其他人看到你被排斥有什么感受？为什么会形成社会排斥？我们怎样去解决社会排斥呢？最终要在小组中带出对社会公正和社会关怀的思考。

当谈到游戏规则改变时，会出现怎样的情形？比如16人4个人一组会不会有落单呢？如果刚好4人一组又会怎样？学生谈到那样虽然没有排斥但我们做游戏时就没有动力，因为没有竞争，反正我不会担心落单。于是小组的分享又转向社会规则的制定，"大锅饭"和竞争的关系等。如此丰富的小组分享，使小组动力达到高潮。这对工作者的要求很高，工作者必须清楚地知道小组活动背后的价值，并有足够的技巧带出这些背后的东西。因为如果只有小组经验而没有足够的整理、学习和必要的辅导，这些经验不会对组员今后的生活带来改变的。

5. 组员和社会工作者之间的关系

在组员和工作员的交往中，根据我们自己的经验发现，组员比较喜欢用老师来称呼工作员，虽然我们反复强调，只要称呼我们的名字就行了。这从某程度上反映了组员对我们的定位。首先，我们的身份都是大学教师，尽管我们与他们之间没有这种严格意义上的师生关系，他们还是愿意这样称呼我们；其次，可能是对我们的一种尊重。但是，这种称呼引起了我们的重视，因为在中国文化中，老师与学生之间的关系可能是权威与服从的关系，而这种权威与服从的关系，带来的一个后果就是在案主对工作员的指导性的期望。这里又引发了一系列问题的探讨，在中国文化背景下，这种权威关系会给案主和工作员之间的工作关系带来什么样的影响？指导性原则与非指导性原则，哪个更符合案主的需要？非指导性原则是西方社会工作的基本工作原则之一，但是，如果案主对这种工作关系的期望就是获得某种指导的话，社会工作者是否应该提供这种指导？如果是的话，社会工作者有权利和能力这样做吗？如果不是的话，将如何体现案主为本的理念？我们提出这些问题，希望能够在同行中进行讨论，这些问题的讨论将成为中国社会工作本土化讨论的基础。

第五节 实务案例分析

小组工作的职业伦理应该结合实际进行运用，为了更好地展示这些原则的运用，我们来分析以下几个案例。

一、如何应对退组的组员

案例一：在某中学开办的一个中学生自我认知和自我成长小组中，组员都是本校的高中部学生。当小组进行到第三次时，王蕾提出要退出小组，任凭社工和其他组员如何劝说，王蕾还是坚持要退组，理由就是她认为这个小组不适合自己，对自己没有什么帮助。王蕾退出小组后，其他组员也出现了情绪波动，在接下来的一次活动中，无法按照计划开展活动。

组员中途退组，对小组的正常发展会产生一定的影响，因此在处理这种案例时，需要把握几个原则。首先，按照当事人自决的原则，组员是有权决定中途退组的。因此，一旦组员决定要退组时，社工要尊重组员的权利，任何强求性措施，都会对该组员带来压力和负担。但是，社工有责任与该组员一起分析退组可能会给他/她带来的负面影响，以及可能要承担的责任。其次，组员在退出小组后，要给其他组员留出时间来处理离组给自己带来的负面影响，讨论导致该组员离组的原因，同时也要处理退组组员的一些情绪问题。再次，为了避免退组给其他组员带来的压力，在组前筛选和访谈时，就必须向组员讲清楚，在决定退组时，有必要先通知社工和其他组员。组员可以就退组问题进行公开讨论，因为小组是否适合每个组员，可能需要社工和组员达成共识。

二、技术的运用和滥用

案例二：在一个大学辅导中心举办的大学新生生活适应小组中，社工采用了从书本上学习到的玫瑰幻想的练习，引导组员回顾、整理自己过去的生活，由于小组气氛非常安全，具有支持性，组员小雪说出了自己在童年时期被叔叔性侵犯的经历，引起了组员强烈的情绪反应，整个小组沉浸在一片哭声之中。由于社工根本没有充分的思想准备，无法处理组员当时的情绪反应，小组只能在眼泪中草草收场了。

社工在选择和运用各种技术来帮助组员发泄压抑的情绪时，一定要记住以下两个原则：

1. 社工要对所运用的技术非常熟悉，一定要有过个人体验，或在导师的督导下使用过，知道如何处理由此而产生的情绪反应。

2. 所用的技术主要是帮助组员发泄其内在的负面情绪，进一步深入自我探索，不能引起组员的不舒服，使他们感到无能。

在这个案例中，社工的问题在于自己没有亲身体验过该技术所产生的效应，以及对当事人所产生的影响，因此，没有能力处理当事人激烈的情绪反应，其后果是非常负面的，好像一个外科大夫，将病人已经结痂的伤口重新揭开后，又走开了。因此，每位社工在设计自己的小组活动和采用某一种技术时，一定要确保该活动和技术是安全的，自己有能力处理该活动和技术所产生的后果。

三、保密的相对性

案例三：小林参加了一个成长小组的活动，在参组前，她向社工询问了有关保密的问题，因为她不想让别人知道自己参加了社工小组。社工将保密原则告诉了小林。在小组活动中，小林表现得非常积极投入，向组员和社工袒露了自己的苦恼。原来，小林背着父母爱上了一个有妇之夫，并且有了性关系。她感到非常矛盾，一方面她不愿让父母伤心，另一方面，她又不想欺骗自己的感情，同时她也知道自己这样的恋情不会有什么结果。在一次小组活动结束时，小林突然昏倒了，社工和组员十分紧张，立即叫来救护车，将小林送进医院抢救。经诊断，小林是宫外孕引起了大出血，医生说，如果晚一点儿送来，就会有生命危险。由于住进了医院，并动了手术，小林的父母和亲戚朋友都知道了小林的恋情，给她带来了很大的压力。出院后，小林以个人隐私权受到侵犯为由将社工告上法庭。

在这一案例中，社工在处理上片面地强调保密性原则，而忽视了向当事人解释相对保密性原则。如果社工在组前的面谈和电话访谈中，向小林讲清楚了在什么情况下会保密，在什么情况下不能保密，那么，出事后，当小林明白自己面临了生命危险，社工必须以保证其生命安全作为第一考虑的话，她就不会控告社工侵犯自己的隐私权了。实际上，这个案例反映了一个特别重要的概念，即保密的相对性问题。在社会工作中，我们强调保密的原则，但是，保密是相对的，不是绝对的。林孟平(1994)总结了可以放弃保密原则的情形，包括：当事人的生命处在危险边缘时；当事人问题涉及刑事案件时；当事人未满16岁又是受害者时；当事人有犯罪意向，或工作员评估会危及自身或社会时；当事人心理失常时；当事人有自杀倾向时等[①]。为了让组员对这个原则有明确的认识，小组工作者有必要在开组前，通过口头和书面的方式向组员解释清楚，在了解了相对保密性原则之后，组员有权决定在小组中袒露多少个人隐私问题。

本章要点

- 小组工作的基本价值观在于尊重组员的尊严、价值和权利，重视互助，激发组员的潜能，在小组的情境中，通过互助，实现组员和社会工作者自身的赋权。
- 小组工作的职业伦理要求社会工作者要关注三个方面的内容：组员的权利和责任、小组工作者的能力和培训、带领小组的过程等。此外，小组工作的国际标准会对我们的小组工作实务有启发和指导作用。
- 小组工作者的教育背景包括人文社会科学知识、社会工作技巧、实务经验等，此外还需要不断提升自己的个人素养，履行“用生命影响生命”的承诺。

推荐阅读书目

林孟平，1994，《小组辅导与心理治疗》，香港：商务印书馆。

吉洁拉·克那普卡著，廖清碧、黄伦芬等译，1994，《社会团体工作》，台北：桂冠图书公司。

[美]特斯兰、理瓦斯著，刘梦译，2008，《小组工作导论》，北京：中国人民大学出版社。

① 林孟平，1994，《小组辅导与心理治疗》，香港：商务印书馆。

第三章

小组工作理论与小组动力

本章重点问题：

1. 了解小组工作重要的相关理论。

2. 了解小组动力的含义、作用。

3. 了解小组的主要动力因素，以及这些因素如何相互作用形成小组的动力过程。

任何一种工作方法，都是建立在一定的理论基础之上的，小组工作也不例外。在小组工作发展过程中，小组工作的学者深受相关的社会科学的影响，借用了来自社会学、心理学、人类学等学科的理论和研究成果，同时也发展出了小组工作的理论。本章将系统介绍小组工作的相关理论，并重点介绍小组动力学理论。

第一节 小组工作的相关理论

作为社会工作的重要方法之一，小组工作借用了心理学、社会学、人类学、教育学、政治学等学科的理论和研究成果，本节将介绍这些与小组工作有关的理论。这些内容可以帮助我们更好地理解小组工作的助人机制、小组的工作过程和影响这个过程的因素，帮助我们更好地掌握小组工作的理念和工作技巧。

这一节介绍的是对小组工作有重要影响和贡献的理论，其中包括：系统理论、需要理论、小组动力学理论、社会学习理论、镜中自我理论和交流分析理论。

一、系统理论

系统理论家们将小组当成一个具有互动功能的系统，他们从系统功能和结构的角度，探索了小组的功能和机构，说明了小组的过程和任务。

帕森斯(Parsons)指出，小组在发挥功能时，就是由几个互相依存的成员组成的一个社会系统[①]。为了实现自己的目标，维持平衡，小组需要不断地面对各种压力，要完成四个主要的功能性任务：(1)整合：确保组员互相之间和谐相处；(2)适应：保证小组保持应对环境变化的能力；(3)模式维持：确保小组保持明确的目标以及对目标的认同和工作程序；(4)目标实现：保证小组能够追求和完成自己的任务[②]。要实现上述目标，工作员需要调动组员的能量，确保组员全身心地投入和参与，不断评估小组的进展、组员目标实现的状况、小组与周围环境的互动状态，不断调整自我，以适应组员、小组和环境的变化，以保证小组朝着目标前进，保证目标逐个得以实现。

贝尔斯(Bales)从小组的任务角度提出，小组要保持正常运作，必须解决两个问题：工具性问题，主要是小组实现目标过程中出现的一系列问题，诸如资源及其分配的问题；社会情绪性问题，包括减少人际困难、协调行动、促使个人有效地成为社会体系中的成员[③]。工具性问题来自小组的外部环境，而社会情绪性问题则源于小组内部。解决这两个问题的基本原则是保持均衡。为了进一步了解小组的内部运作过程，Bales 开发出一套“互动过程分析”(Interaction Process Analysis，IPA)的观察分析系统。IPA 系统包括正面的社会情绪和负面的社会情绪、中性的任务工作三个类别。正面的社会情绪有显示团结、消除紧张和赞同三个次类别；负面的社会情绪包括对立、紧张和反对三个次类别。中性的任务工作的次类别则有提出问题(询问方向、寻求意见和建议等)和提供答案(提供建议、意见和方向等)。这个工具可以帮助我们很好地分析小组的过程和内部互动状态，了解小组过程和动力关系，找到促进小组积极发展的关键。

霍曼斯(Homans)提出，小组是一个互动的系统，在这个系统中，存在两个系统：内在系统和外在系统[④]。外在系统代表了小组处理适应性问题的方式，这些适应性问题产生于小组与自己所处的社会地理环境的关系之中。内在系统是小组的活动模式、互动和小组内部的规范等。小组就是不断在与环境互动过程中保持运作的。此外，他还提出小组行为是由三个要素构成的：(1)活动：小组中

① Parsons. 1951. *Social Systems*. Glencoe IL：Free Press.

② Parsons，Bales & Shils. 1953. *Working Papers in Theory of Action*. Glencoe IL：Free Press.

③ Bales R F. 1950. *Interaction Process Analysis*. Cambridge：Addison-Wesley.

④ Homans. 1950. *The Human Group*. Fort Worth：Harcourt College Publisher.

成员一般的行为与动作，(2)情感：成员在小组中的情绪、感受、回馈和反映等，(3)互动：小组成员间彼此交往接触的行为。

特斯兰等人就上述系统理论对小组工作的指导作用做了以下总结：

- 小组作为整体所表现出来的特征源于小组中的组员间的互动。
- 小组力量会对小组成员的行为产生重要的影响。
- 在遇到冲突时，小组会努力争取维持自己的整体性。
- 小组既要与外部环境建立关系，又要关注内部的功能性。
- 为了达成平衡，维持生存，小组不断处在一个形成、发展和变化过程之中。
- 小组具有一个发展性的生命周期。

他们进一步建议说，小组工作者可以运用这些概念来协助小组过程的发展，帮助治疗性小组和任务性小组来实现自己的目标，协助组员满足自己的社会情感需要。

二、需要理论

需要是有机体内部的一种不平衡状态，它表现在有机体对内部环境或外部环境生活条件的一种稳定的要求，并成为有机体活动的源泉。

人的需要按照起源可分为自然需要和社会需要，按照指向的对象可分为物质需要和精神需要。

自然需要包括饮食、运动、休息、睡眠、排泄、配偶、子嗣等，社会需要包括劳动的需要、交往的需要、成就的需要、社会赞许的需要、求知的需要等。

物质需要是指向社会的物质产品，并以占有这些产品为满足；精神需要指向社会的各种精神产品，在享受这些精神产品的过程中得到满足。

对小组工作比较有影响的需要理论包括马斯洛(A. H. Maslow)的需要层次理论和舒茨(W. Schutz)的人际需要理论。

1. 马斯洛的需要层次理论

马斯洛认为，人的需要是由5个等级构成的，它们按照从低级到高级的排列分别是：生理需要、安全需要、归属和爱的需要、尊重的需要、自我实现的需要。

生理需要是指人对食物、水分、空气、睡眠、性的需要。它是人所有的需要中最基本的，也是最有力量的。

安全需要表现为人们要求稳定、安全、受到保护、有秩序、能免除恐惧和焦虑等。

归属和爱的需要是指一个人要求与其他人建立感情的联系或关系，如结交朋友、追求爱情、参加一个小组并在其中获得某种地位等。

尊重的需要包括自尊和受到别人的尊重。自尊需要的满足会使人相信自己的力量和价值，使他(她)们在生活中变得更有能力、更富有创造性。缺乏自尊会使人感到自卑，没有足够的信心去处理面临的问题。

自我实现的需要是指人们追求自己能力或潜能的发挥和完善的需要。

马斯洛把得不到满足而直接威胁个体生存的需要叫做低级需要或缺少性需要。那些并非生存所绝对必需的，可以做一定的延缓性满足的需要，被叫做高级需要。高级需要的满足可以使人健康、长寿、精力旺盛和富有创造力，因此，高级需要也叫做发展需要。

2. 舒茨的人际需要理论

舒茨的人际需要理论主要是阐述人际关系的形成、取向类型以及小组聚散过程的特征。了解这一理论会提高工作员在小组工作过程中对成员的行为和成员之间关系的洞察力。

舒茨的理论主要有以下几点：

第一，每个人都有三种基本的人际需要：包容需要、支配需要、感情需要。

包容需要是指与人接触、交往、隶属于小组的需要。支配需要是指控制别人或被人控制的需要。感情需要是爱别人或被爱的需要。人际需要决定着个体与环境之间的关系。人际需要无法得到满足可能导致精神崩溃，甚至死亡。

第二，需要满足方式的相对继承性与连续性。

童年的人际需要是否得到满足，以及满足所形成的行为适应方式，影响并决定着个体在成人期对待他人的方式。三种需要早期满足的情况和方式与个体后来的行为方式存在着密切的关系。

在包容需要的满足方面，成员在儿童期与双亲交往极少的经验会使他们出现低社会行为，如倾向于内部语言，摆脱互动，与他人保持距离，不愿意参加小组活动。相反，如果儿童过分依赖与父母的沟通，则会形成超社会行为，如总是寻求接触，要求给予注意，热衷于小组的活动。

在支配需要的满足方面，如果在成员的儿童期父母采取既有要求又允许他们有一定的自主和决定权，就会培养出民主型的行为方式，既乐于顺从，又敢于掌权，可以放弃也可以执行支配权，一切看情况而定。若父母过分控制或过分不控制，成员就会形成过度焦虑和防御性行为，倾向于去控制别人与反对他人对自己的控制，甚至独断专行、违反规范、不尊重他人的权利，或者过分谦虚、顺从，拒绝支配他人和做出重要决定，不愿负责任。

在感情需要的满足方面，成员在儿童期不能得到父母充分的爱，经常面对冷淡和排斥，成年后也会产生低个人行为，如表面友好，但情绪保持距离，唯恐别人不欢迎或不喜爱自己，避免相互建立密切的关系。相反，在溺爱环境中长大则容易表现出超个人行为，如强烈寻求爱，总是希望或试图与人建立密切的情绪联系。

第三，基本人际取向。

根据三种需要的相对强度和表达的主动或被动性，舒茨界定了六种基本人际关系取向。

主动包容型，即主动与他人来往、积极参与社会活动的外向者。被动包容型，期待别人接纳自己，孤独、退缩、易疏离他人。主动支配型，主动去支配他人，能运用权威、权力，喜欢控制别人。被动支配型，期待别人来引导自己，乐于追随他人、受人支配，表现出顺从、无争等特征。主动感情型，对他人处处表示喜爱、友善、热心、同情、亲密。被动感情型，期待他人对自己表示亲密，本人则往往显示出冷淡、厌恶等情绪。

舒茨发现，相同类型者在一起大都能较好地相容，尤其是相同需要的主动者和被动者常常能够互补，但同属主动支配者在一起就不易相容。

第四，关于"相容"。

舒茨认为人际关系中存在着三种人际相容：

互换的相容：指两个人在上述六种人际关系上所表达和希望的行为总和相等，此时能产生最大限度的相容。双方可能在某一需要范围内有不相容处，但总和上相等或接近。总和差别越大，具体不相容也就越严重。

发动的相容：指一个人常有意使自己的表现去和另外一个人发生互补，如见到对方希望拥有领导地位，就表现出顺从或愿意受控制的行为。

交互的相容：双方都在某种需要上表现与对方一致，如一方需要沟通，另一方也表现出渴望沟通；一方不想交谈，另外一方也停止交谈。总之，双方的需要与愿望表现出尽可能的相符。

舒茨认为，一个人如果和对方在相容性上有差异，他就会同更相容的人接近，从而彼此感到满意或喜欢。

第五，关于小组的形成与瓦解。

与不相容的小组相比，相容小组有更大的凝聚力，能够更有效地达到目标或产生高生产率。小组的形成、发展要经历沟通、控制与爱三个阶段。通过沟通，每一个个体都要抉择是否要留在该小组，然后就过渡到责任与权利分配，确定谁是小组的领导和核心，最后会出现情绪整合或情感加深现象。在小组瓦解时，这三者会向相反方向变化，先是情绪依恋被破坏，随后支配关系松弛或瘫痪，最后众人纷纷脱离小组。

3. 需要理论对小组工作的启示

在探讨人类行为的时候，首先要考虑的就是人的需要，因此，研究人的需要是研究人的行为的最原始和基本的出发点。需要理论是各种社会行为与组织理论的基石，对社会工作和小组工作而言也不例外。需要理论对小组工作的启示主要有以下几点：

第一，帮助小组工作员把握小组的方向。

需要理论表明，人的行为是有规律可循的，一切的行为都是围绕着个人的需要而产生。在小组工作中，了解人类的基本需要和有关的需要理论，可以让我们用需要的观点去看待人的发展和人的问题。如果小组工作员在组建小组和推进小组的过程中，始终能够从需要的观点出发，看到一个个活生生的、有需要的个体，并能对这些需要给予准确的了解，能够洞察组员的问题行为常常是因为他们使用不恰当的和非适应性的行为来满足他们正常和恰当的需要，工作员就可能在小组过程中有意识地利用小组的力量，激发和鼓励组员学习用积极和恰当的方式去满足这些需要，尤其是那些发展性的需要。工作员如果能始终做到这一点，就能够保证小组正确的发展方向，使小组沿着不断增进成员的改变和成长的方向前进。

第二，帮助小组工作员明确小组的目标。

“社会功能”是社会工作的核心概念，社会工作的重要目标之一就是通过“赋权”(empower)来恢复和提高个人或某个社会小组的社会功能。希佩伍斯和拉森(Hepworth & Larsen)将社会功能定义为：“一个用来描述人与其所生活的社会环境的关系的社会工作专业词汇，一个个人或社会小组的基本需要被满足以及成为一个有为的社会成员的过程和状态。”①

社会功能的概念中特别强调了个人与社会的良性互动，个人的社会角色的适当扮演以及个人对社会小组的参与，并将其作为个人的一种基本需要加以界定，强调只有这样一些基本需要被满足，个人才能最大限度地发挥其社会功能。小组工作的目标是恢复、提升组员的社会功能，要达到这个目标，就要从如何帮助成员满足其需要入手。

第三，帮助小组工作员更好地理解组员的互动关系。

舒茨的人际需要理论，不仅把人际需要的满足界定为个人身心健康的重要因素，还对这些需要做了系统的分析和说明。小组工作就是借助小组中的人际互动来改善实现目标的，因此，掌握这些人际交往的规律有助于我们悉心洞察小组中的互动情况，采用相应的技术手段，提高小组的凝聚力和生产效率，更好地达到助人自助。

三、小组动力学理论

1. 小组动力学的内容

小组动力学的理论也叫做小组动力学理论。这一理论是由心理学家勒温(Kurt Lewin)创立的。1935年，勒温在依阿华大学儿童福利研究中心进行了一

① Hepworth & Larsen. 1993. *Human Behavior in the Social Environment*. California: Brooks & Cole.

系列小组行为的学术研究。40 年代中期,这个研究小组转移到麻省理工学院,并正式成立了小组动力研究中心,后来此中心又转移到密歇根大学。

小组动力学研究内容包括小组的形成、维持、发展,小组内部的人际关系,小组与个体的关系,小组的内在动力,小组间的冲突,领导方式对小组的影响,小组行为等等。勒温始终强调小组是一个动力整体,应该把小组的每个部分放在整体中进行研究。

小组动力学的研究成果对小组工作有直接的和重要的影响。其中影响最为深远的理论内容包括场域理论、小组气氛的研究、小组凝聚力、小组规范等。由于这些内容在下一节中有比较详细的阐述,这里我们将不再赘述。

2. 小组动力学对小组工作的启示

第一,小组工作是借助小组场工作的一种形式。

从场域理论的观点来看小组工作过程,可以得出如下结论:小组一旦产生就会形成一个物理学所讲的场。当组员进入小组时,就进入了一个由自身和不同的力量和变量组成的心理场中。个人的行为会受到这些力量和变量组成的心理场的影响。场域理论重视个人与心理场之间的相互作用,反对过分强调其中的任何一方。小组工作者必须了解小组内可能出现的各种影响力量和变量,才能够很好地驾驭和带领小组,达到小组的目标。

第二,民主型是小组工作的主要领导形态。

小组工作是将有需要的对象组织起来,通过小组的互动,借助小组的智慧和力量,增进成员的自我洞察和自我接纳,从而恢复和增强其社会功能,成为更有幸福感和更有贡献的社会成员的过程。只有通过民主型的领导方式创造出民主的小组气氛,每个成员都能够自由地参与、倾听和表达,他们才有可能更有信任感和创造力,更有生产力。所以,在小组工作中,只有注重创造小组的民主气氛,才能够为小组带来积极的动力,使小组产生功效。

第三,共同活动为中介增进小组的凝聚力。

关于小组凝聚力的研究结果告诉我们,在凝聚力高的小组里,组员会感到心情愉快、精神振奋,在小组互动中感到充满希望,他们会努力工作,积极维护小组的存在,他们会更乐于负责任,更乐于影响他人,也更乐于接受他人的影响,他们更遵守小组的规范。相反,如果小组成员之间的互动消极,在情感上不能产生共鸣,或者有严重的分歧、冲突,互相不能满足心理上的需要,则成员会感到压抑,小组对个人的吸引力必然小,凝聚力低,小组会没有生产力,而且可能解散。所以,小组工作员的核心任务之一就是催化凝聚力的发生并提高。

小组工作中所建立的小组是典型的人为小组,其凝聚力必须以小组共同活动为中介。在小组活动中,成员经过互动,增进了成员之间的感情和思想交流。如果他们能够互相认同、支持,互相满足心理需要,就会产生亲密感和互相依赖感,加大成员间的互相吸引,以及小组对个人的吸引。这个过程是以一系列具体的带领小组的理念、技术和方法来帮助实现的。本书以后的章节里还会仔细论述。

四、社会学习理论

1. 社会学习理论的内容

社会学习理论的代表人物是美国社会心理学家班杜拉(Albert Bandura)。他的理论是建立在行为主义理论基础上的。行为主义关注的核心问题是人类行为的学习过程,此处的行为不仅包括外显的可被观察的行为,也包括认知、情感反应方式等内在心理过程。行为主义强调人类行为的习得性,即教育和环境的重要性。社会学习理论继承并进一步发展了这一观点,并且强调人的行为、思想、情感反应方式和行为不仅受直接经验的影响,同时也受间接经验的影响;行为与环境具有交互作用;观察和模仿学习是学习的重要过程,在学习过程中,认知是非常重要的;人在学习过程中具有特别的自我调节的过程。社会学习理论的核心内容可以总结为以下几个方面:

(1) 观察学习与模仿。观察学习是班杜拉社会学习理论的一个基本概念。顾名思义,观察学习就是指通过观察别人的行为及其结果而进行的学习。观察学习的显著特点在于学习者不是通过直接的刺激—反应模式来学习,学习者不直接介入行动过程本身,不亲自接受强化,不直接做出反应,只是通过观察别人的行为即可学习和获得这个新的行为和反应方式。

模仿是指在没有外界控制的条件下,个体受到他人行为的刺激,自觉或不自觉地使自己的行为与他人相仿。模仿有不同的种类:适应性的模仿指人为了积极地达到目的而观察学习别人的行为;选择性模仿指人们经过思考有选择地选取模仿行为。

对榜样人物的观察、模仿是人们学习产生新的符合文化的适应性行为的重要手段。

(2) 替代强化。行为主义认为,行为是可以通过赞赏和惩罚得到强化的。在社会学习理论中,班杜拉强调人们通过观察别人的某种行为受到赞赏或惩罚就可以得到强化,这种强化被称作替代强化。一位父亲总是投机取巧获得了很多好处,没有吃亏,儿子可能认为这是好的为人处世之道。一个人因为做了某件事情而受到严厉的处罚,看到这件事情的人就可能不会再去做这件事情。

(3) 认知的重要性。班杜拉强调在学习过程中认知的重要性。在班杜拉看来,人的学习绝不是像机器人一样被动、机械,学习的成功很大程度上在于人的认知能力的发挥。班杜拉将观察学习视为一个过程,这个过程又可分为注意过程、保持过程、运动过程、复现过程和动机过程五个部分。如果没有认知能力的支持，观察学习是不可能出现的，我们必须细心注意被观察者的行为，同时还要积极地整理、吸收，然后将这些信息储存到我们的记忆中，以备我们将来对该行为的模仿。

(4) 交互决定论。班杜拉认为人不是环境被动的产物，人是积极的、能动的，对环境中的刺激可以进行有选择的反应并且把所选择的刺激进行组织并转化。班杜拉创造了这个新名词——交互决定论，他认为，人及其环境互相成为各自的决定因素，人的行为可以被解释为认知、行为和环境诸多决定因素之间连续的、互惠的相互作用的结果。

社会学习理论对于理解人类行为和社会环境的关系，提供了一个非常好的理论架构。

2. 社会学习理论对小组工作的启示

第一，社会学习理论强调人们通过观察和模仿他人的行为就可获得改变，形成新的行为方式。小组工作过程中，每个成员都是一个资源库，他们会在小组中真实地表现出各种适应性的和非适应性的行为，他们也会分享各自的想法、经验、感受。这样，小组就提供给每个组员一个丰富的行为总汇，组员可以结合自己的风格，从如此丰富的表现和互动中寻找榜样，进行观察、模仿和学习，增加个人的适应性行为。

第二，小组可以提供丰富的替代强化资源。组员在小组中不仅可以观察到各种各样的行为，还可以看到这些行为的后果，所以，小组成员间分享的经历、经验的材料，可以为每个组员提供学习的榜样或者前车之鉴，充分发挥替代强化的作用。

第三，班杜拉强调在学习过程中认知的重要性，对人的尊严和能动性给予了充分的肯定。这个观点会使工作员在带领小组时更有信心，也更能够放松。在小组操作过程中，因为个人不是被动地接受信息，而是以自己过去的经验为基础，有选择地去接受和回馈信息。这些信息直接针对小组成员的需要和他们所关心的问题，能够及时做出非常个人化的处理。因此，工作员有理由相信即使小组出现暂时的困难，甚至退化行为，小组依然蕴藏着较大的成长的潜能和发展的可能性。

五、镜中自我理论

1. 镜中自我理论的内容

库利(Cooley)，美国社会学家、社会心理学家，被认为是最早提出自我发展理论的社会学家之一。与自我发展相关的有三个主要观点：

(1) 人与社会的关系。在个人与社会的关系中，库利反对将人与社会对立或割裂开来。他认为，社会是一个有机体，是一个通过互动而存在和发展的各种过程的复合体。社会是一个统一体,在社会这个庞大的互动组织中,它的任何一部分的变化都不可避免地会影响到这个有机体所有的其他部分。

(2) 镜中自我。镜中自我是库利理论的一个核心概念,这个概念的主要观点包括:在与他人的互动过程中,我们通过感知他人对我们的反映和评价,从而建立起我们的自我意识、自我形象和自我评价。他人犹如一面镜子,我们正是从他人这面镜子里发现了我们的自我。在日常生活中,我们通过镜子看我们的脸、身材、衣服。我们根据镜子里的这些形象是否符合我们的愿望而产生满意或不满意的心情。同样,通过他人这面镜子,也就是通过他人的反映和评价,我们看到自己的风度、行为、性格等是否合适,是否需要修正。我们对他人眼中自己形象的想象,对他人关于这一形象评价的想象以及某种自我感觉,构成了我们的自我认识。

(3) 首属小组。库利首次正式提出并使用了首属小组这个概念,它是指那些亲密的、面对面的交往以及有直接互动和合作的小组。这些小组主要包括家庭、邻里以及儿童游戏伙伴。首属小组是对个人的成长发展影响最深远的小组。很多积极的品质和消极的品质都是在首属小组获得并强化的。

2. 镜中自我理论对小组的启示

第一,小组是一个微型的社会缩影,是一个通过互动而存在和发展的有机体。小组中每个成员的表现和变化都会影响到小组,小组整体的进程也会影响到小组中的每一个人。

第二,小组工作所提供的密切的互动和真实的回馈,可以帮助组员在小组中感知他人对自己的反映和评价,建立更正确的自我意识、自我形象和自我评价。小组犹如一面镜子,组员可以从这面镜子里发现真实的自我,加深自我了解。

第三,重视首属小组的作用,特别是家庭对个人成长的影响以及给个人终生的发展打上的烙印,是很多理论都涉及的观点。库利第一次提出首属小组的概念并强调首属小组对个人成长发展的深远影响,指出个人的积极品质和消极品质都是在首属小组形成的。在小组工作中,尤其是治疗性的小组,通过探讨个人的首属小组对个人的具体影响,尤其是个人首属小组中的人际关系对个人目前的人际关系模式的影响和个人的非适应性行为的来龙去脉,可以帮助成员获得更深入的自我觉察。

六、交流分析理论

1. 交流分析理论的内容

交流分析理论是由美国精神分析学家波恩(Berne)1959 年创立的一种以精神分析为基础的心理治疗的理论和方法。波恩认为:“社会交往就是相互影响的过程。当两三个人或更多的人互相碰在一起的时候,迟早某人要说话,或者向其他人致意，这就叫做相互作用刺激。另外的人会说一些或做一些与这种刺激有某种联系的事情，这就叫做相互作用反应。”

交流分析理论就是用于检查“我对你做了什么，你反过来对我做了些什么”一类的相互作用，目的是了解在我们的交往过程中，双方的关系是相辅的、互补的还是矛盾的、冲突的，帮助人们了解自己与别人互动的本质，对人际交往获得深刻的领悟力，从而促使当事人改变生活态度，建立更成熟、更有自尊的人际关系。

交流分析理论的核心内容包括：

(1) 关于自我状态。波恩认为，在我们的人格结构中，并存着父母意识、成人意识和儿童意识。波恩把它们叫做三种自我状态：父母状态、成人状态、儿童状态。

父母自我状态是由父母或父母型人物的行为内化而来的，是一大堆装在脑子里的个人早年获得的印象深刻的外部经验，包括“必须”和“应该”。父母自我状态是“教导”的、“权威”的。一个人的父母自我状态表现以权威和优越感为标志，通常表现为统治他人、责骂、训斥及其他的权威式的作风。

成人自我状态的特征是“理性的”、“逻辑的”，注意事实资料的搜集，能够站在客观的立场上冷静地分析，而不是受“父母状态”和“儿童状态”的干扰。

“儿童状态”的特征是“情绪的”、“冲动的”、“自发的”，常常是凭感觉。这种状态一方面表现为服从性，另一方面又表现为任性胡闹，有时令人爱，有时令人厌。

(2) 沟通形态。自我的三种状态汇合在成人的性格中，蕴藏在人的潜意识之中。每个人三种状态的比例不同。交流分析理论的目的就是发现个人的三种自我状态的哪一部分引起刺激和反应。波恩总结了三种交流的形态：互补型、交叉型、隐含型。

互补型是一种符合正常人际关系的自然状态下的反应，是一种为人们所预期的反应。这种交流，互相影响中的刺激和反应是平行的，即一方以某种状态发出邀请，另一方做出相同的回应。如父母对父母、儿童对儿童、成人对成人。

交叉型也叫交错型交流，指当一个人发出信息后，没有得到预期的反应。相互作用是交叉的，矛盾的。在这种情况下，交流会中断，甚至双方发生冲突。如在正式场合，一方客观地以成人的状态发出信息，对方却以父母对儿童的状态回应。

隐含型也叫做“暧昧型”交流，是一种比较复杂的交流方式。在隐含型交流中，总是涉及两种以上自我状态，真正的信息往往没有明确表达出来，而是隐含在另外的社交客套的交流中。这种方式常常容易引起误会和不必要的麻烦。

交流理论认为，成人状态由于是理性的，因此更能够预计到事情的结果，既不像儿童状态那么脆弱、冲动、情绪化，也不像父母状态那么陈旧、恪守惯例，因此，帮助人们确立一个强有力的成人自我状态，是促进人格发展、建立良好的人际关系的途径。

（3）人生的四种基本态度。交流理论分析了个人与他人的关系，提出了四种不同的生活态度：

"我不好—你好"型。这是抑郁者的态度。持这种态度的人依赖他人的施舍，特别需要被爱抚和承认。这种态度通常源于幼年，幼时弱小、无助的感觉固着下来，没有随着长大成熟而改变。这种消极思想会使个人放弃自我，顺从他人。这种态度一旦被认识并得到改善，个人就能在成人意识和状态下建立一种新的、自觉的生活。

"我不好—你也不好"型。这是严重精神紊乱或厌世者的态度。这种态度源于孩子开始走路的时候，"被人照看"的生活已经结束。小孩开始探究一切，并可能闯祸和容易造成各种疼痛、伤害。如果这种身处逆境的状态一直持续，孩子就会得出"我不好一你也不好"的结论。这种态度的儿童的成人意识便停止发育。长大成人后，持这种态度的人常会放弃自我，陷入绝境。最终可能在一种极端退缩的状态下了结一生。

"我好—你不好"型。这是怀疑和独断的态度。长期被父母虐待、侮辱的孩子通常会转向这种态度，而且随着年龄的增大，他开始反抗。他拒绝认识自己的内心，无法客观地对待发生的一切与自己的关系，总认为是别人的错，自己所做的一切都是无可指责的，做什么都是好的。持这种态度的人往往因为孤傲、仇视等原因而十分孤立。

"我好—你也好"型。这是一种健康的生活态度，认可自己也认可他人。波恩认为前面三种态度常常依赖于情感，容易引发心理不适。这种态度则依赖于思考、信仰以及行动的保证。因为对"好"的理解已经超越了个人自己的经历，可以抽象化而达到为所有人服务的终极目的。如果一个人总是被置于能够证明自身的价值以及他人的价值的环境中，就容易形成"我好—你也好"的态度。由于现实生活的重重限制，很多人可能都没有形成这种健康的态度。但是，一个充分解放了个人的成人意识的人，接受这种"我好一你也好"态度的人，就会产生积极的情感，带来新的生活方式。

2. 交流分析理论对小组工作的启示

第一，交流分析理论解释和描述了人与人之间的互动、沟通，因此非常适用于小组工作，尤其是治疗模式和发展模式的小组工作。

第二，交流分析理论对人格的描述，尤其是强调个人的三种自我状态的自然出现，可以帮助我们在小组过程中分析和领悟自己的人格结构，学习顺畅地与他人沟通。

第三，小组可以帮助当事人把焦点放在个人的早年生活，帮助组员了解自我的生活态度、沟通形态以及个人的能力不能充分发挥与个人早年束缚的关系。

第四，小组可以提供一个互动的情境，使成员可以尝试和练习新的沟通方式，增加他们的自我察觉，改变他们的生活态度，最终开始新的生活。

第二节 小组动力分析

学习小组工作，必须了解小组工作的过程以及这个过程中的各种影响因素。小组动力学就是描述小组过程中各种因素和力量的相互关系的理论。这一节将根据小组动力理论，对小组工作过程进行分析。

一、小组动力

1. 小组动力研究的背景

小组动力(group dynamics)一词是勒温在20世纪30年代在美国从事一系列小组行为的研究后，于1944年在一篇论述社会心理学的理论和实践之间的关系的论文中提出的。

“dynamics”在希腊语中是力量的意思。勒温选择“dynamics”(动力)来描述小组中的各种力量、变化和影响的过程，可以形象地传递出小组中充满了的各种内在互动、变化、交错的感觉。

小组一直是人们生存和满足各种欲望的基本形态。人类的家庭、家族、部落、社区、国家、政府、工作场所、学校、娱乐等都是以小组的方式存在和进行。然而，对于小组的研究却是近代的事情。1898年特里普莱特(Tripplett)对小组具有神奇的催化作用和动力效果进行了实验研究，他因此被认为是小组动力实验研究的第一人。此后，澳波特(Allport)也通过一系列的实验研究证实了他人的存在对个人的影响作用。到20世纪20年代，在林德曼(Lindeman)等人的倡导下，对小组的实证主义研究兴起。林德曼等人曾研究使用小组讨论的方式解决社交上的问题。波恩和勒威特(Levit)也发展出了经由小组的历程解决问题的观念。伏勒特(Follet)对小组里领导者的功能和作用进行了重要的研究。在20世纪20年代，弗洛伊德提出了家庭小组里的亲密关系，以及家庭的凝聚力对于控制人的潜意识的作用的理论，为诠释小组过程中的情感因素提供了新的视角。此外，对领导特质的研究也成为此实证研究阶段的重要课题。

小组动力的研究在第二次世界大战后的10年间得到很大发展。1947年由勒温、波恩、布莱德福特(Bradford)和李皮特(Lippitt)等人创立的美国国家训练实验室，后改名为应用行为科学院，成为战后20年小组动力研究和训练的主要机构。此外，波士顿大学、芝加哥大学、哥伦比亚大学、伊利诺依大学、纽约大学等也相继设置了研究机构，并有相关的理论研究结果问世。各种专门的小组动力方面的成果期刊出现，著名的有：《人际关系》(*Human Relations*)、《社会问题期刊》(*The Journal of Social Issues*)、《社交测量》(*Sociometry*)等。很多关于小组动力理论和研究的书籍出版，如贝尔斯的《互动过程分析》(1950)、《小组——社会互动研究》(1955)，卡莱特(Carwright)和赞德(Zander)的《小组动力研究和理论》(1953)。

20 世纪 60 年代以后，小组动力的理论呈现出百家争鸣的景象，理论、研究和著作非常丰富，同时有关小组的技术也广泛用于工业、教育、社会工作、心理健康与治疗发展等不同领域。

2. 小组动力的含义

小组工作是采用小组的方式，借助小组的各种力量，促进个人发展、个人与社会关系的调适及其他有益于社会的目的的达成的一种社会工作方法。很显然，小组是利用小组所产生的动力来达成这一工作目标的。小组过程中那些复杂和互动式的形态的动力变化是小组工作发生作用的基础。

那么，到底该如何界定和理解小组动力呢？

台湾学者李郁文(李郁文，2001)①对自勒温以来重要的学者有关“小组动力”的概念总结如下：小组动力是体现在小组中或小组间的各种行为现象，如小组的形成、发展、运作、互动、吸引、排斥、反应或改变等，它是社会科学的研究领域。它采用严谨实证的方法来研究小组中的各种行为现象。小组动力的理论和原则不仅为解释小组的行为现象提供了基本知识和技巧，同时可以通过实际应用这些知识和技巧，为更好地设计和带领小组提供有用的方法论方面的指导。

潘正德(潘正德，1997)②总结了小组动力的四个方面的含义：

(1) 小组动力是指在任何时间内发生在小组中的包括觉察到的或未被觉察到的所有心理的和行为的内容。这些内容是运作和支持小组持续下去的原因。一般小组都普遍存在静态和动态两方面的内容。静态方面包括：小组名称、组织结构、目标等；动态方面包括：小组的运作、成员的改变、互动、反应等。小组的运作和方向，是由各种力量和因素决定的。小组的动力就是这些力量的互动作用及其在小组中产生的影响效果所组成，是综合力量自发产生的现象，非个人的发明或创造。

(2) 小组动力是用来进行科学研究和管理服务的工具。它提供了社会科学研究的一些原理原则，包括社会心理学、临床心理学、精神病学、社会学、人类学

① 李郁文，2001，《小组动力学：小组动力的理论、实务与研究》，台北：桂冠图书公司。

② 潘正德，1997，《小组动力学》，台北：心理出版社。

和教育学等，它也具体应用和服务于各个领域，如工业小组、军队、教育机构、义工组织、社会福利机构和社区。

(3) 小组动力是用来说明小组行为的一套基本知识，用来解释小组内各类行为的转化、演变和相互影响。

(4) 小组动力也是一套正在兴起的适用性的专业技术。

我们认为，小组动力是描述小组在实现目标的过程中，参与小组生命发展的各种复杂力量及其交互作用和交互方式，这个过程包括小组的形成、启动、发展、成熟、落幕、结束、跟进等所有过程。

二、小组动力因素分析

小组过程是一个充满动力的过程，我们需要对这个动力系统做更进一步的分析。不同学者提出了小组工作动力过程的构成因素。

(一) 希普的观点

希普认为小组动力的内容应该包括：小组的形成过程，小组的发展过程，小组过程中的区分和整合、沟通过程、互动方式和小组的结构。[①]

(二) 福赛思的观点

福赛思对小组动力的研究范围做了进一步拓展。他把小组动力的研究分为五个方面的内容：[②]

(1) 研究方向和方法学问题。

(2) 小组的形成与发展过程，其中包括小组的形成、小组的结构模式、小组的发展过程。

(3) 小组中的影响和互动，包括小组的一致性和相互影响力、小组和个人的权利、领导过程。

(4) 小组的表现，包括小组整体的表现和小组的决策过程。

(5) 其他的相关因素，如环境、小组内冲突、小组间的冲突、集体行为、小组的改变。

(三) 艾丽思和费希(Ellis & Fisher)的观点

艾丽思和费希提出了小组动力运作的模式，将小组可能涉及的变项和过程统合起来进行了动态分析。[③] 他们提出影响小组动力系统的主要变项过程有三个：输入因素、过程因素和输出的结果。这三个变项因素交替循环、互相影响，并

① Heap K. 1977. *Group Theory for Social Worker: An introduction*. Oxford: Pergamon Press.

② Forsyth D R. 1990. *Group Dynamics*. 2nd ed. Pacific Grove, California: Brooks & Cole.

③ Ellis D G & Fisher B A. 1994. *Small Group Decision Making Communication and Group Process*. 4th ed. New York: McGraw-Hill.

且会因环境的改变而做出相互关系的调整。

输入因素指那些所有影响到小组建构的因素，主要包括个人和小组两个方面。个人方面包括：加入小组的每个人的气质性格、人格特质、能力、技巧、态度、经验以及知识、信息等的总和。小组方面包括小组资源、小组规模和小组目标。小组的资源是指小组的有形资源（如财力、设备、活动场所等）和小组的无形资源（如活力、精力、热情、意愿等）。小组的规模需要根据目标而定，太小则缺乏多样性，太大则无法满足成员的交流需要。小组的目标应该与个人目标相协调，小组的目标决定着小组的前进方向。

过程因素是指在小组过程中那些实际活动对小组所产生的影响。这些实际活动包括：沟通模式、凝聚力、工作与参与规范、小组做决定的程序和小组领导等。

输出的结果指的是小组运作的产物和形成的成果。这些成果包括有形可见的一些书面报告、备忘录，或以不同文件形式存在的成果，还包括一些无形的，不容易直接观察到的结果，如：个人在小组中形成的新的人际关系，个人在生活上新的技巧的获得，小组凝聚力的增强，小组在做决定方面的能力提升，以及成员满意度的提升等。

（四）综合的观点

综合所有的观点，我们认为，影响小组动力的因素应该包括静态和动态两方面内容：静态方面包括机构、小组特性、领导者的个人特点、小组成员四个部分；动态方面包括小组的领导方式与形态、小组气氛和凝聚力、成员的参与、沟通模式、冲突和冲突的解决模式、小组的成文和不成文的规范、小组的决策过程、问题解决过程等。

1. 静态方面

（1）机构方面的影响。机构是有目标、有组织体制和拥有资源的实体，包括学校、医院、各种青少年服务中心、老人服务机构、妇女小组以及政府或民间的所有组织。小组工作可以运用在这些不同的机构中。机构对小组的影响体现在这样几个方面。

首先，机构对小组具有决定性的影响。

机构的性质、机构的主要服务对象、机构的服务理念、机构的物质资源决定了在此机构中的小组工作的性质。如学校里面的小组通常是发展性的成长小组、学习小组、青春期教育小组；临床精神科医院的小组大多数是治疗性的小组，如抑郁症病人的小组、针对神经症病人开设的森田治疗小组；妇女服务机构提供的小组大都是针对女性和家庭的需要而设置的，如离异妇女小组、遭受家庭暴力的妇女小组、家庭治疗小组等；老人院则可能针对老人的需要开设诸如圆融人生、死亡教育等小组。

其次,机构对小组过程的影响。

机构通过对小组工作员的影响对小组施加影响。工作者是机构的代表,也是机构与小组间的桥梁。工作者在开始小组工作前,需要先对机构情况有所认识与了解。机构也应该通过管理和监督的途径让工作者熟悉这些情况,并且使工作者和小组都能参与到机构整体的设想、建设和发展中去。工作者应该适当地向机构解释小组的需要或向小组解释机构的目的和功能,机构的各种情况以及机构内的政策,尤其是关于收费、时间表的安排,与其他小组共享设备、记录的规定等。工作者还需要处理与机构中其他人员的关系,应接受督导,应了解和熟悉机构评估小组的标准和使用的工具。总之,工作者是机构的代表人,他不是小组的一分子,而是利用机构满足小组全部或部分需要的“帮助者”。他所用的技术应该是机构所认可的工作方法。

(2) 小组的特性。组建一个小组,我们必须回答下面这些问题。

第一,小组的类型:教育小组、行为矫正小组、治疗小组、自助小组、成长小组。

第二,小组的对象:同质性的还是异质性的。

第三,小组的原理:对小组对象及其问题的研究和理论认识,以及小组设计的理论准备。

第四,小组的目标:目标是整个小组存在的理由和小组工作的方向。在小组工作中,需要对服务目标(service goals)、工作者的目标(worker's goals)、个人目标(individual goals)和小组目标(group goals)四个目标进行整合。

第五,小组的名称:做到既名副其实又不会贴标签。

第六,小组的主题:根据小组的目标和原理,设计小组整体活动的主题和每次活动的主题。

第七,小组的规模:根据小组的性质,决定小组的大小,做到既能照顾到小组所有成员的需要,又能保证小组有足够的动力因素。

第八,小组的结构:根据小组的目标、对象,设计小组是结构化的、非结构化的还是半结构化的。

第九,小组的形式:根据需要,可以设计为开放式的或封闭式的。

第十,小组的时限:是短期的还是长期的小组,一共需要活动多少次。

第十一,小组的空间安排:小组活动场所的考虑,物理环境和成员位置、领导者位置的设置。

第十二,小组的时间安排:聚会的次数、每次聚会的长短、聚会的频率与聚会的具体时间。

第十三,小组的契约形式:小组工作契约应该包括五个部分,即目标阐释、达成目标的方法、维持小组活动的承诺、参与活动的规则、违约责任等内容。

(3) 小组带领者的因素。社会小组工作中的小组带领者应该由受过专业训练的社会工作者来担任。在其他的实务领域,如心理治疗小组、行为矫正小组、教育与发展促进小组、互助互惠小组也应该是由从事社会工作或受过相关的专业训练、了解小组的动力、掌握一定带领小组技巧的人士带领。

小组领导者是小组动力的重要影响因素之一。一般情况下,小组要求带领者能够具备这样的技能:建立目的性关系的技能;分析小组情况的技能;参与小组的技能;处理小组情感的技能;发展活动的技能;应用机构及社区资源的技能;评估的技能等。小组领导者的能力和表现,将直接影响小组的运作和效果。

(4) 小组成员的特性。小组成员是指参加小组并将最终从小组获益的那些人。他(她)们是小组工作的对象,是小组过程的主角,是小组工作最基本的动力因素。小组是为他们的需要而设立的。他们的改变是小组工作的出发点和目的地。所以在组建和设计小组过程中,需要对小组的工作对象的情况进行特别的考虑,需要对组员进行慎重的筛选。组员的特性,例如:社会背景、年龄、性别和人格特质,都会影响小组的进程,因此,在组前需要对组员进行筛选。

2. 动态方面

小组的动态过程内容涉及小组的各个方面,本书主要涉及的动态因素包括:小组领导方式与形态、小组的沟通和冲突、小组发展的阶段特点和任务,以及小组的评估。

总之,在这个动态的过程中,通过小组的运作、成员沟通、互动、反应等过程,促成了小组的成熟和功能的产生,组员在此过程中发生了积极的改变。这个动力过程,是由上述各种力量和甚至更多的因素决定的。小组的动力就是这些力量的互动作用及其在小组中产生的影响效果所组成。因此,可以说小组动力是综合力量自发产生的现象,它有着自身的规律,非个人的发明或创造。我们应尽可能地了解小组动力的影响因素及其相互作用的规律,并利用这些知识,使小组工作更有效。我们在以后的章节里会对此动态过程做更细致的分析。

三、小组的动力模型

小组中的静态的和动态的动力要素如何整合在一起,形成综合的力量,影响小组的进程的呢?不同的学者提出了他们的小组动力模型。

1. 艾丽思和费希的小组动力模型

艾丽思和费希提出了以下小组的动力模型(图 3.1),描述了小组动力因素之间的关系。

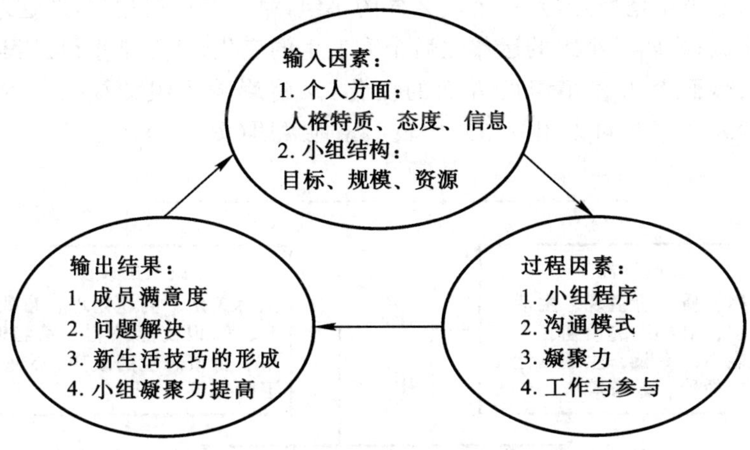

图 3.1　艾丽思和费希的小组动力流程图[①]

艾丽思和费希的小组动力系统主要有三个变项：输入因素、过程因素和输出结果。这三个变项交替循环，互相影响，推动着小组的进程。

2. 杨极东的小组动力基本模式

杨极东的小组动力基本模型（图 3.2）[②]与艾丽思和费希的小组动力流程图有相似的结构，不过在模型结构上可以更清楚地看到动力过程的因果关系。输入因素为开端，经过小组的人际整合、沟通、解决问题的过程，达到了小组发展、凝聚力提高、问题解决、成员成长这样的结果。而这个结果又会成为新的输入因素对小组进一步的发展产生影响，如此往复，达到小组的终极目标。

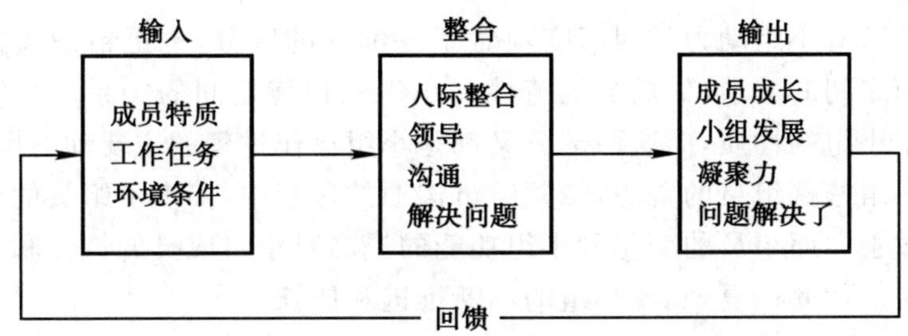

图 3.2　杨极东的小组动力基本模型

3. 徐西森的小组动力因素及其流程模型

在这个模型中，主要包含五个变项：第一是小组成员，即什么样的人来参加

---

① Ellis D G & Fisher B A. 1994. *Small Group Decision Making Communication and Group Process*. 4th ed. New York: McGraw-Hill.

② 杨极东，1994，《小组辅导——理论与实务》，台北：五南图书公司。

小组；第二是小组情境，这是一个什么样的小组；第三是运作过程，即这个小组做什么，怎么做；第四是小组的运作之后个人发生的变化；第五是小组过程后，小组发生的变化，而个人和小组两方面的变化，又将影响小组的成员和小组的情境[①]。这个动力过程可以用下图来比较形象地说明(图 3.3)。

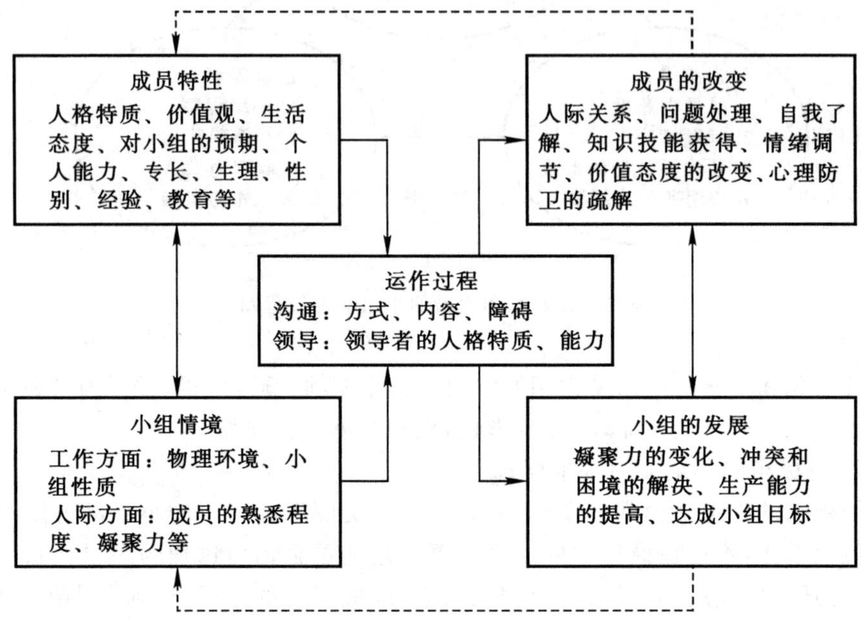

图 3.3 徐西森的小组动力因素及其流程模型

这个模型对小组动力的因素变项做了更细致的区分，也更精确地描述了各个因素变项之间的关系，如成员的特性和小组的情境之间的关系。小组成员的特性决定了小组的性质，而这两部分又都是小组运作过程的主要动力因素，领导者在利用小组挖掘组员的资源，带领组员沟通的过程中，实现了组员的改变和小组功能的改善。而组员的变化和小组功能的提高对小组成员的特性和小组情境又带来影响。如此往复，实现小组的不断推进和成长。

4. 多向度小组结构动力模型

台湾学者陈若璋、李瑞玲于 1987 年提出一个多向度的小组工作模型，其中包括七个向度：

◇ 小组前的预备向度；

◇ 成员向度；

① 徐西森，1997，《小组动力与小组辅导》，台北：心理出版社。

◇ 小组领导者向度；

◇ 小组处理向度；

◇ 小组过程向度；

◇ 小组阶段发展向度；

◇ 小组效果向度。

这七个向度分别组合成三个部分：前置因素，包括小组前的预备向度、成员向度、小组领导者向度、小组处理向度；中介因素，包括小组过程向度和小组阶段发展向度；后效因素，包括小组的效果。这三个部分、七个向度的模型架构如下（图3.4）：

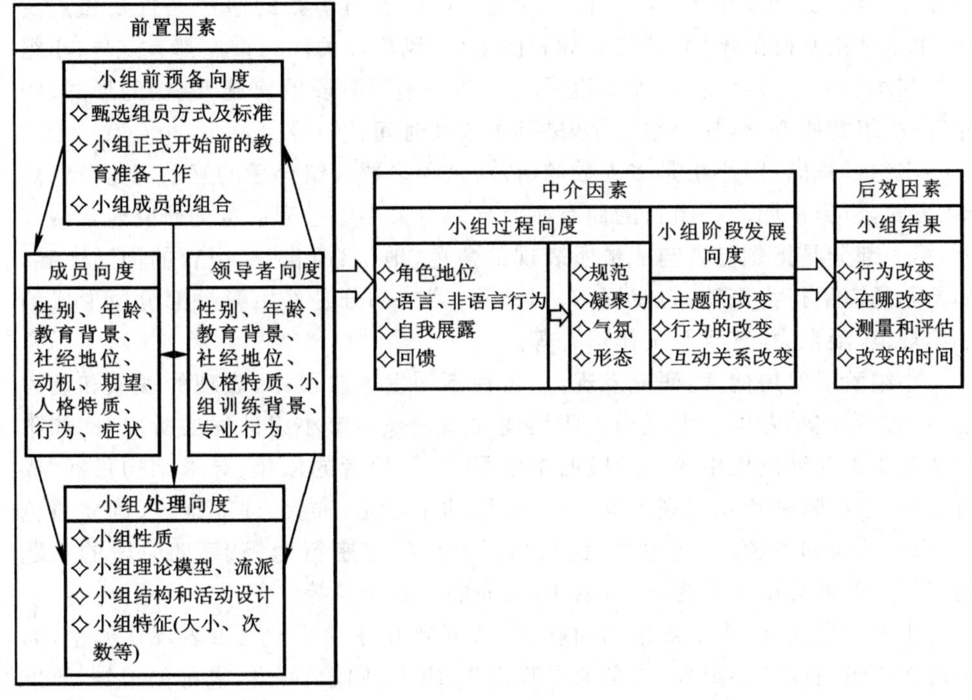

图3.4 多向度小组动力结构模型

具体来看，七个向度分别代表：

小组前预备向度：小组成立之初，成员对小组的期待、动机与准备，对日后小组的形成、规范、气氛与稳定，都有很大的影响力①。不恰当的期待，以及某种特殊的人格特质，会造成小组过早结束或组员中途退出的现象。因此，领导者对成员的甄选工作、教育工作及小组成员的组合形式宜多加考虑，以避免其对小组互

① Yalom I. 1985. *The Theory and Practice of Group Psychotherapy*. 3rd ed. New York: Basic Books.

动历程及疗效的不良影响。

成员向度:在小组工作中,成员变项包括:人格特质变项、症状、行为特征、态度、求助动机、对小组的期待和成员的组合方式。

领导者向度:领导者本身的特质;领导者的训练经验;领导者在小组里的行为变项,如风格、小组技巧、介入处理策略、干预焦点、特殊技术的引用、权力、凝聚力、影响力的运作等;领导者的组合以及相互的影响,如不同的地位、性别、人格特质的组合方式对领导者在小组里的行为的影响。

小组处理向度:有关小组处理向度的内容主要包括不同性质的小组变项,如治疗性小组、支持性小组、学习小组、互惠小组;不同学派的治疗处置及焦点变项,由于理论基础的不同,使得领导者的角色、风格及关注的重点都有差异;小组结构与小组活动设计变项,如小组结构活动在不同阶段的实施,结构的形式、顺序等;小组特质变项,如小组大小,进行次数及时间长短等。

小组过程向度:小组是多人数的组合,这种多数人组合后的互动,其类型、焦点、形式,将因不同的小组目的而有所差异。有关小组过程向度的研究包括两部分:第一部分是指领导者与成员所表现的角色、地位、语言、非语言的沟通内容,如希尔的口语行为矩阵、自我展露、回馈等;第二部分是经由第一部分所形成的小组规范、凝聚力、气氛及工作形态等。

小组阶段发展向度:研究发现,小组在不同发展阶段中,表现的现象和动力也不同。有些学者以小组互动中所呈现的主题来界定小组的发展阶段,例如雅伦认为小组互动发展中第一阶段的主题是:对领导者的依赖、寻求结构目标、成员角色、小组限制和发展规范等;第二阶段的主题是:冲突、建立地位、确立角色等;第三阶段的主题是:产生凝聚力、信任、分享、亲密行为等;第四阶段的主题是:工作、例如尝试新行为,更多的正、负向的自我展露等。

小组效果向度:小组效果的向度,包括下列五种变项。效果表现在哪里,如出现在小组内或是小组外,成员的自我报告,家人、同学、好友、老师的报告;效果的表现是什么,如行为特征、人格、不良适应程度等;效果经由什么渠道或转机而来的;效果的时间表现,如什么时候开始改变,改变持续了多久;小组的反效果,如小组经验带来的反效果或伤害,以及如何造成的。

5. 多变项的小组动力因素模型

结合以上几个模型,我们提出如下多变项小组动力因素模型(图 3.5)。

多变项小组动力模型采用了艾丽思和费希提出的输入、过程、输出这些动态的小组动力概念。这个动态图既可以看做是小组纵向发展的完整过程流程图,即从小组开始到小组结束,也可以看做是小组纵向过程的一个横切面。每一次小组活动的结果都为下一次活动带入新的动力,成为新的输入因素。

对于小组动力的探讨和把握,就是对下图(图 3.5)的每一个部分以及这些部分相互作用情形的认识和了解。

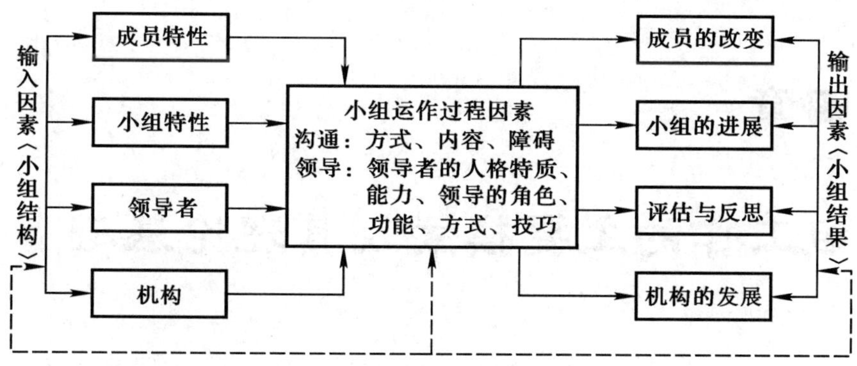

图 3.5　多变项的小组动力因素及其流程模型

本章要点

• 在小组工作实务中，系统理论、需要理论、小组动力学理论、社会学习理论、镜中自我理论、交流分析理论成为小组工作的理论基础。

• 小组动力学是小组工作的最重要的理论，需要掌握其主要内容：小组的主要动力因素，以及这些因素如何相互作用形成小组的动力过程。

• 本章涉及的内容将会在本书的其他章节反复出现，需要融会贯通。

推荐阅读书目

潘正德，1997，《小组动力学》，台北：心理出版社。

李郁文，2001，《小组动力学：小组动力的理论、实务与研究》，台北：桂冠图书公司。

Forsyth D R. 1990. *Group Dynamics*. 2nd ed. Pacific Grove, California: Brooks & Cole.

第四章

小组工作的主要模式及其理论基础

本章重点问题：

1. 认识四种模式的理论基础和具体内容。
2. 在小组工作实践中运用不同的工作模式。
3. 对四种不同模式的优势和限制的认识和反思。
4. 四种工作模式在中国的适用性。

小组工作是社会工作方法之一，源于工业革命后一些帮助群众改善社区环境、提供工余活动、争取劳工福利的行动。随着时代的转变和新理论的涌现，小组工作变得更多样化和更专业化。1946 年小组工作被正式纳入社会工作专业中，全美小组工作人员协会亦于 1955 年加入全美社会工作人员协会[①]。小组发展历程和社会工作专业化一样，是一个源于实务工作而逐步走上专业化的过程。小组工作的三大模式——社会目标模式、互惠模式和治疗模式也经历了一个从关注社会结构层面到关注人际关系层面，再到关注个人治疗层面的演变过程。

由于小组工作有不同的介入取向（宏观和微观），形成了不同的介入模式，所以每一种模式都有不同的理论基础，而且就其理论来源而言有两部分：第一部分是从心理学、社会学、精神病学、医学、管理学、教育学等学科领域移植进来的，被称为外借（borrower）理论或理论基础；第二部分是从自身的工作实践中积累起来的，称为实务理论（practice theory），实务理论直接影响小组工作的

① 林爱冰，1994，“小组工作方法”，载周永新主编：《社会工作学新论》，香港：商务印书馆。

目标。很多学者认为一个好的社会工作模式一方面要具有完整的理论架构，使社会工作者能整合性地观察到问题的结构；另一方面要具备弹性，使工作模式不限制实践和理论的发展。简言之，一个好的模式应该是既有系统又有弹性的理论架构①。本章以小组工作的四种模式为基础，系统论述每一种模式的内容和理论基础。有学者认为，社会工作模式是解决实际问题的概念。我们非常赞同这个观点，所以本章对小组工作模式特别是理论基础的叙述，尽可能地从一些浅显的基本概念入手，探讨这些概念的实际意义和对小组工作的启发。

第一节 社会目标模式

社会目标模式源于社会小组工作的早期实践，是最早的一个小组工作模式，早期的研究者，如柯意尔、凯瑟(Kaiser)、科诺普卡、克根(Coken)等人在一定程度上提供了这个模式的基本概念和主张②。社会目标模式是透过一系列原则和方法培养成员的社会责任感、社会意识和社会良知。它的原则与社区工作有许多相似之处，在小组中强调参与、共识与任务的达成，更重要的是强调自我了解和专业训练。这一模式较多地运用在社会政治小组和组织小组中。

一、理论基础

社会目标模式的小组源于小组工作的早期实践，以后逐步从政治学、社会学、教育学等学科中汲取营养，它主要是在社区层面展开，而社会变迁成为小组成员参与的期望结果。社会目标模式的小组的理论基础非常复杂，下面笔者尝试进行梳理。

1. 参与、意识提升和赋权

社会政治民主理论建基于如下假设：第一，主权在民，参与是人民的一种民主权利；第二，沟通、理解和平等都是从对话开始；第三，教育也是一种权利。基于此，参与可以学习民主的技能，可以激发个人的潜能，可以提升人的意识；对话可以增进不同人群的理解，可以促使不同群体平等关系的建立；参与的过程也是一个民主化教育的过程。

有关赋权(empowerment)的概念，有人提出，赋权既是一个过程也是一个结果，它实际上涵盖了三个层面：个人层面的赋权，发展一个更加积极的更有影响

---

① 吴梦珍等，1992，"小组工作模式"，载吴梦珍等主编：《小组工作》，香港：香港社会工作人员协会。

② 何洁云等，2002，《社会工作实践——小组工作》，香港：香港理工大学应用社会科学系。

力的自我意识；社区层面的赋权，获得知识，提高能力，以便对个人周围的社会政治环境有一个更加具有批判性的理解；社会层面的赋权，获得更多的能力和资源，以实现个人和集体的目标①。这里对赋权的理解显然带有很强的社会政治民主色彩。

近年来，许多学者提出了弱势群体、社会排斥、边缘化机制等概念，“弱势群体是从社会竞争、社会利益分配的角度分析问题。相对强势群体来说，他们在经济利益、政治权力方面处于较弱的地位，缺乏资源和机会，而这种状况是由社会的经济、政治制度所造成的，是社会政策、社会利益分配制度的不公正安排使弱势群体失去了争取平等的机会”②。也有学者从经济贫困、权力关系和文化认同三个方面论述社会排斥和边缘化机制③。无论从什么角度看问题，都反映了弱势群体的社会公平问题，这与社会目标模式的社会公正和社会关怀理想是一致的。

上述概念在小组工作中运用得十分广泛，比如云南大学师生参与观察的世界宣明会“昆明市小额信贷扶贫实施计划”中建立的“贷款小组”就不是一个单纯意义的监督还贷组织，它把接受贷款的下岗妇女组织起来，是为了鼓励她们团结起来共同应对市场的压力，也使她们有一个分享经验、交流技艺、提升意识的机会，这种小组显然具有较强的社会支持功能。中华女子学院和香港大学合作在北京社区街道开办的单亲妇女自强小组，是为了帮助单亲女性获得自强自立，走出婚姻失败的阴影，重新开始新生活。他们在小组的设计中始终贯穿了“赋权”的理念。④

2. 系统功能理论

系统功能理论的假设是所有的有机体都是一个系统，由附属于母系统的次系统所组成，系统内部各组成部分是相互联结的，并发挥各自独特的功能，以保持系统内部的平衡，使整个系统稳定地向前发展。个人、群体、社会等都是一样的。每一个系统都是有界限的，界限内彼此互动维持系统的能量。系统的界限是开放的，和其他系统互相渗透。系统功能理论强调四个原则：

(1) 目的性原则。任何系统都必须具有目标，这是系统存在的前提。目的性原则要求一个系统必须也只能有一个总目标，围绕总目标的开展，可以是一个

---

① 刘梦等，2002，“赋权观念在妇女小组中的运用——小组的理念、设计和本土化的探讨”，载王思斌主编：《中国社会工作研究》第一辑，北京：社会科学文献出版社。

② 王思斌，2002，“混合福利制度与弱势群体社会资本的发展”，载王思斌主编：《中国社会工作研究》第一辑，北京：社会科学文献出版社。

③ 张和清，2002，《弱势群体的声音与社会工作介入》，北京：中国财政经济出版社。

④ 具体内容可以参看刘梦等，2002，“赋权观念在妇女小组中的运用——小组的理念、设计和本土化的探讨”，载王思斌主编：《中国社会工作研究》第一辑，北京：社会科学文献出版社。

目标群,也就是一群子目标。在一个系统中各项工作必须根据总目标展开。

(2) 整体性原则。就是"整体大于部分之和"。整体论认为系统中的任何一个部分如果离开整体就失去了它的系统功能。因此,运用整体原则就是突出系统的整体功能和组织功能。整体论也不是"面面俱到",而应该注重所有"面"之间的联系,强调同一性。

(3) 层次性原则。系统作为一个整体,绝不是各部分的简单相加,而是层次结构相互关联着的整体。系统是有层级的。在一个系统中可以分成若干个纵向的层次,而每一个层次又有横向的联系,应该分清每一个层次的功能和职责。

(4) 动态性原则。系统是一个随着环境不断变化的动态过程,环境变了,系统的目标、原则、方法等也必须随之进行调整,这样才能适应动态的环境,也才能在新形势下求发展、求进步①。

由上述系统功能概念可以看出:第一,小组是由不同元素所组成的系统。按照帕森斯所述,小组是一个有许多相互依赖的成员的社会系统。这些成员是小组系统的一部分,在不断变化的社会环境中,这个小组系统作为一个有机的整体运行时,试图保持一定的秩序和稳定的平衡;第二,每一个小组都是一个整体,小组正是基于整体性的原则建立起来的,小组的每一个成员都要发挥各自的功能,才能使小组的整体功能最大化,带给小组成员真正的改变;第三,小组必须建立总目标和过程目标,帮助组员达成目标是小组的归宿;第四,小组的过程是一个动态化的、情境化的过程,小组处于不同的发展阶段和处境中,小组工作者的角色和方法技巧是不同的。

3. 社会变迁理论中人的发展与社会发展的关系

社会变迁是社会学的重大问题。社会变迁可以说是社会结构和社会过程的量变和质变。在社会结构和社会过程的改变中,人的社会行为、社会关系和社会发展紧密相关,社会发展必然受到人们的社会行为和社会关系的影响。人与社会的发展是一个"社会过程"(social process),它包含前后相继的两个层面:一个层面是社会互动的过程;社会行为的互动必然导致关系和制度的变迁,互动过程实质上就是制度化的过程,因此可以把制度化过程理解为社会过程的第二个层面。制度化的过程至少应该包含两层意思:一是制度的形成和完善;二是制度的改革②。

社会行为的互动关系推动着社会结构和社会过程的变迁。社会目标模式下的小组工作就是通过社会行为的互动关系,推动社会制度的完善和改革。

---

① 查有梁,1986,《控制论、信息论、系统论与教育科学》,成都:四川社会科学院出版社。

② 庞树奇等,2000,《普通社会学理论》,上海:上海大学出版社。

二、社会目标模式小组工作的内容和具体运用

1. 目标

基于上述理论基础，社会目标模式的小组工作后来被社区工作所采用，成为社区发展的一个重要手段。其总目标是培养小组成员的社区归属感，实现社会整合。具体分三个层次：第一，发展和提高小组成员的社会意识和潜能，同时也发展和提高他们实现社会变迁的责任心；第二，发展小组成员的社会能力，提高他们应对社会环境方面的个人能力，增强他们的自尊心和社会能力；第三，培养当地的社区领袖，使他们有醒觉和能力去带领推动社会变迁。

2. 小组

此模式下的小组是通过一系列社会目标的实现，培养成员的社会意识和社会责任感，推动社会变迁。该模式的主要论据是如果小组或组员能够在工作者的影响下找出小组的共同目标，并且根据目标付诸社会行动，则组员就能够实现自我发展和完善。

(1) 小组作为一个整体有共同期待的社会目标，即社会变迁（社会改造）；

(2) 小组成员为了社会整体利益有一套共同信仰的价值观（社会公正、社会关怀和爱等）；

(3) 小组作为一个行动整体共同付诸社会行动；

(4) 小组成员在社会行动中逐步自我完善和发展。

3. 组员

我们相信每一个人都有民主参与的机会和潜能，因此，社会目标模式下的小组成员可以是全社会的所有公民，特别是鼓励那些社会弱势边缘群体参与。一般属于同一社会分层（农民等），居住在同一社区（邻舍）或者有相同背景（失业等）的民众容易聚集在一个社会目标模式的小组中。由于小组是开放的，所以小组成员来去自由。小组成员由于相同信念和目标（如关注环境保护等）走到一起，组员之间可以因为共同的理想而求同存异。

4. 工作者

在这个模式中，小组工作者是一个有影响力的人物。工作者在小组的整个过程中都与小组成员一路同行，但在同行的过程中又扮演着一个可变的角色。在小组开始和结束阶段可能是一个倡导者或引导者的角色，工作者倡导小组目标的达成，倡导提升小组成员的社会责任感和社会承担意识，引导小组目标达成和任务结束等；在小组的中间阶段工作者可能是使能者（enabler）、资源提供者或榜样的角色。工作者推动小组成员分享和表达，推动小组成员付诸社会行动以实现社会目标；工作者以自己的模范行为给成员一个榜样的力量；工作者为小组成员提供信息和联系社区资源等。

5. 实践原则

在社会目标模式的实践中社会工作者、小组本身以及有关的机构和社区要遵循许多原则。对于社会工作者而言，由于此模式强调成员的自我醒觉和工作者的专业纪律和伦理守则，所以社会工作者必须警惕，不应该将自己的价值观强加给组员，应该让组员充分自决。对于小组本身，由于此模式的原则是强调民主参与、成员共识和小组任务的达成。这种模式突出小组的共同目标和理想达成小组凝聚力，以减少因为不同背景、种族、性别等对成员所造成的压力，并以此协助不同类型的组员积极投入。此外，小组为了正面联系机构和社区，必须向每个组员阐明机构的政策和信念，使组员对机构的宗旨有深刻的认识和理解；必须使组员识别机构的目标；积极克服机构和社区的限制，充分利用机构和社区的资源。

6. 优势和限制

这个模式最大的优势就是符合社会工作原初追求社会公正和社会关怀的理想，它将个人的问题与其所处的社会环境或社会结构（社会制度）联系起来，强调个人问题的解决与社会结构问题的解决相关联。所以，社会目标模式非常注重公民参与解决问题。通过促进民主参与社会工作的价值观能够得到充分的实现。社会目标模式已经比较接近社区工作，尤其是利用社区领袖（草根领导）管理社区问题，民主化原则使此模式具有强大的生命力。这个模式的优势还在于通过小组工作发展社区组织，通过社区组织进行社区教育，以此提升民众的意识，达到社区赋权的目的。

这个模式的限制是过分依赖意识形态，使它的理论基础薄弱缺乏系统性；过分注重组织的力量，忽视了个人的独特需要，缺乏对个人动力的认识，解决群体需要优于解决个人问题。

7. 在中国的实际运用

今天我们将专业的小组工作引入中国，社会目标模式下的小组原则诸如参与、赋权、提升意识、恢复功能、社会变迁等概念对各种弱势群体有很强的适用性，特别是推动他们的能力建设和应对市场压力，更需要群体意识和智慧。所以我们在中国进行的专业小组工作尝试，很多都是社会目标模式下的小组工作。

这个模式的小组目前被许多社区发展（社区组织）机构采用，有力地推动了社区发展工作。例如，在国内开展“扶贫”工作的许多非政府组织，在社区发展中都非常重视村民自助组织的发育，围绕生计、教育、意识提升等目标开展小组工作，使社区发展工作真正落到实处。我们在农村推行的“妇女手工艺制作小组”、“妇女成人教育小组”等都是鼓励妇女团结起来，应对市场的压力。小组中贯穿着参与、赋权、意识提升等观念。一些单身母亲自强小组、离婚妇女适应小组也都突出了社会性别意识。

第二节　互惠模式

互惠模式，又称互动模式或调解模式（mediating model）。这个模式的主张者是施瓦茨（William Schwartz），他认为在助人的过程中应该强调个人与社会的关系。

一、理论基础

互惠模式的理论基础是系统理论和场域理论，互动和沟通理论也对此模式有影响。它主要关注子系统（小组成员）和整体系统（小组环境和社会环境）的关系，而不是小组成员个人本身[①]，同时它也关注小组成员彼此的沟通和互动。

1. 系统论中人与环境关系的论述

系统理论中有关人与环境关系的论述对互惠模式的贡献最大。根据佩恩的论述，每一个系统都会有三个可供选择的协助人生活的系统：非正式和自然的系统，如家庭、朋友和同事等；正式的系统，如社区等；社会系统，如医院、学校等。这些系统就是人所面临的环境系统，每个人一生都要与这些环境系统互动，既受环境系统的影响，也对这些系统有能动作用。[②]

系统的适应性，要求小组必须根据环境的需要而变化。我们也看到在小组系统以外，有其他系统如家庭、学校、政府、工作单位和社会等。所有这些系统都与作为整体的小组或与作为子系统的成员是互动的（何洁云等，2002），小组成员彼此之间必须互相沟通和接纳。

2. 场域理论中的行为环境论、生活空间论和此时此地（here and now）的概念

场域理论是社会心理学的主要理论之一，是关于人类行为的一种概念模式，它起源于19世纪中叶的物理学概念。代表人物和观点是德国心理学家考夫卡（Koffka）提出的“行为环境论”，以及美籍德国心理学家勒温的“生活空间论”。他们的理论总体而言是指人的每一个行动均被行动所发生的场域所影响，而场域并非单指物理环境而言，也包括他人的行为以及与此相连的许多因素。

考夫卡的“行为环境论”在心理学和社会心理学领域很有影响。他把环境分为地理环境和行为环境，地理环境是指现实环境，行为环境是意想中的环境，又叫心理物理场，由自我和环境两极现象构成。考夫卡认为，行为产生于行为环境

---

① 王婴，1999，“社会小组工作”，载王思斌主编：《社会工作概论》，北京：高等教育出版社。

② Payne M. 1997. *Modern Social Work Theory*. London：Macmillan Press.

即心理物理场,心理学就是研究行为与心理物理场的因果关系。他举例说,一个人在一个暴风雪的夜晚骑马来到一家旅店,店主人问他从何方来,当他知道刚才走过来的地方正是令人恐怖的康士坦湖时,立即惊恐而毙。这就是说旅客的不安心理和惊毙行为不是物理环境本身,而是由心理环境和物理环境构成的心理物理空间,是经验的、想象中的东西。

勒温在《拓扑心理学原理》一书中详细论述了"生活空间论"。他和考夫卡一样都强调心理因素的作用,但是,他不像考夫卡那样强调自我的作用,而强调心理的需求和意向的作用。正是这种心理的需求和意向的作用,使生活空间产生了场的动力,他叫引力或斥力。儿童看见糖就想吃,是引力;看见蛇蝎就想逃避,叫斥力。总之,勒温的生活空间是个特定的概念,包含三层基本意思:构成生活空间的要素是人和环境,而这个环境只有在同人的心理目标相结合时,才起环境作用,即生活空间才成立;生活空间具有动力的作用,表现为吸引力和排斥力,这种动力作用驱使一个人克服排斥力,沿着吸引力方向,朝着心理目标前进;生活空间的动力作用是逐级展开的,行为者越过一个个带壁的领域,最后实现目标。

考夫卡的行为环境论和勒温的生活空间论,都把心理因素注入到客观环境的作用过程中去,强调了主体的作用;行为环境和生活空间都是由心理和环境两种因素构成的主—客混合环境。从其强调主体作用的角度看,把社会生活环境描绘成富有活力的社会空间,揭示了人类行为的进取性,他们的理论是有积极意义的。但他们都忽视或否定了客观环境对心理的决定作用,因此,他们的环境论带有随意性。60年代随着认知心理学的发展,他们的理论逐步暴露出明显的不足(沙莲香,1997)①。

此时此地(here and now)的概念在场域论中也是很重要的,它不像精神分析论强调个人早期的生活经验对现实行为的影响,场域论只承认过去的生活经验会对现在的事件产生间接影响,而不是直接导致现在的行为,它更强调此时此地的期待、自我评价与记忆等因素对人的行为的影响(李建兴,1979)②。

由于场域论相信每一个人的行动均被行动所发生的场域所影响,而场域并非单指物理环境,也包括他人的行为以及与此相连的许多因素,而且这个场域是此时此地发生的,所以,互动模式关注的既在个人也在环境,要通过个人、小组和社会系统之间的开放和互相影响,以达到增强个人和社会的功能。互惠模式的小组被看做是一个互动的系统,在小组中成员依靠其他成员作为自己解决问题、实现自己潜能和建立信心的资源。

---

① 沙莲香,1997,《社会心理学》,北京:中国人民大学出版社。

② 李建兴,1979,《社会团体工作》,台北:五南图书出版公司。

3."镜中我"、自我观念和符号互动论

社会符号互动理论又称为互动理论,它是社会心理学的一个分支,至今已被广泛运用于社会科学研究领域,特别是社会小组工作更是从这一理论中吸收了大量的营养。

这一理论早期的代表人物是库利,他注重个人与社会的联系,认为个人和社会是同一事物的不同侧面,前者是分布侧面,后者是集合侧面。他认为,一个人关于自己容貌的自我像是通过镜子看到自己之后形成的,同样,一个人关于自己人格的自我概念是把他人的眼睛作镜子,是凭借他人关于自己的评价而形成的。库利用"镜中我"这个概念说明社会我和客我的存在,为后来"自我论"发展奠定了基础。库利从"社会我"思想引申出"第一群体"理论。他认为,从个人与他人的接触方式看,一个人首先接触的是家庭、伙伴和邻里等,是面对面、直接的、有着亲密关系的群体,是一个人获得社会性、获得人格的原始的基本群体,他叫第一群体,又叫人格群体;与此不同的是,通过电话、书信等间接接触的群体,他叫第二群体,或非人格群体。

符号互动理论的集大成者是米德(Mead)。米德的社会互动论吸收并发展了库利的"人格群体论",他是芝加哥学派相互作用论的集大成者。米德认为,个人社会行为是其所属群体中规范行为内化的结果。米德的社会行为主义强调社会相互作用与个人行为的关系,他把社会相互作用视为联结个人与社会的"媒介过程",个人行为具有相互性和社会性,这种相互作用是人格形成的外部条件。米德还强调意识和个人行为的相互关系,他认为,由于意识的存在和相互作用,才使人们通过别人对自己的态度看到自己、知道自己。总之,强调社会相互作用和意识与个人行为的不可分割的关系,是米德社会行为主义的基础,他的相互作用论特别表现在他的自我论上:他认为,人的特点是有自我,就是人在客观地对待社会环境的同时,也客观地对待自己,把自己置于环境当中某一确定的位置上,加以客观化。而自我的客观化,又与自我的结构和功能分不开。米德认为,自我通过他人的眼睛或者说社会这个一般的眼睛,把他人对自己的态度予以组织化,并内化为己有,从而产生客我。孩子通过父母、老师等"重要的他人"的相互行为和态度,把社会规范和角色内化,在内心树立起父母、老师的形象并加以效仿。可见,米德那里的客我,是人在与他人交互作用的过程中把自己对象化,并加以主观规定的产物,客我以客体的面貌出现,是受社会制约的。米德自我论中的主我是对他人态度进行的主体反映。但是,他对主我的论述是相当模糊的,主我的作用实际上被抹杀了。在米德的自我论中闪耀着一种光辉的思想,这就是他揭示了自我内部具备的主—客动态关系,这种动态关系是一个人由生物人转变为社会人的内在机理。

米德极力阐述个人社会化的问题,把个人行为置于社会结构中去考虑,因此,“角色”概念是他的社会相互作用论中的一个关键概念。角色是个人在社会互动中,一方面得到社会期待(角色期待),另一方面遵照他人角色或社会规范等获得的。米德的这一理论对后来的社会化理论影响很大。

米德的社会互动作用论盛行于20世纪30年代,他的学生把他的思想进一步发展为符号相互作用论。其中影响最大的就是布卢默(Blumer)。符号相互作用论强调语言符号在相互行为和社会信息传递过程中的作用,这比米德的社会相互作用论能够更好地解释人的外在性和内在性的统一及社会行为和社会心理的统一。20世纪70年代以来,符号相互作用论成为很有影响力的理论派别,它对社会学的影响也很大。

符号作用论者认为:

◇ 人生活在一个符号和物理的环境中。

◇ 经由符号,个人有能力去刺激他人,这种方式与自我刺激是有区别的。

◇ 经由符号沟通,个人从他人身上学习到大量有价值和有意义的东西,包括行为方式等。

◇ 这些符号、意义、价值等并非单独存在,而是以一种群体的方式,大量复杂地存在着。

◇ 思考是一个过程,透过这个过程可以抉择一个行为。

依据上述理论,我们认为下列几个方面对小组工作影响很大:

1. 人类的行为与互动是由“符号”及其意义而引起的,人类不是对外部刺激做出简单的反应,而是对刺激做出能动的反应,并且赋予新的社会意义。

2. 人是在与他人的互动中实现人性化的,所以人类是互动过程的产物,只有与他人不断互动,人类才具有社会性和创造力。

3. 互动中的人组成最优群体,只有充分发挥小组的作用,社会才能不断进步。

4. 人类在互动的过程中积极地塑造着自己的行为,所以互动强调社会过程。

5. 人类群体必须承认环境的影响并自觉适应环境。

6. 个人在小组中担任着各种不同的角色。

二、互惠模式小组工作的内容和具体运用

1. 目标

此模式是基于人与环境和人际之间关系而实施的。在整个过程中,个人一直被塑造,同时也一直在塑造别人。人是由生理、情绪、精神等诸要素综合而成的个体,这些要素都是在与他人的相互作用过程中产生的。

此模式有三个出发点:

(1) 小组是一个有机的整体,个体与整体是一个人际关系网,小组成员彼此之间是互动的。

(2) 人类的发展并非在儿童期就停止了,而是终其一生处于不断的发展变化中。

(3) 人类除了生理的需求,还有归属、被他人和社会承认、参与等方面的需求。这些需求是在各个阶段通过参与不同的小组生活而得到满足的。总之,在每一个发展阶段里,个人都必须透过充实的小组生活来满足不同阶段的需要,否则,在某一方面就会产生障碍。

由此,这个模式的目标是使小组成员在社会归属和互相依存中得到满足,要在小组成员之间、小组之间和有关的社会系统之间,达到互助和开放。小组的焦点既在个人,也在环境。通过这样的互相影响,个人和社会的功能都将得到增强。小组工作的目标可能是预防性的、补充性的和复原性的。小组通过成员的交谈和讨论来决定它的具体目标。

2. 小组

小组有一个共同的目标并且是一个互助的系统,也是解决问题的必要条件。小组成员相互依赖、互相帮助。决议要由整个小组做出。小组也是个人和社会功能得到培育和协调的地方。此模式认为个人必须透过一个健全并合适的群体生活,才能获得健康、全面的发展。一个健全的小组必须包括以下要素:

◇ 提供成员之间彼此平等认同的机会;

◇ 提供使多数人归属的温暖感觉,如果在生活中个人没有和他人建立广泛的人际关系,则会失去所爱的人提供的各种帮助;

◇ 有表现自己、表达自我和维持自己在群体中独立性的自由;

◇ 有选择自己朋友的自由,但不得已必须接纳对方时,应负起责任;

◇ 应向成员提供表现个性及与他人分享的机会;

◇ 向成员提供学习和独立生活的机会。

小组是这个模式的中心,是一个互动体系,工作者视小组为心中的“案主”。

3. 组员

组员就如施瓦茨所说“将自己的需求感与小组集体任务的社会需求发生关联”。组员在小组中达成共同的目标,分享和追求共同决策,这时的分享是在组员与工作者、组员与组员之间进行的。个人在小组中具有互惠的动机和能力,通过组员之间的联系达成共识,获得帮助。总之,在此模式下组员是平等地位的个人。

4. 工作者

互惠模式下没有治疗目标,没有政治和社会发展方案,有的是彼此之间的会心(encounter)、约定(engagement)和人际关系的和谐[①]。工作者应该使小组成员通过互相帮助而完成特定的任务,并使他们借助这种经验更加适应社会。因此,此模式下的工作者的角色是小组成员之间和小组与社会之间的协调者,他不去设计方案,不直接控制小组,而是提供信息引导小组自主发展,帮助组员协商以使问题迅速解决。互惠模式里,工作者的形象是“调解者”、“使能者”,工作者是“工作者与案主体系”的一部分,既被影响,也能影响他人。在社会工作的术语中,工作者既不是针对案主(to the client),也不是为了案主(for the client),而是与案主一起(with the client)。工作者与案主的关系是深切地投入与情绪的承诺。工作者需要具备自我袒露的能力和相关知识、工作热情,以及忠于职守的责任心。

5. 实践原则

小组工作实务非常重视从人与人的相互作用中来认识成员,非常强调群体生活的重要性。因此,“面对面”的小组动力是此模式实施的基础。工作原则可以概括如下:

◇ 工作者作为协调者应启发组员主动思考问题,寻找共同点,自主确定并强化发展目标;

◇ 工作者应该向小组成员澄清和说明自己与小组的角色,从而订立一个明确的契约;

◇ 工作者以诚实的态度提供信息、协调关系,充分利用社区资源为小组服务。

6. 优势和限制

这个模式注重成员的潜能和互助系统,突出了社会工作助人自助的信念;小组的目标来自成员互动和讨论,有利于成员发挥能动性和培养自决意识;成员自主选择恰当的介入策略去解决自己面临的问题,防止外界的价值干预。

但此模式对小组中个人期望和个别化的关注是不够的,对成员个人改变程度的评估也是不足的。工作者的权力是不足的,使工作者难以用自己的权力影响小组过程(这是一个两难的困局)。

7. 在中国的实际运用

利用群体互动的力量自助和互助在中国传统文化中有广泛的基础,集体主义和利他主义精神是中华民族的光荣传统,所以,互惠模式在中国的适用性较强。不过,由于中国人不善自我表达,具有含蓄、内敛等特征,又使这一模式的充分发挥受到影响。

由于互惠模式小组工作的理论基础和技巧方法源于西方社会学、社会心理学等学科体系,所以在运用到中国的现实处境时必然有一个本土化的过程,否则

① 林万亿,1995,《团体工作》,台北:三民书局。

就会适得其反。我们在昆明的一个社区戒毒机构就看到了一些由于照搬美国技术，而不考虑本土文化，生搬硬套的小组例子。比如在“对质小组”和“情感发泄小组”中，由于“中国人的行为与情感倾向于不苟言笑，不善表达，在亲情与隐私方面，华人的家庭要求成员紧密连接在一起，彼此之间没有私人的时间、空间和界限，爱面子等”[①]，直接的对质有负面作用，容易激化矛盾；许多人“发泄完以后心理更堵”；“本来的目的是对事不对人，但许多人既对事也对人，甚至只对人不对事，泄私愤并进行人身攻击”。

虽然如此，我们认为这一模式小组工作由于其依靠群体的力量，在中国各方面的助人体系中运用得越来越广泛。无论在推动儿童、青少年群体的成长方面，还是在解决中年人生活工作压力方面，或减低老年人的孤独感、适应晚年生活方面，都发挥着很大作用。

第三节 治疗模式

治疗模式也称做预防与康复模型，是以治疗个人作为小组工作的任务，同时也提供个人的预防和康复的一种干预方式。它是社会工作的一大传统，即提供服务给不同需要的人。它最充分地吸纳了精神医学、心理治疗与咨询的理论和技术，提供的是与个案工作紧密联系的个人康复和改善的机会。

最早在社会工作中采用治疗模型的是利德尔(Redl)，科诺普卡、斯罗根(Sloan)、费希和甘特纳(Gantner)也作出了重要的贡献。罗伯特·凡特(Robert Vinter)是此领域的集大成者。他提出：“个人的社会关系与适应能够透过小组的方式得到治疗。小组治疗应该被视为一种专门的提供满足需求者的服务。”因此，治疗模式基本上是一种“社会化与消费性的服务”，是一种临床模式，用来协助适应不良的个人达到和恢复预期的社会功能。

一、理论基础

治疗模式的理论基础与个案所采用的理论依据十分接近，除了经典的精神分析、行为认知和人本主义三大流派外，以下这些理论，对小组治疗的发展也都有比较大的影响。

1. 精神分析小组

精神分析治疗的创始人弗洛伊德本人并没有尝试过将精神分析运用在小组

① 陈丽云，2000，“为华人建立一套符合华人文化的社会工作”，载杭州：“面向21世纪的社会工作”大会论文。

中。沃尔夫(Wolf),一位精神病学家和心理分析家,被认为是第一个将精神分析原理和技术用于小组治疗的人。他于1938年开始,将那些需要治疗但又不能承受强烈个别治疗的病人放到小组中去,但他强调他并非在治疗一个小组,而是着眼于小组中相互交往的每个人。

精神分析小组的目标在于重建个人的性格和人格系统,这一目标通过使潜意识的冲突进入意识层次,并对其进行检验而达到的。心理分析小组本身以一种象征的方式再现个人的原生家庭,以便使每一个成员的历史在小组面前重演。沃尔夫建立了在小组中使用的基本的心理分析技术,如移情、自由联想、梦的解析等①。同时,小组通过对原生家庭的再创造,帮助成员解决家庭给他们造成的问题,通过成员与小组带领者的关系,了解成员与家庭中重要人物的关系动力。心理分析小组的治疗过程在于再创造、分析、讨论、解释过去经验和解决潜意识层次上发生的防卫和抗拒,解决成员在儿童期产生的功能失调的模式,并在新领悟的基础上做出新的决策。

2. 阿德勒式小组

阿德勒与弗洛伊德有长达9年的合作,但阿德勒不接受弗洛伊德的关于性与生物决定论的观点。他认为人的基本问题与这个人希望自己成为什么样的人以及个人为之所做的努力有关。他把人的社会兴趣与人格结合起来,形成了一套阿德勒式的小组工作和训练技术,可用于幼儿、儿童、青少年、大学生,以及成年人②。

阿德勒认为人主要是由社会因素(如个人的目标)所驱动的,而非生物性的因素(如性驱力)。人们努力地"追求优越",一种认同和归属感,而这一追求与我们克服和弥补幼年时期由于弱小和不得不依赖成人所造成的自卑有关。他强调个体是独特的,但又是社会系统的一部分,人际因素与个体内在的因素对人有同样重要的影响意义。人不是仅仅由遗传和环境所决定的,个人有选择力和创造力,有能力成为自己的主人。此派理论还提出了人的社会兴趣的观点,相信人们的快乐和成功大多与其社会性联结有关。人在社会中生存,需要感到对别人有用,并在社会中建立有意义的关系,否则,会产生疏离、孤独感。

阿德勒用目的论的解释取代了决定论的解释,即人的生存是有目的和目标的,是受对未来的预期所推动的。决定我们的不仅仅是过去的经验,而且包括现在的情形和我们对未来的期望,这三个向度动态有机地结合在一起。

---

① Wolf A. 1963. Psychoanalysis of Groups. In M. Rosenbaum & M. Berger(eds.). *Group Psychotherapy and Group Function*. New York:Basic Books.

② Dinkmeyer D C & Sperry L. 1987. *Adlerian Counseling and Psychotherapy*. 2nd ed. Columbus OH:Charles E. Merrill.

阿德勒强调自我和意识是人格的核心,人们在实现那些对我们有意义的目标的过程中建立起一种独立的生活方式。心理和行为的问题都是不良的生活方式、不正确的追求目标,以及不健全的社会兴趣造成的。阿德勒学派主张案主并没有生病,只是灰心丧气,不能很好地解决生活中的任务,因此,他们强调其治疗是一种教育和激励模式。

3. 心理剧

心理剧是由莫雷诺创立、发展起来的一种基本的小组治疗的方法。小组领导者引导小组成员以戏剧化角色表演出来,在其中经历过去、当前或预期的生活情形,就好像生活是戏剧情景一样。心理剧的目的是通过角色扮演的方法帮助人们以一种自发的、戏剧化的方式表达感受,并在这个过程中获得更深的自我理解和情绪宣泄,接受有关这些角色的回馈。心理剧的方法可以成功地引导成员进行积极的小组互动,探讨人际关系,尝试接近生活中重要的人,并减轻个人的孤独感。

莫雷诺强调仅仅在口头上谈论还不够,他深信表演出自己的问题,把过去或预见的事件带到现实中来,表演出自己的矛盾冲突更具有治疗的价值。

莫雷诺认为在心理剧中个人的自发性和创造性是至关重要的,同时他也强调不论是表演过去的事件还是未来考虑的事件,一个基本的信条是探讨那件事情如何影响了个人现在的生活。经由重演那些事件,能够宣泄情绪,达成新的领悟,赋予事件新的意义,解决那些个人内心悬而未决的问题,为早期的情景带来新的、不同的了结,学习对同一事件的不同的处理方式,培养新的行为技巧。

角色扮演是心理剧的一种重要技巧。在小组治疗中,角色扮演不仅可以帮助小组领导诊断,同时也是塑造和改善成员学习更有效的人际交往技巧的一种有效的训练方法。

心理剧的构成包括导演、主角、配角、观众等,前后会经历暖身、表演、讨论和分享等几个阶段,是一种基本和典型的小组治疗方式。

4. 行为治疗小组

行为治疗是指以各学习理论流派为基础建立起来的多样化的技术和方法的应用。其基本假设是:所有的问题行为,非理性的认知方法、情绪都是后天学习的结果,它们可以经由新的学习历程而得以矫正,从而发展出一套控制自己的人生、有效处理当前和未来问题的方法。因此,行为治疗小组也常常被视为一种教育的活动。

行为治疗是以科学的方法原理和治疗程序为基础的,从实验室研究得出的学习原理被系统地运用到帮助人们改变不良的行为。它的突出特点是:在治疗过程中需要详细的目标、具体的说明,及时的测量和记录,评价和治疗是同时进行的。行为治疗的内容主要包括:行为的评估,确切地说明治疗目标,确立适合于特定问题的具体的治疗方案，客观地评价治疗结果。

由于小组的结果可以被客观地评量，小组治疗过程中的技术也可以不断改善。这些技术的运用可以因不同的成员或小组所要解决的不同问题而不同，如有控制压力和焦虑的，有处理抑郁的，有控制具体的行为如过度饮食、吸烟、酗酒的，也有教导成员如何更有效地进行人际交往或者治疗特殊恐惧的。它应用的环境也十分广泛，如学校、精神病院、社区治疗中心、监狱等。常见的行为治疗小组包括：社会技能训练小组、肯定训练小组、压力管理小组、自我指导行为改变小组和拉扎勒斯的多重模式治疗小组。

5. 完型治疗小组

完型治疗是由泊斯（Perls）开创的。此理论的前提是，个体必须找到自己的生活道路，并接受个人的责任。完型疗法有很多重要的目的，其中之一就是激励案主从“环境支持”转变为“自我支持”，“使病人不再依赖别人，而是发现、发展和肯定自己的潜质，明白人可以自主，可以采取主动，可以做更多的事情，拥有更丰盛和更全面的生活”[①]。完型疗法的另外一个基本目标是获得自我的觉察。觉察本身就具有治疗作用，而且正是由于觉察，使得案主能够认识并且重新整合自己，尤其是曾经被他们否定的那些部分，从而成为统一而完整的人。

完型治疗的主要概念包括“此时此地”、“觉察与责任”、“未解决问题和回避”、“神经症层次和防卫机制”、“能量与能量的阻滞和疏通”等，正是借助这些概念以及由此发展出的技术，完型治疗小组不仅带给正在被关注的组员以疗效，而且其他成员也可以被触及，转而探索他们自己的问题。完型小组运作的基本原则是：利用现时的小组经验、小组的觉察过程和小组参与者之间的积极互动，鼓励成员随时随地地觉察他们在小组中的角色和他们作为社会成员的角色。

6. 交流分析小组

交流分析最初是由波恩提出来的，也被称作TA（Transactional Analysis），是一种互动式的治疗方法。它的基本假设是：我们基于过去的经验来做出现时的决定。但其实过去的经验只是过去某一时刻适合我们的生存需要，对现在可能已经不再有效。因此，这一理论强调个人如何增强觉察能力，能够做出新的抉择，并因此改变他们的生活进程。为了实现这一目标，TA小组成员学习如何从功能上识别三种自我状态，即父母状态、成人状态、儿童状态。他们还学习和了解现在的行为如何受到他们在儿童时所接受和形成的规定和原则的影响，以及了解和确认他们的“生活脚本”。

交流分析小组凭借小组成员间的互动，可以帮助成员改变那些妨碍他们正常生活功能的部分，认识到自己现在可以重新决定，并开始一种新的生活导向。

① Perls F. 1969. *Gestalt Therapy Verbatim*. New York：Bantam.

7. 案主中心的小组

案主中心学派的小组治疗模式是由卡尔·罗杰斯(Carl Rogers)创立的。它的假定是:人类倾向于朝着健康和自我实现的方向去发展。小组中的个体成员,能够在小组领导者极少的帮助下,找到他们自己的方向。案主中心疗法强调的是小组领导者的个人品质,而不是领导技巧。因为领导者的功能是创造一种有治疗作用的气氛,如小组中的共情理解、接纳、关心、真诚、非占有式的温暖、欣赏。当带领者表现出这样的态度,成员就会放弃他们的防卫,朝着具有个人意义的目标努力。案主中心疗法在20世纪五六十年代被运用到各种社会工作小组,如身体残障的儿童及其父母、智障儿童的家长、精神病患者、养老院的老人等。案主中心小组的带领者不会为小组承担责任,而是经由提供同理的了解、温暖、积极关注、接纳等治疗条件,鼓励小组成员们共同承担小组的责任。

案主中心小组的核心概念包括:发展小组历程中的信赖,提供成员成长的治疗性条件,这个条件主要有三个因素,即真诚、无条件的积极关怀论、同理的了解(empathic understanding)和倾听。

8. 理性情绪治疗小组

理性情绪治疗的创始人是阿尔波特·艾丽思(Albert Ellis),艾丽思认为每个人与生具有理性、直线思考和非理性、曲线思考的潜能。情绪的困扰来自那些个人的自我挫败的非理性的信念。为克服这些非理性的信念,理性情绪治疗采用大量主动性与教导性的技术,如说服、辩论、建议、指定家庭作业等,同时也挑战案主的那些非理性信念,促使其以理性的信念体系取代非理性的信念体系。

小组的方式为成员提供了极佳的机会,互相挑战那些自我毁灭性的思考,并且演练不同的行为。依据艾丽思的理论,在小组中,主要是帮助案主寻找其情绪困扰的根源,即个人的那些非理性的情绪。艾丽思提出人格和情绪困扰的A—B—C理论。A是直接的触发事件(activating event);B是人们对该事件所持有的信念系统(belief system);C是事件发生之后产生的情绪反应(emotional consequence)。A并非必然导致C,而是人们对事件的看法B导致情绪后果C。因此,在小组过程中,教导成员学习A—B—C理论,当他们看到那些非理性信念如何影响人的情绪,带来情绪和行为的困扰时,就学习驳斥(dispute)这些信念和价值观。当驳斥生效(effect),个人放弃自我减损的信念,持有较理性和现实的生活哲学,以及对自我、他人、日常生活中不可避免的挫折有更大的包容性时,个人就会产生新的积极的情绪和行为。因此,理性情绪疗法过程可以概括为:A—B—C—D—E。

艾丽思相信理性情绪治疗特别适用于小组工作模式,因为小组成员可以彼此提醒接纳现实;可互相提供建议、评论、假设,可互相发现问题,提供反馈;可在他人的改善中学习和采取行动;可提供一个教、学、讨论与演练的实际环境①。

9. 现实疗法小组

现实疗法的创始人是威廉·葛拉瑟(William Glasser)。这种疗法着重于解决问题,迎合社会中现实的要求。过程包括案主先陈述自己的欲望与需求,接着评价自己可能遇到的挑战,并拟定一份计划书,然后按照该计划去付诸行动。

葛拉瑟认为每个人都有一股“成长驱力”,这股驱力会推动个人进行改变,因此,这个理论也被叫做控制理论,旨在帮助个人更好地控制生活。

在小组过程中,此种疗法强调组员对自己行为的责任。小组需要先协助组员澄清和界定生活目标,然后会看目标实现过程中可能的障碍,进而进一步探索达到目标的不同方法和途径,制定计划,承诺,并坚持完成计划。在这个过程中,组员往往有机会经历成功的满足,并逐步肯定自我的存在价值。

二、治疗模式小组工作的内容和具体运用

1. 目标

治疗模式是以治疗个人为小组目标的,它的目的就是帮助个人通过小组达到心理、社会与文化的适应。各种不同理论取向的治疗小组在各自的目标方面似乎有很大的差异,如行为取向的小组强调明确、具体的目标,而关系取向(如人本、完型等)的小组则常常注重难以测量的目标,如达成自我实现或成为一个自主的人。

然而,科瑞认为尽管多种理论和治疗流派的目标看起来很不同,但将各种治疗小组的目标简化,就可以把它们看做是存在于一个连续体上的各个目标,一端是一般性的,笼统的、长期的目标,另一端是具体的、明确的、短期的目标②。人本主义与关系取向的小组倾向于处理广义的目标,行为和认知取向的小组注重短期的、可观察的、具体的目标。这些处在人的改变这个连续体上的两个极端上的目标并不相对立,只是实务操作中具体处理手法不同罢了。

总体来看,治疗目标的选定依据下列的原则:

◇ 如果是为特殊群体开设的小组,特定的治疗目标会成为小组的目标;

◇ 工作员经由小组中每个人的治疗目标总和来界定小组的目标。

2. 特点

小组治疗模式着眼于矫治、治疗、人格重建等过程,因此,它也被看做是再教育的过程。它包括对现在和过去事件的潜意识的觉察和了解。有些治疗小组也

① Ellis A. 1977. Rational-emotive Therapy in Groups. In A. Ellis & R. Grieger (eds.). *Handbook of Rational Emotive Therapy*: *Vol. 1*. New York: Springer.

② Corey G. 1990. *Theory and Practice of Group Counseling*. Monterey. CA: Brooks & Cole.

用来矫治妨碍个人功能的情绪和行为障碍，其目标在于个人人格结构的转变，因此，治疗小组常常要持续较长的时间。此外，由于组员的特殊性，治疗模式会比较依赖专家的判断和专业化的指导。

3. 组员

治疗小组的组员通常是有较严重的情绪问题、行为障碍、人格问题、精神异常或者有社会偏差行为的人，所以，入组前的评估是非常重要的工作。下列病例不宜入组：严重抑郁、躁狂病人，精神分裂症急性期，反社会人格，偏执人格，极端分裂性人格[①]。参加小组治疗的成员一般来说需要矫治性的治疗，而不仅仅是发展性和预防性的帮助。治疗小组旨在帮助他们探究潜意识的动力，宣泄情绪，并使他们在小组中逐渐了解干扰其生活功能的过去的抉择，经领悟、学习，逐渐恢复其社会功能。

4. 工作者

从事小组治疗的工作者通常是临床心理学家、精神医学家或临床社会工作者。采用不同的理论取向的工作者在小组中具有不同的功能。如心理分析小组，注重工作者的技术专家角色，他需要对小组中表现出来的个体心理和人际关系过程进行解释。而理性情绪疗法、现实疗法、阿德勒式疗法，行为疗法，以及沟通疗法都强调教育和学习的过程，因此，工作者也许被看做是教师。在案主中心、完型治疗小组中，则强调工作者与成员发展的有意义的治疗关系，其角色通常在于促进的作用。

5. 实践原则

由于治疗小组面对的工作对象是有问题或有特殊需要的人群，所以对工作者的精神病学、心理学、临床社会工作理论和实务训练的要求比较高。其工作原则可以概括如下：

◇ 工作者在开组前需要对组员进行细致的材料收集和评估，充分考虑到个人的功能和小组中可能出现的困难；

◇ 工作者与小组成员之间需要有明确的契约；

◇ 工作者需要确定小组的理论倾向，选择使用特定的小组治疗理论和技术；

◇ 从社会治疗的角度，小组工作者还可能需要与小组之外的关系进行联络，如案主的医生、来源机构、家庭等，以便对组员有更详尽准确的评估和改变过程的把握。

6. 优势和限制

传统上治疗模式比较强调“为案主”工作，而不强调“与案主一起工作”，强调

---

① 许又新、吕秋云，1997，《现代心理治疗手册》，北京：北京医科大学、中国协和医科大学联合出版。

专家的专业性和权威的特点，强调工作者的影响力。治疗模式是社会工作的传统之一，其较长的发展历史和非常开放地对心理学、精神病学理论和技术的采纳和应用，已经建立了其丰富的治疗体系。不同的治疗理论和技术都有其各自的优势，如科瑞认为心理分析尤其适用于那些希望和专业人员保持一定距离的案主。阿德勒式的治疗小组强调社会兴趣、家庭的重要性、目标导向、寻求归属感，这可能很适合东方文化。行为治疗则强调自我管理的方法和在小组中具体目标的达成，对各种文化和人群都有很强的适用性。所以，只要能够很好地评估案主的情况和需要，并根据治疗小组发展的不同阶段的特点，灵活运用各种治疗手段，治疗模式仍是小组工作的经典的方式。

由于传统上治疗模式不太注重成员的互助系统，强调治疗“小组中的个人”，强调“医患关系”，而非平等的合作关系，这在某种程度上限制了组员的潜能和能动性的发挥。此外，对特殊的小组，如为犯罪青少年改造而设置的小组，由于小组的目标在一定程度上是“外界”决定的，工作者可能会面对很大的阻抗，工作员需要给予额外的关注。

7. 在中国的实际运用

经过20多年的发展，心理治疗在国人心里已经不再是陌生的词汇。国内可查的较早采用小组治疗的记录是1982年在精神病院对青少年患者的治疗工作[①]。此外，北京精神卫生研究所、安定医院、回龙观医院也一直为住院和门诊病人开展持续的小组治疗[②]。

在我国，虽然较为严格意义上的小组治疗和社会工作处于起步阶段，但是，类似治疗工作还是比较普遍在相关机构使用着。1991年，笔者在西北地区的一家戒毒所做实习和研究工作，看到所里类似的治疗活动。其主要方式是将那些身体上基本脱离毒瘾的青少年集中在一起，请医生谈毒品是如何侵害人的身体，为什么戒除过程如此困难。此外也让他们谈论诸如吸毒的原因，毒品给他们的生活带来的影响，戒毒过程的感受和体会，以及未来他们的生活理想和怎样防止从戒毒所出去后的复吸问题。虽然整个过程基本是教育的模式，是由警察，而非专业的心理学家、精神病学家主持，实际上也还是起到了一定的治疗作用。

此外，从1995年起，笔者也间断地参加北京精神卫生研究所的小组治疗活动。其主要对象是门诊的青少年患者，经门诊筛选，认为适合小组治疗者，进入小组接受大约十次的治疗活动。鉴于小组成员的流动性，小组采用开放的形式，不断有新的组员加入，也有完成治疗的组员离开，滚动式的治疗活动已经持续数

---

① 杨眉，1995，《青春期集体心理咨询与治疗的理论和实践——一种解决社交焦虑的模式》，北京：文津出版社。

② 樊富珉，1996，《团体咨询的理论与实践》，北京：清华大学出版社。

年之久。

基于中国文化中“尊师重道”的传统，案主容易将工作者当做权威人物(如医生或教师)来看待，他们期望从工作者那里得到直接的指导和意见。因此，治疗模式是比较容易被接受的工作方式。

小组工作中的治疗模式可以较广泛地运用在偏差行为的纠正、医疗和精神病服务、社区特殊群体的服务以及学校社会工作服务中。

第四节　发展性模式

发展性模式产生于20世纪40年代以后，其理论基础来自乔登·澳波特、维克多·佛兰克尔和佛罗德·马森(Floyd Matson)等人的思想。格雷丝·科伊尔(Grace Coyle)对这个模式的发展提出了一个建设性的框架，葛拉德斯·莱兰德(Gladys Ryland)和吉特路德·威尔森(Gertrude Wilson)在小组的共同目标、小组的民主过程、小组的集体参与等概念的基础上，进一步提出了小组自治和决策的概念。海伦·菲利普斯(Helen Phillips)提出了重视“此时此地”，强调个人的成长源泉来自组员自身，而非工作员。威廉·施瓦茨(W. Schwartz)还提出了小组的功能、工作员的投入、小组中的互助、组员与工作员之间的协约关系等[①]。直到1977年，特罗普(Tropp)的文章“社会小组工作：发展的模式”(Social Group Work：The Developmental Approach)被收录到《社会工作大百科全书》之中，才标志着发展性模式的最终建立[②]。

一、理论基础和指导思想

这个模式的理论基础主要由三个方面组成：发展心理学、社会关系和社会结构理论、小组动力学。发展心理学强调个人具有成长的可能性和潜能；社会结构理论重视小组的现状，小组组员之间的互动功能；而小组动力学则重视小组组员之间的关系，强调小组内部的机制能够解决组员间的矛盾，帮助组员获得成长。下面将详细介绍本模式的指导思想。

发展性模式，顾名思义，是强调以人的发展为核心，特罗普指出，发展性小组工作模式具有以下几个基本原则：

1. 社会工作职业关注的是人的社会功能的提高，这里包含了3个层面的内

---

① Schwartz W. 1961. The Social Workers in Groups. In：*New Perspectives on Services on Groups*. New York：National Association of Social Workers.

② 吴梦珍等，1992，“小组工作模式”，载吴梦珍等主编：《小组工作》，香港：香港社会工作人员协会。

容:恢复个人的社会功能;预防个人社会功能的失调;发展个人更加和谐的社会功能。这三个层面的内容都在发展性模式中得到体现,因为发展性模式的目标之一就是发掘个人的潜能,达到和谐发展。

社会功能性行为实际上是个人的一种自我管理方式,以完成自己的社会任务和应付各种社会关系。这种管理和应付过程,可以通过量表进行衡量,表现为超正常、正常或失调。人们在一生当中完全有能力提高和改变量表中的得分,发挥潜能,达到自我实现。社会功能性行为的最基本的要素就是有效地完成自己的角色,对他人负责,对自己满意。

2. 发展性模式关注的是个人的社会功能性,而非病理因素,重视自我实现,而非治疗过程。它从来不把个人当成问题,而把个人看成一个活生生的人,面临着一些发展中的困难、挑战、危机或压力,他们需要面对这些困难和挑战①,因此,这个模式强调的是怎样发掘个人的能力,寻求解决问题的方式,而不是关注个人的弱点,解释人们的防御机制。发展模式特别强调,人有潜能做到以下几点:自我意识、自我评价和自我实现;意识到他人的价值、评价他人、与他人互动;意识到小组的情景,评估小组的情景,并在小组中采取行动。

二、发展性模式的内容和具体运用

1. 目标

上述基本原则为小组工作提供了方向和基本目标。特罗普指出,小组的目标之一就是宣泄阻碍个人有效完成社会行为的负面感情,例如愤怒、害怕、负罪感;通过小组的归属感,为组员提供支持,发掘内在能力;得到接纳和关心;通过表达、成就感和小组的认同,提高自尊;现实的导向,明白他人与自己有同样的生活经历,了解他人的挣扎和应付过程,他人是怎样看待自己的;自我欣赏,清楚地认识自己和他人,了解更多的应付生活困难的方法,增强决策的能力和对自己生活负责的能力。

这些目标在发展模式中都能得到充分体现,该模式适用于有困难的人群,面临危机的人群,寻求更大自我发展的人群。

2. 工作员

在发展性模式中,工作员的角色非常重要。一旦小组成立后,工作员必须与组员就小组的目标、功能和结构达成一致意见,工作员的工作主要放在以下三个领域:小组目标的实现、人际关系、个人的自我实现。

(1) 小组目标的实现。小组目标实现的标准有:小组的有效性、小组的活力

---

① Tropp E. 1976. A Developmental Theory. In Robert Northen(ed.). *Theories of Social Work with Groups*. New York:Columbian University Press.

和小组的责任感。工作员的主要任务就是帮助小组选择、完成小组的特定任务，从而实现其整个目标。这个过程包括：向组员展现小组计划，保持小组讨论的重点不偏离主题，鼓励组员自由发言并切题，帮助小组应付和接受行动可能带来的后果，解决冲突，制定决策，参与行动等，从而有效地达成目标。

为了保持小组的活力，工作员要帮助小组培养一种责任感、开放性和凝聚力，需要采用的方法有：鼓励、促进、幽默、认可、启发、同意、挑战、表扬等。工作员还要协助小组对自己的目标、组员、机构和社区负起相应的责任。

(2) 人际关系。小组组员团结合作，以实现共同的目标，他们之间的关系涉及下列一些工具性互动形式，如鼓励、支持、帮助、反对、限制、冲突、联合、协助、使用权威、服从权威、反对权威、分享权威等；还有一些表达性的互动形式，主要是对他人的反应，以及对小组活动的反应等，例如，组员表现出的喜欢和厌恶、同意和不同意、爱意、关心、乐意、兴趣、热情、害怕、抗拒、批评、敌意和指责等。当这些互动形式出现并影响到小组目标实现时，工作员需要提醒小组进行反思，当这些互动形式促进小组目标实现时，工作员也需要向组员指出，使组员意识到互动的作用。

(3) 个人的自我实现。组员的自我实现，实际上是通过小组目标的达成而体现的，因此，工作员要致力于促进小组目标的圆满实现，在实现小组目标过程中，通过宣泄、支持、现实导向、自我欣赏，每个人都可以完成个人的目标，充分体现小组的有效性、个人的自我满意度和社会责任感的培养。在小组中，工作员不一定需要了解组员的历史，但需要了解组员表达自己需要、顾虑和应付小组经验的方式，在必要的时候，及时对组员的表现进行评估和回应，并采取措施进行干预。

3. 适用人群

促进人的发展是社会工作的核心原则之一①，因此，发展性小组模式适合在各种人群中运用，它既可以是救助性的，帮助一些缺乏信心或社会适应有问题者，培养他们的自信心，协助个人成长，从而适应社会变化；又可以是锦上添花性的，为个人、群体和社区进一步发展提供空间和可能性。因此，运用这个模式，可以为各种不同的人群提供服务。

4. 优势和限制

发展性小组模式最大的优点就在于它能够广泛运用于不同状况的小组，在这类小组中，组员不会被贴上标签，没有压力。它的不足之处在于：在实践过程中，它强调的是一种成长的信念，而成长本身是一个难以测量的概念，因此，有人

---

① International Federation of Social Worker (IFSW). 2000. *Definition of Social Work*. Adopted by the IFSW General Meeting in Montréal, Canada, July.

批评这个模式缺乏科学性。

5. 在中国的实际运用

由于发展性模式具有广泛运用的特点，我们常常将其运用在帮助提高自信心，培养领导才能、解决成长过程中的问题。在中国的实际运用基本上有下列几个方面：

首先，在学生中的使用。中华女子学院社会工作系为社工专业新生开设的自我成长小组，就是采用了发展性模式，帮助组员重新认识自我，提升自信心，完成高中向大学阶段的过渡。另外，在北京的一些中学也开设了中学生成长小组，帮助他们完成从初中向高中的转变。

其次，在退休人群中的使用。在北京的一些街道，社会工作专业的学生与街道老龄委合作，开办了退休生活适应小组，协助退休人员正视自己的角色变化，学习适应新生活。

再次，在外来人群中的使用。北京农家女文化中心，曾经为外地来京的打工人员开设成长小组，帮助她们解决来京后面临的社会适应问题。

本章要点

• 每一种模式都是理论（逻辑）上的划分，实际操作时不可能截然分开，所以每一种模式的理论基础既有差别，也有许多相同之处。这要求我们在理解理论基础和模式时要注意它们之间的区别，也要注意彼此之间的联系。

• 四种模式是基于不同后设的建构，社会目标模式倾向于认为“个人的（问题）是环境的（问题）”，从宏观（结构）的层面去处理问题；而治疗模式则认为“问题是个人内在的”，从微观（个人内心）层面处理问题。所以我们在学习模式时不仅要理解模式的内容，更要认识其背后的假设，最重要的是应该与本土实际结合起来创造性地运用每一种模式来解决现实问题。

• 四种模式对工作员的要求是不同的，在学习过程中，要特别注意每个模式不同的要求，并结合不同的服务对象，灵活运用。

推荐阅读书目

何洁云等，2002，《社会工作实践——小组工作》，香港：香港理工大学应用社会科学系。

林万亿，1995，《团体工作》，台北：三民书局。

林孟平，1993，《小组辅导与心理治疗》，香港：商务印书馆。

吴梦珍等，1992，“小组工作模式”，载吴梦珍等主编：《小组工作》，香港：香港社会工作人员协会。

Corey G. 1990. *Theory and Practice of Group Counseling*. Monterey CA: Brooks & Cole.

Reid K E. 1997. *Social Work Practice with Group*:*A clinical perspective*. 2nd ed. Pacific Grove CA:Brooks & Cole.

第五章

小组的领导

本章重点问题：

1. 小组领导的含义。
2. 小组领导者需要具备的特质和基本训练要求。
3. 小组过程中，小组领导者的角色与功能。
4. 领导小组的方式与技巧。
5. 初为小组领导者的困难和问题。
6. 协同领导。

小组的进程不仅需要组员的参与，小组领导者在小组过程中的作用无疑也是十分重要的。本章我们将要讨论什么是小组领导，小组领导者需要具备的特质和基本训练要求；小组领导者在小组过程中所扮演的角色及其功能；讨论小组领导者的风格技巧对小组进程的影响；讨论初为小组领导者可能遇到的困难和容易发生的问题，以及如何面对和解决这些问题。

第一节　小组领导的含义

一、小组领导

人们在使用"小组领导"这个概念时，通常有两个含义。一是指"小组领导者"(group leader)，即在小组运作过程中，负责组织、带领和引导小组成员走向和达到小组目标的那个人。二来人们也用“小组领导”(group leadership)指称小组的领导过程,如采用特定的组织方式,使用一定的小组带领技巧来催化小组趋向小组目标的进程等,如多纳森把“小组领导”定义为一个互动(reciprocal)、交换(transactional)、转变(transformational)的过程。在过程中,成员互相影响(influence)和激励(motivate),以促进小组和个人目标的实现。

“小组领导”一词之所以滋生出这两个不同的含义,究其根本,是因为小组领导者这个人与小组领导过程有着必然的联结。因此,探讨“小组领导”时,我们将讨论作为小组的领导者这个特殊位置的人需要具备的个人特质,以及这个具有小组领导者特质的人在小组过程中应该如何正确地做出促进小组进程的恰当的反应和技巧。

二、有效的小组领导者的特质

斯拉夫松(Slavson)认为,小组带领者需要具备的个人特质包括心理健康、泰然自若、成熟、有判断力、有认同感、有想像力,懂得避免先入为主的偏见,想帮助人和对沮丧有容忍能力等①。

戴伊(Dye)指出,由于小组领导者要面对不仅来自一个人的,而是同时来自许多组员的抗拒、失控、敌意、移情、依赖等,因此,要求他(她)能够关心每一个人,能够明白组员之间的互动,对不同的意见都抱着开放的态度,感应全体组员的感受,同时也能了解自己在小组中的位置②。

科瑞对小组带领者的行为进行了研究,提出有效的小组带领者具有以下8个特征:(1) 及时回应;(2) 个人能力;(3) 勇气;(4) 愿意自我对质;(5) 真挚与诚实;(6) 认同感;(7) 对小组历程的信念与热情;(8) 发明与创造③。

林孟平提出成功小组领导者的11项特征:(1) 认识自己、接纳自己,拥有自爱和自信;(2) 敏锐的自觉;(3) 具有自我的肯定;(4) 投入并参与;(5) 个人协调一致,表里如一;(6) 愿意做典范;(7) 愿意接触和面对自己的需要;(8) 清楚了解自己的价值观;(9) 信任小组过程的功能;(10) 保重自己,不断更新成长;(11) 具有个人力量与勇敢④。

台湾黄惠惠总结了小组领导者需要具备的心理和行为特质,其中特别强调

---

① Slavson S R. 1962. Personality Qualifications of a Group Psychotherapist. *International Journal of Group Psychotherapy*, vol. 12, pp. 411-420.

② Dye H A. 1972. Some Considerations for School Counselors Who Work with Groups. In R. C. Diedrich and H. A. Dye (eds.). *Group Procedures, Purpose, Processes, and Outcomes: Selected readings for the counselor*. Boston: Houghton Mifflin.

③ Gerald Corey 著,张景然等译,1990,《小组咨询理论与实践》,台北:扬智文化出版社。

④ 林孟平,1993,《小组辅导与心理治疗》,香港:商务印书馆。

小组领导者关于人的看法和态度，如领导者应该对人抱积极、乐观的看法，相信人具有潜能，相信人能够自我决定、自我实现①。成功的小组领导者具有高的社会性，具有亲和度、助人性、社交性，能够在小组过程中起到催化作用，具有较高的自我觉察能力，具有敏锐的观察力，随时随地地了解小组中发生的情况和组员的感受，具有自信和勇气以及由此而来的个人的内在力量，具有真诚的态度，不僵化，有弹性，有开放和包容的态度，可以无条件地接纳不同的成员，具有良好的沟通和协调能力。

综合以上学者的研究结果和观点，我们可以将有效的小组领导者的个人特质概括为以下几个方面：

1. 自我觉察和自我了解

小组工作中，每一个人都是带着自己过去生活的全部经验，带着自己的价值观、自己先入为主的观念、软弱、盲点进入小组这个联盟的。

小组的领导者也和其他成员一样，有着各种需要：需要同伴、认同、名望、安全感，需要被人喜欢；作为一个助人者，他们可能会在不知不觉中被助人过程中所具有的权威的地位、被他人的依赖、被可能得到的奉承或被通过帮助他人而帮助自己的希望所吸引；一个工作员也可能掉入自恋的陷阱，例如渴望去治疗所有的人、了解所有的人、爱所有的人、被所有的人爱；在小组工作过程中，工作员的意识或者潜意识中的内容被激发，可能产生对小组有害的反移情现象等等。

所以，我们认为，一位有效的小组领导者，需要具有敏锐的自我觉察能力，随时随刻都能了解自己各方面的状况，包括生理、心理、精神的状况，了解自己的过往经验、现在生活中的事件和周围的事务对自己的影响，随时保持高度的自我觉察和了解，及时处理个人的各种可能对小组过程造成影响的问题。只有小组领导者有清晰的自我觉察和了解，才有能力在小组中做出较为正确的观察、评估和回应，才有可能真正做到案主为中心，才不至于由于领导者自身的需要牵引而给案主和领导者本人带来贻害。因此，在小组领导者的训练当中，自我觉察和自我了解是十分基础的必修功课。

2. 自我接纳、自爱自信

自我接纳是基于个人的自我了解的基础上的。当领导者能够透彻地了解自己，并能够全心拥抱和接纳自己的时候，他们往往是自我肯定，自爱和自信的人，他们清楚并且欣赏自己的价值观、人生信念和生活方式，因此也更能够尊重和欣赏组员的不同的风格，会有能力去信任、接纳、爱护小组里的每一个成员。相反，不接纳自己的领导者往往会有较高的自我防卫，他们可能会为了别人的同意或者欣赏而工作，而非真正有力量和勇气去对质小组中的一些重要的环节，从而也

① 黄惠惠，1993，《小组辅导工作概论》，台北：张老师文化事业股份有限公司。

会减损小组的力量和治疗功效。

因此,自我接纳、自信自爱是小组工作的一个基本目标,也是一个小组领导者需要具备的基本特质。

3. 真诚、愿意对质自己

有效的小组领导者是真实的,并且会对成员做出诚实的回应。他们基于成员的利益,愿意将心中的想法和感受说出来。他们向小组示范自己已经做好准备,可以讨论小组关心的任何事情。他们不逃避自己,不把自己隐藏在种种面具后面。他们的表达具体、清楚,当他们错的时候会愿意承认;当受到挑战时,不会摆出防御的姿态。他们以问题为中心,不会为情绪所左右而忘记讨论的真正的主题。他们真诚地对待自己,也真诚地对待他人,他们的这种态度会对小组有良好的示范作用,从而使小组工作能够卓有功效地向前推进。

4. 敏感与及时的回应

敏感是指小组领导者对组员的认知和情绪有及时的察觉和反应的能力。及时的回应是指领导者被他人的快乐和痛苦所感动,并且能够将这些感受及时、准确地予以传达的过程。及时的回应可以有效地促进组员和领导者、组员和组员之间情感上的联结,使小组更容易产生同理和共鸣,从而增强小组的一体感,为小组带来积极的动力。

及时回应还意味着领导者能够及时处理问题。他们能够真诚地关注和聆听,专注而不被其他事情所分心,能够在小组中开放地做出各种反应。要做到及时的回应,领导者需要对自己的情绪有及时的和敏锐的认识,对组员有高度的同理的关注。

5. 温暖、关怀与尊重他人的能力

小组领导者需要具备的最重要的特质之一就是对他人的福利和成长抱有真挚的兴趣。基于此,他们能够发展出对人的无条件的温暖和关怀的能力以及欣赏与尊重他人的能力。

由于关怀,他们会激励组员去诚实地面对和审视自己所否定的各方面的问题,他们会真诚而坦率地告诉组员一些也许他们不想听到的事情;由于尊重,他们会允许组员按照个人的节奏、习惯、风格行动,他们会留给组员足够的空间去变化发展,去真诚地聆听和及时地回应,会真诚地对每一个组员的发展感兴趣。

6. 对小组过程与功能的信任

小组领导者对小组的价值以及小组的过程与功能的深信不疑,是小组成功的一个重要保障。当小组领导者对小组怀有坚定的信念时,他会对小组投入真挚的热忱和希望,即使小组处于逆境,领导者也能够千方百计寻找出路,而决不会轻言放弃。小组领导者的信念和热情并非只是一种情绪化的狂热,而是基于他们对小组发展过程与小组动力的了解,基于他们丰富的带领小组的实际经验。

他们知道小组发展变化过程的各种玄机和峰回路转的妙处，也了解如何利用小组中的一切因素。在他们眼中，没有所谓的消极的因素，小组中发生的一切，都是可以转化为积极的因素，推动小组的进程的。

7. 放松与幽默

小组工作看起来是十分严肃的，而且常常会触碰到成员内心的伤痛，因此，感觉上会更觉得是一件沉重而压抑的事情。然而，事实上，一个成功的小组，应该是充满眼泪，也同时充满欢笑的过程。越是在艰难的时刻，小组领导者的放松的态度越可以帮助组员保持镇定和信心，越可以帮助领导者保持清醒的觉察能力和反应能力，越有可能带领小组创造峰回路转的奇迹。幽默是放松小组、放松领导者的重要途径，它不仅可以缓解小组的气氛，同时也具有很好的治疗作用。放松和幽默可以增强组员的联结，使组员在笑声中学习到举重若轻的生活态度，给小组带来特殊的希望。

一个自信、放松、幽默的领导者能够恰当地运用自我解嘲，能够通过幽默的语言和行动来回应小组的变化，能够激发组员的智慧，能够为小组创造出一种机智、诙谐的气氛，让大家在笑声中疗伤、成长。

8. 勇气和个人的力量

有效的小组领导者能够在与成员的互动中表现出勇气，不把自己隐藏在领导者这个特殊角色的后面，而是能在小组中承担风险与承认错误，能够与别人对质并袒露自己对对方的真实反应，能够凭直觉和信念行事，在小组中开放地讨论自己对小组历程的想法和感受。他能够坚持自己的理念，不会被暂时的事件动摇。他们愿意在适当的时候冒险。小组领导者的这种勇气和力量能够带给小组特别的示范作用，从而促进和提升小组组员们的个人力量。

三、小组领导者的方式

柏恩斯(Burns)把小组领导分为专权式、民主式和放任式三种。

专权式是指小组领导者以“权威”、“专家”自居，将推动小组的主要责任寄托在自己身上，小组的动力大都围绕小组领导者产生。这种风格的领导在小组初期似乎能够降低小组的焦虑，但一贯如此，常常会损害小组成员的互动和限制组员的参与和共享。

民主式的小组领导方式是指小组领导者尽量推动小组的责任，鼓励组员的参与和各尽所能去分担和完成小组的任务。这种风格的领导将自己视为小组发展和组员成长过程的促进者，因此，他(她)会更多地使用澄清、综合、反映和过程分析等技巧，帮助小组沿着共同制定的目标前进。由于这种风格与社会工作的基本工作价值接近，因此，也是小组工作最广泛采用的领导方式。

放任式领导方式指小组给予每一位组员最大限度的自由去决定小组的目标

和方向，小组领导者是其中的一员，其权力、责任与参与和其他组员没有区别。此种方式最大限度地赋予组员权力，但是，其风险在于可能会导致组员无所适从，使小组失去目标和方向，从而造成效率低下，甚至小组解体的危险。

四、小组领导者的角色

帝克美耶和莫雷(Dinkmeyer & Muro)认为小组领导者存在的意义在于提升小组的凝聚力，提炼小组的内容和解决小组的冲突。

雅伦(Yalom)认为领导者有两个基本角色：技术专家和示范参与者。所谓技术专家是指小组领导者了解小组的动力来源，对小组的作用和功能有清楚的了解，同时他也有丰富的带领小组的知识技术和实际经验，能够处理小组可能出现的各种情况。示范参与者是指领导者通过自己的行为向组员做出示范。小组领导者也是小组的一员，参与和组员们的互动，提供更丰富的小组资源。

特罗策(Trotzer)提出领导者在小组中的五种角色：引导者、催化者、参与者、观察家与专家①。

从小组的过程来讲，黄惠惠总结了小组领导者的几种角色和功能(黄惠惠，1993)。

(1) 领导者是小组的起始者和推进者。起始即开始或开头。从小组的计划、组员的选择以及小组正式开始前的一切准备工作到小组一切就绪，小组的第一次活动开始，起始的活动就一直是领导者在小组整个过程中的一项基本内容，并且无时无处不在。例如，领导者说："让我们先来认识一下吧"，"下面我们来讨论一下这件事"等。再如，领导者发觉小组在解决某一问题时，似乎对问题本身还没有清晰、正确和一致的认识，于是，他(她)可能提议和引导大家先对问题本身进行讨论。小组的推进和变化过程中，这种行为会时时发生，但并不意味着所有的起始行为一定都是由小组领导者启动，而是小组中的任何成员都可以参与来做的。小组不断有新的有意义的和大家感兴趣的问题和主题出现，是小组功能良好的表现。不断地挖掘和敏锐地捕捉到这些主题，也是推进小组不断前进的方法和手段。

(2) 领导者是过程的观察者和反馈者。小组发展过程中会有丰富的沟通、互动以及各种动力状况发生。受训练背景以及个人角色的限制，组员都身处其中，不能及时、清楚地觉察小组的过程和情况。领导者的一个重要角色就是要始终做好小组过程的观察员，及时地、敏锐地了解小组中发生的情况，了解其意义，并能够对小组进行有效的反馈，促进小组更有效地沟通和发展。

---

① Trotzer J. 1977. *The Counselor and the Group: Integrating training, theory, and practice*. Pacific Grove CA: Brooks & Cole.

(3) 领导者是小组规则的执行者。小组是由多人组成的,要想有效地运作,并保障参与者的权益,小组的共同规则的制定和执行是必不可少的。领导者常常是规则的执行者和示范者,并且这个角色会贯穿小组活动的全过程。例如,“我们的规则是尊重每个人的个人抉择,所以,小李决定这样做,我们应该予以尊重”,“保守小组中的秘密,不把小组里面发生的任何事情带到小组之外是保护我们每一个成员,增强我们相互信任,让我们能够更坦诚地相互面对和沟通的重要条件。小王似乎有点担心自己今天所讲的事情,大家可以对小王的事情保密,让她放下心来吗”。

五、协同领导

协同领导是指在小组工作中,有两个工作员分享领导权[①]。领导者彼此呼应,共同领导小组。

1. 协同领导的模式

关于协同领导的描述很多,这里主要介绍三种。

(1) 新手模式。这种情况是一个领导者比另一个有经验,因此,一个领导者担任掌控角色,另外一个则不那么主动,主要做观察和尝试做领导者。这种模式也称为学徒模式。

这种模式对两个领导者都有好处。对经验较少的领导者来说,他(她)知道当自己在小组中遇到困难时,必要的情况下会有人伸出援助之手,因而可以比较放松和安心地投入小组工作。对经验丰富的领导来说,有人可以一起计划、操作和会面后讨论、总结,可以教导他人如何有效地带领小组。通常,这是资深的领导者喜欢做的事情。

(2) 分担模式。雅伦强调协同领导者之间的平等关系。他说:“在我的经验中,一旦两位治疗者之间有地位不平等的状况存在,都是不适当的。”穆兰和罗斯巴姆(Mullan & Rosenbaum)也强调在协同领导的情形下,要特别考虑领导者之间的公平性和竞争气氛[②]。协同领导者必须接纳彼此的情绪,了解彼此的方法,有相同的治疗目标。如果其中的一个想要去塑造另外一个,领导者就会变得防卫,或将小组变成了竞争的角逐场。

分担模式更强调协同领导者分担领导工作,并没有哪一个为主,哪一个为辅之分。但这并不意味着他们要做一样的事情。有些时候,其中的一个会负多一

---

① Corey M & Corey G. 1992. *Groups: Process and Practice*. 4th ed. Pacific Grove CA: Brooks & Cole.

② Mullan H & Rosenbaum M. 1978. *Group Psychotherapy: Theory and practice*. New York: Free Press.

些责任，比如指导一项练习；有些时候，另外一个领导会多做一些事情。

(3) 交替领导模式。纳佩和格森非德（Napier & Gershenfeld）认为事实上协同领导者的关系很少是共同或平等的。即使协同领导者的表现是平等的，小组成员仍然会注意其中的一个比另一个多。由于协同领导者之间的经验层次、背景和领导风格的不同，小组成员很难做到对两个领导者持相同的想法。

因此，交替担当主要的领导角色的模式可以更好地发挥每一个领导者的效用。例如，这个星期的会面由一位领导者主要负责，下一次会面由另一位负责。或者，前半部分由一位负责，后半部分由另一位负责。随着经验的增长，合作者会发现角色的转换可以顺利进行。

2. 协同领导的优点

◇ 小组成员能够得到更多的注意、了解和照顾。

◇ 两位领导者可以彼此互补。每位领导者都有自己的长处、经验、特色，彼此互补，可以使问题处理得更圆满，成员也可以学习到不同领导者的风格。

◇ 不是每一位领导者都可以和每一位组员相处得很好。协同领导的方式，通过一位领导者弥补另一位领导者的弱点，小组中可能发生的偏见、偏爱和弱点可以被减到最小。

◇ 如果领导者之一是男性，而另一位是女性，他们可以为成员提供两种性别角色，尤其是对于协助那些与父母关系有困扰的成员十分有益。

◇ 成员可以得到两个领导者的回馈和反映，而每位的观点和看法也可能不同，极大地增加了小组的内在动力，为组员提供了更多的反省和深入讨论的机会。

◇ 两位领导者彼此对待和合作以及他们的交流方式能够为小组做出良好的示范。

◇ 协同领导者可以彼此提供支持、反馈，能够一起讨论小组里面发生的事情，并互相咨询、督导、计划。

◇ 领导者可以互相经由观察、互动、共同工作，从对方身上学习，尤其是对一对新开始带领小组的领导者，提供第二双眼睛和耳朵，可以使彼此对小组都有更完全和正确的看法，减少每一个领导者可能没有觉察到的盲点。

◇ 协同领导也有机会使领导者体会不同的做法。在小组带领过程中，他们可以交替主动和被动的角色，主动的反应和观察的机会都会比较自如、充分。

◇ 当一个领导者正注意个别情绪强烈的组员的时候，另一个领导者还可以维持和其他组员的讨论。

◇ 当一个领导者产生反情感转移，无法客观、有效地工作的时候，另外一个领导者可以担负起小组的责任。

3. 协同领导的限制

协同领导的方式有很多优点，但也有明显的限制，主要表现在这样几个方面：

◇ 必须找到可以共同相处的协同领导者，并且相互以信任、尊重和喜欢的关系为基础，双方在一起工作融洽，才能发挥协同领导者带领小组的优越性。

◇ 两个领导者采取的理论、方式应该基本是一致的，或者至少是不相互对立、冲突、可以互相接纳的。

◇ 容易出现竞争关系和成为对手的关系，其中一方或者双方都企图控制对方，甚至彼此贬低、攻击。这样的关系将会对小组造成负面影响。

◇ 可能会提高成本。协同领导的方式对于很多机构来讲是很奢侈的，尤其是两个资深的领导者。

4. 协同领导者的协调

协同领导不仅要花时间在小组的计划、活动上，也必须花时间协调两个人的行为，包括小组前和小组后的工作讨论，对于每一个人的看法以及自己和对方在小组中的角色和表现情况。

协同领导最基本的层次是领导者之间必须互相支持，开放和信任，能够对另一个领导者在小组中呈现的理念、冗长赘言进行挑战。协同领导者必须小心不要让小组分裂为两个领导者带领的两个阵营。

在小组工作的实务中，协同领导的过程具体需要做以下的一些工作：

◇ 在计划小组、选择组员和开始小组上，协同领导者应该共同参与，其责任应该是相当的。

◇ 在小组开始之前，协同领导者必须讨论彼此的期待、限制、长处和弱点以及过去个人带领小组的经验和理论取向。

◇ 协同领导者必须就“协同”这个字眼在这个小组过程和这两个人之间的意义有一个清楚的共识。

◇ 协同领导者在每次小组活动之后，必须安排时间讨论。

六、小组中的领导者指导与小组指导

在小组工作中，与领导者角色和功能有关的一个重要的问题就是，小组应当由领导者指导还是由小组自身指导。因为有许多人对领导者指导的方式存在担心，担心组员们不得不迎合领导者而不能开放地发掘他们真正的兴趣所在。事实上，一个优秀的小组领导者从来不要求小组成员跟着他(她)走，不会去扮演一个宗师或权威的角色，相反，他(她)会以一种对成员极有价值的方式指导小组，他(她)理解组员的需要并且引导小组来满足这些需要。

应用小组自身指导方式的领导常常会让成员们决定小组的方向和内容。对某些小组而言，这可能是十分有价值的。但有时这种方式也会浪费太多的时间，尤其是对于那些只有一次会面或几次会面的小组。成员经常并不知道他们想要什么或怎样做才会对他们有所帮助。在这种情况下，提供结构性主题，以及小组活动和练习，由领导者来指导会比较有益。

其实关于这个讨论的实质并不在于领导者指导或小组自身指导的方式孰优孰劣，而是谁应当为小组负主要责任，是领导者还是小组成员。答案是没有质疑的，即领导者应该为小组负责任。正如超特仁(Trotzer，1977)所言："领导者，由于他们的训练和职业承诺，如果他们不担负起来他们的责任，防止小组中消极状况和后果的出现，他们就失职了。这样做也破坏了助人职业的本质。领导者必须担负起职责，必须愿意去转变那些似乎要滑向消极、破坏性内容的主题或交谈倾向。当小组未能保护其成员或提供真实的现实性的验证的时候，领导者需要愿意并能够采取措施达到这些要求。"哈肯(Hakin)也指出："如果要保证小组经历的是一种职业性的、治疗性的冒险的话，领导者必须有意识地运用并塑造他的责任。"

以上我们似乎更多地强调了领导者所负有的责任。但这并不意味着强调领导者在小组中要做出过多的引导性的活动。领导者提供的引导的数量还依赖于小组的类型和成员的构成。在某些小组中，领导者也许会希望主要由成员来确定小组的方向；在另一些小组中，领导者会担当大部分的指导工作。此外，引导的数量也会依据小组发展的不同阶段而变化，在小组的中期，当小组已经发展到比较成熟的时候，成员已经完全了解小组的走向的时候，领导者的主要任务就可以转到小组主题和方向的选择上来。

因此，领导者的角色和风格不应该是僵化不变的，而应该依赖于小组的类型、目标、阶段等具体的变量情况。正如格兰丁所言，最有效力的小组领导者是多变的、有弹性的，可以随时顺应小组的情况和变化，是真正以案主为中心的，因此，一个小组领导者应该灵活、机智、多才多艺，随时可以适应小组的各种需要。

第二节 领导小组的技巧

一、带领小组的基本技巧

小组领导者的伦理原则和训练情况都是通过带领小组的过程中具体的态度和行为得以体现的。可以说，技巧是小组领导者风格和全面训练的具体反映，也是小组领导者训练中的最基本的部分。一般说来，要带领好一个小组，以下这些基本技巧是必不可少的。

1. 积极倾听

积极的倾听包括能够专注于说话者所说的语言的和非语言的信息，也包括通过语言的和非语言的途径让倾诉者了解你的倾听和关注。在小组过程中，这是一件复杂的工作。因为小组领导者要关心和注意小组的每一个成员，而不仅仅是那个正在说话的人。

做到这一点的主要技巧是：

(1) 倾听谈话者，用点头、共情式的回应等方式让谈话者了解你在倾听；

(2) 用眼睛扫视全体成员，倾听和观察他们的语言和非语言的姿态，特别是面部表情和身体移动；

(3) 用语言和非语言的方式，将你听到和观察到的内容挖掘出来，适度地表达出来，让全体成员知道。

案例一：

小华："我妈是为了我才没有再结婚。她一个人把我拉扯大，很不容易。我也很想什么事情都让她高兴，所以大部分的事情都听她的。可是我和男朋友小刚的事，让我觉得不知道怎么办才好。我妈说小刚不合适我，但她又说如果我特别喜欢小刚的话，她也不会干涉我。可是只要小刚打电话找我或我们两个出去，我妈就很不高兴，还常常叹气、偷偷地哭。看到她这样，我就想和小刚分手算了。可是跟小刚一提这事，他又很生气……弄得我两头不是人。嗨，有时候，觉得活着真累也真难。"

(领导者在倾听小华的同时，也看到平时比较活跃的组员志强深深低着头。志强从未在小组里谈到过自己的家庭。此外，小组的其他一些成员看起来也被触动。)

领导者："小华，听起来你是很想通过孝顺你妈妈，通过凡事都让她高兴来回报母亲一直没有再结婚的牺牲。你好像也很爱小刚，很在乎小刚的反应。你生活中两个你最重视的人在同时给你压力，让你觉得左右为难……这件事好像对大家的触动挺大的?"(话音一落，志强抬头将目光投过来，领导者的目光也迎上去给予关注和鼓励。)

2. 反映

反映是同感的传达过程，主要是通过复述成员所表达出来的内容和揭示背后的情感来实现。反映是建立在积极倾听的基础上的工作。

领导者的反映技巧可以达到双重目的：既能够帮助发言的成员更清楚自己所讲的内容和感受，又让他知道你听懂了他、了解他。

领导者对小组的反映有三个层次：

(1) 对某个组员的反映；

(2) 对两个或更多组员就某一话题的反映；

(3) 对整个小组正在经历的事情和阶段的反映。

案例二：

志强："小的时候，觉得父母好像是世界上最能干的人，似乎什么事情都挺好。现在长大了，才发现，原来根本不是那回事。我妈这人最近不知道怎么搞的，工作上老觉得有人和她过不去。在家里，跟我爸又出了问题。她每天打很多电话给我爸，如果他手机关机，就打电话给我，跟我哭。我有时打电话给我爸，劝我爸多关心关心我妈，可我爸也是一肚子委屈，抱怨我妈疑心大、脾气大，叫人不知道如何应付，落得我还得安慰我爸……"

领导者："你很想帮助父母，但不知道该怎么办。你对他们是不是有些失望？"

李丽："我父母老是为了些小事情争吵不休。每次出现这种情况，我就觉得特别心烦。"

张叶："我父母前几年离婚了。看他们现在过得也都不好，我心里特别不舒服。也不知道他们在胡闹什么。"

领导者："听起来你们两个都对父母处理问题的方式不解和不满。"

在志强、李丽、张叶的谈话之后，领导者发现组里的成员开始议论，似乎有各种不同的感受。

领导者："大家对这件事情好像有很多话想说。"

3. 澄清

澄清是指使用某些方法使组员陈述的内容和感受更加清楚和条理化的过程。

澄清对小组的发展有重要作用，它可以帮助组员更好地了解他（她）自己想说的话。通过澄清，也可以保持小组内沟通的清晰性，不让混乱的信息造成组员的疲惫和泄气，从而影响小组的进程和功能。

可以采用以下几种方法进行澄清：

(1) 运用开放式的提问，获得更多信息

案例三：

小敏："我觉得张叶和李丽的苦恼，问题不在于他们的父母，而在于他们自己。"

领导者："能进一步讲讲为什么吗？"

(2) 可以采用重述的方法，将组员混杂在一起的信息重新排列

案例四：

李丽："我知道我必须摆脱出来，否则特别影响我的情绪，搞得我什么事情都

做不了。可我这样也太自私了。他们是我的父母，身体也不好，我总得想办法让他们幸福一点。不知道他们还有没有希望。”

领导者：“你的感觉好像很复杂。一个你在说，不要太多参与父母的事情，他们是独立的大人了，应该能够处理好他们自己的事情。可是另外一个你在说，父母的事情上自己是有责任的，我应该继续努力让父母的关系变好。放弃帮助父母改善关系你会觉得内疚，而继续努力，又觉得信心不足，是这样吗？”

（3）请其他的组员帮助澄清

案例五：

小华：“我跟我妈说希望她能够接受小刚。她说她没反对我们交往。她说得也不错啊。我不能逼她一定要跟小刚微笑吧。我知道强颜欢笑是什么滋味。可他们在一起，你知道那种感觉，总是很别扭。我这样两边哄着，早晚会被逼疯的。”

领导者：“有谁觉得对小华现在的感受比较理解？”

小丹：“我想是不是这样。小华，你很希望你喜欢的两个人也能真心互相喜欢，这样三个人快快乐乐地在一起就好了。可现在你觉得妈妈虽然表示不反对你和小刚来往，但内心并没有接受小刚，所以你有点生你妈的气，但又挺为你妈难受。你很爱小刚，很看重小刚的感受。你自己两面逢迎，努力讨两个人的喜欢，却没有谁能帮你，理解你，所以你觉得很累，很委屈。”

让另外的组员帮助澄清，不仅可以澄清这位组员所说的内容和感受，也可以促进成员的参与，进而激发小组的兴趣和组员的能力。

4. 总结

总结是小组过程中会经常采用的一种手段，也是小组领导必备的技巧。

总结是将散落在交谈过程中的信息进行归类，以精辟和简洁的语言对那些重要的观点和内容予以陈述。总结可以起到如下作用：

（1）强化小组关注的焦点；

（2）转换话题；

（3）成为通向下一项活动的桥梁；

（4）将要点集中在一起，深化主题。

案例六：

领导者：“到目前为止，我们一直在讨论希望和父母的关系做出一些改善。小华想让母亲和男朋友小刚和谐相处，志强想帮助父母改变他们的沟通方式，张叶希望父母亲能够找到幸福……现在，请大家用几分钟想一想，为了这样的目标，你现在能够做的事情是什么？”

这个总结使每个人的愿望都得以澄清，同时也将话题由讨论各自的问题和愿望，转到讨论下一步要做些什么。

5. 微型演讲和提供信息

有时候，尤其是在教育性的小组中，领导者需要扮演一下“专家”的角色，为小组提供一些针对某个主题的信息，因此，他(她)需要做一个微型演讲。这个演讲要求做到：有趣；与小组有关，是小组此时此地所需要的；信息准确、新颖和客观，并且考虑到了小组成员的文化和性别情况；简洁明了；令人振奋。

案例七：

成员1：“我以前也多少听说过更年期的事情，但了解很有限，我也想过我妈可能是更年期问题，但我还是不清楚她身上到底发生了什么事情。”

成员2：“我也有同感。我很想帮帮我妈，让她所谓的更年期过得顺利一些。但不知道如何做。”

(其他的成员似乎也对这个主题有很大的兴趣)

领导者：“好，那我们就花几分钟时间谈谈更年期，尤其是女性的更年期。和青春期一样，更年期女性的体内在发生着一系列以性荷尔蒙变化为主的变动。大家可能还记得青春期到来时，你们的种种生理上、情绪上、心理上的变化。不过，由于青春意味着美，意味着长大成人，所以尽管会有痛苦，大家还是可以欢欢喜喜地接受。更年期就有点不同，更年期生理上的变化并不比青春期少，而且由于性荷尔蒙分泌的减少，会产生一系列的生理上的不适，如潮热、头痛、骨质疏松等，而且情绪上容易产生焦虑、抑郁等。此外，研究者发现社会文化的影响也是很大的。在一个人人都想今年二十，明年十八，崇尚年轻、崇尚女性的年轻美的社会，更年期好像意味着衰老、韶华逝去，个人的魅力降低……所以，这个时期的女性可能会产生种种的社会心理症状……”

6. 鼓励和支持

作为一个小组领导者，这项技巧特别重要。尤其在小组之初，成员经常会担心犯错误或做什么蠢事而给别人留下不好的印象。在成长或治疗性的小组，成员们有时也害怕透露一些事情会让自己以后觉得后悔。领导者需要用温暖的话语和愉快的面部表情以及“开放”、放松的姿态来传达对成员的支持，用及时的回应传达对成员的鼓励。

案例八：

领导者：“在小组中，刚开始会觉得有点紧张和不自在，当我们慢慢地了解每一个人以后，知道小组是怎么运作之后，我们就不会有这种不舒服的感觉了。”

当组员在挣扎着谈论一些比较困难的事情，担心说出事情后小组里其他人的反应，领导者的鼓励和支持也可以帮助成员们冒一些有益的风险。

案例九：

领导者："小力，你刚才谈了一些有关'性'的问题。你好像有点被这么私人化的主题吓着了。这其实很正常，因为我们的文化好像'性'是做的而不是说的事情。实际上，'性'还是一件很重要的应该被谈论的事情。我想，你会发现大家将会不带批判地倾听你的发言。我们到这儿来，不是来批评你或任何人的。我们在这儿是为了彼此支持和帮助。"

7. 基调的设定

基调的设定是指设置和创造一种小组的情绪氛围。如果小组领导者没有这个意识或特别地考虑过这件事情，可能小组只是一味地"严肃"或者成为一个"好好小组"，没有压力也没有承诺，最终也会以失败告终。

领导者是通过自己的行动、言辞和他（她）所允许发生在小组中的一切来设定基调的。领导者如果很有攻击性，小组就会有阻抗和紧张的气氛，领导者允许成员攻击和批评他人，就是允许小组存在一种恐惧的基调。如果领导者鼓励交流和鼓励小组中相互提供温暖的关怀，小组就会建立起积极的基调。所以，小组领导者在设计和带领一个小组之前，应该根据主题和对象，对小组的基调有所考虑，如，是严肃性的，还是松弛社交性的；是对抗性的，还是支持性的；是正式的，还是非正式的；是针对任务性的，还是针对人的关系性的。

8. 自我流露

自我流露是指领导者在成员们交流思想和情感时，将个人的资料、感受真实地呈现在小组中的情况。自我流露之所以是重要和有用的技巧，是因为领导者的行为、沟通风格、倾听能力、对他人的鼓励和他（她）的真实自在都会成为其他人学习并超越的典范。领导者的自我流露，可以显示自己愿意透露个人的情况以及愿意冒险与大家交流个人情况；自我流露也可以告诉大家自己也是一个普通人，生活中也有各种各样的和成员们一样要面对的问题；自我流露还可以作为一个样本，让大家知道领导者希望从成员们那里得到怎样的回应。

案例十：

领导者："今天我们谈家庭对我们成长的影响，我先谈谈自己吧，演示一下怎样进行。在我的生活中，母亲是最重要的人。她的支持和保护使我免受父亲的影响和伤害。他是个酒鬼，脾气暴躁，而且反复无常……"

这个自我流露可以显示给成员们可以交流的深度。

此外，也可以通过自我流露来引发某个讨论。

案例十一：

领导者："在家庭活动方面，我和先生存在着一些差异。我喜欢在周末或节假日的时候，和亲朋好友聚在一起，说说笑笑，玩玩闹闹。可是我先生喜欢自己一家人外出登山或做些户外的活动。我想这可能是夫妻们都会遇到的一些麻烦吧。你们的夫妻关系中有哪些困扰呢?”

领导者:“我觉得今晚大家好像有点心不在焉,我不确定这是为什么。你们是否也有这种感觉呢?”

9. 眼睛的应用

在领导小组时,知道怎样运用眼睛是非常重要的。眼睛可以帮助领导者收集有价值的信息,鼓励成员们发言,也可以阻止成员的发言。具体可以有以下几个方面:

(1) 关注小组中的非语言的线索。当某个成员发言时,看着这个成员是很自然的反应。然而,比较长时间地只将目光集中在某个成员的身上,可能造成其他成员感觉被排斥,甚至对小组丧失兴趣,因为这位成员也只是对着领导者说话。由于领导者没有对全局的观察,因此也不能了解其他成员对发言成员所说的话的反应,或者了解谁想下一个发言。因此,如果领导者只关注发言的成员,就可能错过对促进小组有帮助的其他很多重要的信息。

(2) 引导成员看其他成员。领导者可以用眼睛示意成员看着其他人。当某个组员发言时,领导者不是总看着他(她),而是眼睛在环视小组。这样也有助于发言的成员将目光从领导者身上移开,寻求和其他组员的目光接触和交流。这将会十分有利于培养小组成员之间的关系,促进小组的发展。

(3) 引导成员透露其内心世界。通过扫视整个小组并且和特定的组员进行目光接触,领导者可以用眼睛发出发言的邀请。当某个组员在透露非常痛苦的事件或经历时,领导者比较集中的目光接触和身体语言会对组员有所帮助。此时比较长时间的目光接触是必要的,而通常不会导致其他组员感觉被忽视,因为在处理比较深层次的个人问题时,其他的组员会非常关注问题本身及其解决过程。

(4) 打断成员的发言。某些成员可能会经常发言或总是第一个发言,或者发言冗长沉闷。领导者希望对这种情况有所改变时,领导者可以用眼睛进行控制。

10. 识别同盟者

在小组中,如果领导者能够正确地识别那些可以依赖和合作以及能够帮助自己完成某个任务的成员,将会对领导工作有很大的好处。例如,你希望有人带头开始一场讨论或一项活动,或者你需要一个可信赖的人来扮演某个角色或冒某种危险。通常作为组员的这些领导者的同盟者能够起到很特别的作用。

有些成员开始的时候可能看起来非常合作,看上去像是同盟者,但随着小组的发展,他们可能会希望接管小组或一味希望小组将注意力集中在他们身上。所以,通常在经过几次会面之后,才能辨认出那些真正的特别有帮助的合作成员，而这些真正的同盟者可能在开始的时候是比较安静和并不突出的组员。

在有些小组，你可能不需要太考虑同盟者的问题，而在另外一些小组，辨认同盟者就会十分重要。但是，在和同盟者合作的时候，要尽量避免给其他小组成员造成领导者偏爱某个或某些成员的印象。

二、小组促进和干预的技巧

除了以上一些基本的技巧之外，还需要掌握带领小组的一些特殊的促进和干预技巧。这些技巧可以帮助领导者更主动地引导小组的互动，推进小组的进程。带领小组过程中，主要的促进和干预技巧包括：

1. 引导互动

在小组的初期，领导者的这项技巧会显得尤其重要，因为小组在刚开始的阶段，成员还不了解小组的运作方式，不清楚他们应该扮演的角色，不敢说也不敢做。领导者可以通过促进组员之间的互动让成员感到一定程度的舒服和安全。以下几种方法可以较好地引导互动：

(1) 联结。联结是指将组员之间的共同点提炼出来的方法。这个技巧可以帮助成员减少分离的感觉，彼此之间获得更大的认同，建立更紧密的联系，增加小组的凝聚力。领导者有意识地强调组员之间的相似性而非差异性，并将组员尽可能地联结在一起，其目的是减少领导者和组员之间的沟通，增加组员和组员之间的沟通。

案例十二：

领导者："每个人可不可以谈谈你决定参加这个小组的原因？"

小青："我也不太清楚。觉得有点好奇，也许是想多了解了解别人是怎么想的，也想多了解了解自己吧。"

领导者："小于，你在点头、微笑。"

小于："我也有这样的想法。我一直对心理学挺感兴趣的，很有点好奇心去研究人，特别是想研究研究我自己是怎么回事。因为我觉得有时候自己都很不了解自己。"

不仅在组员对某一主题有相同或相似的看法时可以使用这样的技巧，其实，当组员有不同看法时，使用联结的技巧也可以指出次级的小组。

案例十三：

领导者："小青和小于似乎都想在小组中多了解一下人是怎么回事，特别是希望多做一些自我了解。小王、小立和小方则更想学习一些和其他人交往的技巧，更好地处理自己的人际关系。"

借助这些技巧，当领导者将成员联结在一起的时候，他们就可能组成一个队伍,做更多的有意义的沟通。

(2) 阻止。阻止是一种干预的技术,避免小组或某些成员做出不好的、不合乎伦理的、或者不适当和不利于小组发展的行为,包括侵犯和攻击,讲很长的故事,回避或一直穷追不舍地向别人问问题等。

案例十四:

小立:"小强今天没来。他这个人脾气可真大,上次那么表现真是出人意料。这样的人……难怪他的人际关系一直不好。"

成员们似乎都表示同意。

领导者:"我知道大家对上次小强的表现很失望也有点生气。小强如果能听到大家的这些反映可能会对他有帮助的。不过,现在小强不在,咱们等他来了,大家再把你们的感觉和想法告诉他,好吗?"

阻止也是保护成员免受伤害的一种方法。当小组压力过大,而且没有治疗性作用时,或者组员被不适当地批评或者成为小组的替罪羔羊时,或者被他人伤害时,领导者可以通过阻止来保护组员。

案例十五:

小强:"小立,你这个人就是死不改悔,像厕所里的石头,真是又臭又硬。"

领导者:"等一下,小强,我看出来你在努力改变小立。不过效果好像不大,你感到很受挫折。不过,用这样侮辱性的语言是不恰当的。你能不能用其他的方式表达你的感觉?"

(3) 设限。小组过程中,有时候需要领导者设定好界限,让小组的互动有所架构,不可逾越或偏离目标。

案例十六:

领导者:"在结束今天的活动之前,每个人花一分钟回想一下今天小组里发生的事情,然后,每个人用 2 分钟总结一下你今天的感想和收获。"

总之,小组过程中,在使用阻止、设限的方法时,领导者敏锐、温和但是坚定和直接是很重要的。领导者需要综合地考虑个别成员的反应、小组整体的反应以及领导者自己的意图。

2. 融合

融合是指领导者通过聚合或结合的方法,简洁、有条理地对成员间的差异进行处理。这个过程可能是超越组员们的意识层次的。融合可以通过以下几种方法得以实现。

(1) 综合。综合是指将成员口语的或者非口语的沟通内容,即他说的和做的事情进行横向或纵向的联结,借以指出他们的某些重复的行为,让他们看到一个成员谈到的四个或五个他自己觉得并不相干的事情之间却有着某种内在的关联。如此,成员会在旧的事件中领悟到新的意义,更清楚地看到自己隐藏在内心的想法和感受,因而能够更了解自己。

案例十七:

领导者:“小强,我发现你的发言中经常出现生气这个字眼。小组刚开始的时候,你说你对父母要你来参加小组很生气;两个星期前,你说你对学校里的事情看不惯,对同学和老师很生气;上周,你对小组很生气;刚才,你说你对我也很生气。把这些事情串起来想想,你觉得对你有些什么意义吗?”

做这样的联结,需要领导者能够回忆起组员曾经说过或做过的事情,并且从个人的生活事件和感受中,寻找到那些共通的转折性的线索。就像听交响乐一样,初听好像只是不同的片断,但听了几遍之后,会突然领悟和发现其中的基本主题和形态。其实那个形态一直在那里,我们只是需要用心去理解、捕捉和意会罢了。

(2) 摘要。摘要是指小组的领导者简明回顾小组过程中成员们讨论过的核心问题和重点。一般而言,摘要在小组会面即将结束时十分必要,这种方法可以将不同的线索串在一起。

在小组过程中,成员们常常是一心一意地聆听细节、分享感受、想法,而忽略了对整个事件的洞察。领导者所做的摘要,可以帮助成员了解小组中发生了什么事情。

案例十八:

领导者:“一个半小时已经过去了,我们讨论了很多主题。让我们一起回顾看看。我们讨论了家庭对我们的影响;讨论了我们和父亲母亲的关系;我们也讨论了如何和我们最亲近的人相处;讨论了得和失之间的关系;讨论了工作和家庭的关系。在这么多看起来都挺重要的主题里,哪一个是你想在下一次更深入地讨论的呢?”

摘要也可以用在聚会的中间阶段,它提供给成员们一个机会,对当下发生的事情有时间和机会深入下去。

案例十九:

领导者:“我们就公司的管理制度已经讨论了四十分钟,大家尤其是对公司无休止的加班、管理层的强硬态度、没有人情味而不满。现在我们还有五十分钟,在我们进入其他主题之前,谁还有在这方面想说还没有说的事情和感受?”

此外,在每一次小组的开始阶段,对上一次聚会讨论的主要内容进行摘要,可以帮助组员回忆小组以前发生的事情,也可以帮助上一次缺席的组员了解小组中发生的事情,可以增强小组聚会之间的联结和整体感。

案例二十：

领导者："上一次聚会，我们已经开始讨论有关小组结束的问题了。有些组员觉得很难过，不喜欢这种分离的感觉。有些说感觉还好，因为天下没有不散的宴席。这其实听起来也不太好(笑)。大家在上次聚会后有没有继续想过这个问题？谁想对上次的这些情绪做些反映，或者分享你的一些特别的想法吗？"

(3) 分类化。分类是指小组领导者打散小组成员的问题或关心的事情，使其不至于太过复杂，而是将这些问题分解成比较容易处理的单位。

案例二十一：

小清："最近，倒霉的事情好像接连不断。我姐姐上个星期确诊为癌症，这个星期必须住院动手术了。我丈夫最近又下了岗，一天到晚心情不好，在家里睡大觉，每天还得等我回来做饭。我一说什么，他马上就发脾气，说想过就过，不想过就离婚。儿子在学校又闯了祸，昨天下午老师打电话到我单位，说儿子在学校调皮捣蛋，影响别人学习，不行就领回家里算了。昨天晚上回到家，我把最近积压下来的火统统发泄在了儿子身上，对他真是一顿暴打……(哭)。你说我这样的日子还有什么过头，真想一头撞死算了。"

领导者："这么短的时间里发生了这么多难以处理的事情，听起来好像周围也没有谁能够帮助你，的确是很困难。我不想忽略你刚才谈到的任何问题，不过我们可以一件一件慢慢来。你和丈夫的关系似乎比较适合小组正在讨论的主题。我们可以先从这件事情开始吗？"

3. 对质

对质是指领导者出于助人的目的，在适当的情形下，对组员言行的不一致，内在冲突的外在表现，对组员试图逃避的事情等做出挑战，带领组员或整个小组对成员的软弱、盲点、内心矛盾和冲突做直接的接触。

由于"对质"这个字眼含有生气、敌意、不舒服和攻击等意思，给人以困难、冲突、不舒服的感觉，一些领导者可能更喜欢温暖、亲切可爱和照顾人的领导风格，而不愿意去对质组员。但是，一些研究发现，因为领导者不愿意对质案主，会使得小组没有效力，使案主的很多重要的问题不能被真正地发现和处理。

小组过程中，对质可以是多种形式的。

(1) 对质和挑战小组。对质一个小组，主要是集中在挑战小组的主题和过程上，尤其是小组的沟通形态、角色、抗拒和决策。领导者的目标是增进小组的互动，发展增进成员沟通的方法，并且提供成员进行事实验证的环境。领导者必须帮助组员，维持小组的主题和焦点都是围绕着小组的目的进行的。

下面是小组过程中经常被挑战到的一些主题：

◇ 小组看起来很热闹，但实际上没有效力。

◇ 小组不愿意做决定。

◇ 小组挑战领导者的权威。

◇ 有成员成为代罪羔羊。

◇ 小组没有能力做决定或解决问题。

◇ 对受到限制感到不舒服和挫折。

◇ 没有感觉、心不在焉、冷漠。

◇ 分离和失落。

在挑战整个小组时，领导者应该强调对小组过程的特别关注，对质造成小组产生障碍性的互动，努力使小组成员更加亲密。领导者对小组整体的对质，其注意力应该放在成员之间的关系，而不是成员本身。应该注意此时此刻。

(2) 挑战个人。在小组中挑战个人，主要是帮助小组中的个人检查其行为、沟通方式和想法，个人对小组和小组内的成员的认知、情感和行为以及个人正在发生的改变。

小组经过一定的发展，会形成一个小的社会。这个社会和外界社会一样充满各种各样的互动，不过成员在小组里面会表现出更多的真实和诚实的自我。因此，在小组里，成员们会互相看到每个人的事实上正在发生的行为，而不仅仅是成员描述的个人的过去的事情。此外，小组里也会反复出现各种关系形态，领导者可以做出直接的观察和及时的处理。当小组更成熟，组员变得更自在的情况下，不仅领导者可以挑战组员的行为，成员之间也可以互相对质和挑战。信任的气氛，会使组员更愿意冒险，表达更真实的(包括各种痛苦的)感受，并且更愿意尝试新的和有效的行为。

对质个人需要注意选择合适的时机。如果组员有足够的力量，对质可以帮助他(她)运用资源，突破个人现在的限制和想法，重构个人的价值。但当一个组员正处于困惑或危机的时刻，对质可能会加剧个人的危机状况，给组员造成伤害。

对个人的挑战主要是这样几个方面：

◇ 个人的矛盾的言语与非言语行为

组员有时候说的和做的是不一致的，如组员说："我的确很想改变。"但是，却经常不参加小组的聚会。组员说："我一定要把烟戒掉。"没有五分钟，却又点上了一根。组员们说："我们觉得小组很有用，对我们的确很重要。"但是在小组中却不想说话或有所贡献。

◇ 被扭曲的事实

组员经常会扭曲事实来符合自己的需要。例如，很多组员常常出现的一种无能为力的感觉，觉得自己不论做了怎样的努力，还是不能对事情有所改善，因此他们认定或相信自己没有能力控制任何事情，相信自己在生活的各个方面都是失败者，相信这种情形将无限制地持续下去，不会因为任何情境或时间的变化而有所改变。领导者在挑战这种情形的时候，需要让他们看到并相信，他们并非真的一事无成，而是有潜能、有力量，可以对自己的生活负责。而他们认定的所谓失败，是因为事实上他们并没有真正朝他们所要的方向去努力。

◇ 阻抗

在小组工作中，阻抗是指小组的成员试图保留不健康和非适应性的行动方式，为抗拒改变而发生的针对小组和领导者的对抗行为。这种行为可以表现为语言的或者非语言的。例如，组员将椅子与其他的成员分开，摆出与其他人保持距离的姿态；拒绝在小组中分享感觉和想法，打击小组的热情。一个组员的阻抗可能会影响到整个小组的效力，因此，领导者必须对这些阻抗做出处理。

依据成员的个性和问题，阻抗的形式可能是多种多样的，如过分垄断小组，在小组里说滑稽故事，赞美领导者，总是从重要的话题上跳开，焦点集中在小组外的人物和经验，表现出无助或无力，不愿意挑战其他人，过分沉默、无精打采，询问领导者或其他组员的私生活和感情，责备领导者不敏锐和不够关心等。领导者需要能够识别这些现象，并成功地做出处理，否则，小组可能会陷入僵局，使小组变得支离破碎或瓦解。不过，面对这些情况，对质并非是要领导者采取反对者的姿态，而是应该加入到成员中，为成员提供支持，减少他们的害怕心理，鼓励他们探索为什么会有这些表现。伯珍特(Bugental)提出小组领导者在处理阻抗时可采用三个步骤：第一，尽量以没有威胁的方式，让成员把注意力放在他所表现的行为上；第二，确认这个行为，并找出适当的前后关系；第三，邀请成员探索这个过程，即检查他们正在做什么，以及为什么会如此做的原因[①]。这种探索的邀请，应该是一种支持的、非辩解的、没有防卫的。领导者的态度是没有判断的、是好奇的，而不是批评式的。领导者和成员建立的是一种合作联盟，在这个联盟里，成员可以开放性地获得成长的经验。

第三节 小组领导面临的问题

一、初为小组领导者的担心和问题

林孟平根据自己训练小组领导者的经验，总结了初学带领小组者的一般性的担心和焦虑：[②]

① Bugental J. 1978. *Psychotherapy and Process*. Reading MA: Addison-Wesley.

② 林孟平，1994，《小组辅导与心理治疗》，香港：商务印书馆。

◇ 担心自己不能足够敏感地感受到组员的需要；

◇ 担心自己经验不足，无法应付小组的复杂情况；

◇ 信心不足，感到害怕，很焦虑；

◇ 觉得自己理论和学识不足；

◇ 担心没有能力处理好组员之间的互动，不能很好地对组员做出恰当的回应；

◇ 担心自己的个人阅历不足，不能很好地明白和理解组员的伤痛和挣扎；

◇ 觉得自己没有足够的勇气去对质；

◇ 对控制时间和小组的节奏感到困难；

◇ 担心自己聆听的能力和观察力不足；

◇ 担心小组里有突发事件时，自己不知如何是好；

◇ 不知道自己对人的爱心、耐心、尊重和关怀是否足够；

◇ 担心初次会面时，由于大家都很陌生，不知道组员对自己的期望是什么；

◇ 不知道如何去开始并持续推进一个小组；

◇ 担心自己没有足够的能力应付难以应付的组员，担心他们对小组造成很大的破坏；

◇ 不懂得如何评估一个小组的成效；

◇ 害怕自己对某些组员有偏见，以至于在小组中无法真正接纳他们；

◇ 担心自己在诱发了组员的情绪后，却无力做出妥善的处理；

◇ 本身带领小组的经验少，对小组的发展情况没有把握；

◇ 如果组员没有任何反应，不知该如何是好；

◇ 担心组员之间发生冲突和排斥抗拒时，没有能力做出处理；

◇ 担心组员看自己年轻，怀疑自己的工作能力，甚至否定自己；

◇ 担心组员很消极，或者很依赖自己时，会有很大的压力；

◇ 担心组员之间不互相尊重，甚至可能会互相伤害；

◇ 担心自己没有能力在小组中诱发尊重、同感和真挚这些治疗性的因素；

◇ 担心自己喜欢控制，无法成为一位有效的小组领导者；

◇ 担心自己的创造力不足，缺乏弹性和应变的能力；

◇ 担心自己说话冗长和缺乏组织性，无法简洁具体地促进组员的个人探索；

◇ 担心由于自己的价值观和先入为主的观念以及不够开放的态度，会让自己免不了批评组员；

◇ 担心自己的分析性太强而感性不足，组员可能会觉得我不够温暖，很冷漠；

◇ 担心自己对一些道德观念和价值观很执著，所以可能会很容易进行教诲；

◇ 担心组员觉得没有收获而会退出小组；

◇ 担心自己无法全情投入，无法对小组产生由衷的关注和爱护；

◇ 担心自己没有能力创造和维持一个安全而温暖的气氛，组员会关闭自己而不投入；

◇ 担心小组出现权力争斗，自己无法应付；

◇ 担心小组的个别组员情绪太过强烈，出现精神失衡状态；

◇ 害怕自己的内心会暴露在小组面前，而自己并没有准备好；

◇ 担心没有能力应付防卫性太强的组员；

◇ 担心自己对人性的看法不够积极，以至于对组员的能力也欠缺信心。

事实上，这些问题和担心绝不是只有初学带领小组的人才有的。一个资历深、经验丰富的领导者也会程度不同地面对和处理以上这些问题。而且这些问题也不是经过一次小组就能解决的，而是一个不断反复、不断领悟和深化的过程。重要的是，不论资深还是资浅的领导者，不会因为过于焦虑而影响到自己运作小组。在每次的小组之前和之后，初学带领小组者都应花时间准备、总结和领悟，对其中的问题有比较清楚的了解，这样，他（她）才能不断地提高和进步。此外，尤其对于初学者来说，请有经验的人做督导，及时讨论自己在小组中遇到的困惑和问题，也是帮助一个新领导者成长的重要途径。

二、小组领导者容易掉入的陷阱

从事带领小组的工作中，领导者的一些错误的观念和其未完成的个人事件会成为影响小组发展甚至危及小组和领导者个人安全的因素。所以，我们要在这里做一些探讨。

1. 关系陷阱

一些人认为，小组工作就是把一个专业助人者和一群有问题的人聚集在一起，听取他们的问题和建议，以工作员广博的知识和智慧，帮助成员发现和解决问题。组员和工作员之间的关系是单向的，即工作员给予，组员接受。

事实上，小组中的领导者和组员并非只是给予者和接收者的关系，其本质上是一种相互影响的关系，小组的所有参与者都会彼此影响。只是领导者需要记住的是，组员的需要永远是重要的，关系是为了组员而存在的。

2. 受伤的工作员

有人说，专业的助人者常常都是受伤的助人者，如此，他们才可能了解案主的痛苦，更容易进入案主的生活，在案主的成长过程中给予支持。然而，领导者所受的“伤”，可能也会伤害领导者和案主之间的关系。正如托尔（Towle，1954）曾经指出的那样：“我们不知道那些一直需要被了解，却一直被误解的儿童长大后是如何尝试了解其他人的状况的；不知道那些曾经孤单的个体，会不会在助人的工作中通过和案主的关系来寻求亲密关系的替身；同样，我们也不知道那些曾经需要被怜悯却被伤害的工作员，现在在工作中表现其敏感的情况如何……"①

基于托尔的说法，如果工作员的个人经历造成的潜在影响没有得到很好的解决，会发生工作者利用机构和案主满足自己需要的情况，造成一种伤害性的关系。

瑞德(Reid)列举了小组领导者误入关系陷阱时的种种表现：②

◇ 小组领导者超时工作，以案主和机构作为其生活的重心，工作者扮演一个超人的形象；

◇ 领导者表现出对工作的过度承诺和努力，像工作狂一样，如此下去的结果，常常是工作员疲乏不堪，行为僵化；

◇ 过分投入的工作关系造成工作员工作关系和家庭关系紧张，最终的结果可能是当工作员疯狂地尝试支持其他人的时候，他的家庭却面临着崩溃的危机。

3. 自恋的陷阱

瑞德总结了小组领导者容易陷入的四个自恋陷阱：

◇ 渴望去治疗所有的人

对于初学做小组领导的人来讲，可能会认为他所学习的知识和技术对所有的案主都有直接的影响和效力，能够改变他们的生活。因为教科书指出，领导者只要在适当的时间，使用正确的方法，就能够协助案主解决问题。但事实上小组的过程并非如此单纯、简单。案主在进入小组之前，可能已经对小组或专业帮助有了种种的消极看法，感到生气、挫折、抗拒，因此，工作员需要调整自己，练就一种坦然豁达的心态，不对自己有不切实际的要求。

◇ 了解所有的人

小组成员常常有一种错误的想法，认为领导者能够正确地了解所有的人，能够在自己不表达的情况下，看透自己的心理。不幸的是，小组领导者也会有这种奇妙的幻想，被诱惑相信这是真的。实际上，虽然领导者会持续使用专业的直觉，但仍然需要临床的资料。那些未被说出口的猜测，常常会带来负面的效果。而且，这种将小组领导者偶像化的结果，会使成员坚定地相信，他们不再需要为自己的生活负责，因为领导者知道自己是怎么回事，知道自己该怎样做。这个陷阱的另外一个危险是，最终当成员意识到领导者并非如他们想象的那样时，他们会感到受骗，情况可能会变得更糟。

① Towle C. 1954. *The Learner in Education for the Professions*. Chicago: University of Chicago Press.

② Reid K E 著，刘晓春等译，1997，《社会小组工作》，台北：杨智文化出版社。

◇ 爱所有的人

这个信念是指领导者相信自己应该爱所有的案主以及所有前来寻求协助的人。巴持和古丁柏格(Bach & Goldberg)发现,出于自己的爱的需要,小组工作者表现得过于甜美、仁慈、温柔和充满爱,会倾向于鼓励和增强成员对他们的依赖,并且常常采用延长小组的时间[1]。为了适应这样的工作者,组员总是需要表明他们已经改变了很多,但事实上却改变很少。组员也无法对领导者生气,无法表达生气的感觉,因为领导者是如此地"爱"着每一个人。这种领导者常常通过培养依赖、压制攻击以及大量的赞赏来复制过分保护的父母行为。

◇ 被所有的人爱

由于小组领导者爱所有人的需要,会为小组带来压抑,而小组领导者需要被所有的人爱的需要,则会使小组变得更为复杂。巴持和古丁柏格提出,一个被全体案主所爱的"好的小组工作者",可能对案主生活的影响是非常有限的。领导者应该了解他并不需要为了获得所有人的爱而迎合小组的需要。他应该正确和客观地对待小组一些成员针对领导者的愤怒,使用各种心理游戏、否认存在的问题、情绪上自我孤立、与领导者保持距离等,了解这些行为并非一定是针对领导者个人的或是小组成员的蓄意所为,而可能是组员的一种移情表现。如此,领导者就不会以个人化的情感,处理组员的这些重要问题,不会由于生气、失望而丧失成为组员的重要他人的机会,不会丧失干预和治疗的大好机会。

4. 反情感转移

工作员被案主所激发的意识反应或潜意识反应叫做反情感转移。

小组领导者遇到的最明显的反情感转移是针对某一个人的一些反应,如,某一个人的外表、年龄、人格结构、社会经济阶层和态度,会引发工作者潜在的内在的感受和行为,而且这些反应并不是固定不变的,会随着不同的案主而改变。

马萨克和瑞德(Marshak & Reid)都指出,青少年特别容易引发小组工作员对事件的非理性的感受和反应。对于年轻人的自恋、反复无常、无理和发泄行为,领导者就如同青少年的父母,可能会对青少年挑战传统价值的行为感到挫折和困扰。这些不舒服的感受和焦虑,可能会对工作者造成阻碍,影响工作员做出有意义的努力[2]。

工作者自身未解决的问题,特别是与父母及其他权威形象的冲突,也可能会使工作者激发和鼓励青少年的发泄行为,并且会在青少年的造反和反对权威的

---

① Bach G & Goldberg H. 1974. *Creative Aggression*. Garden City NY: Double Day.

② Marshak L. 1982. Group Therapy with Adolescents. In M. Seligman (ed.). *Group Therapy and Counseling with Special Populations*, pp. 185 – 214. Baltimore: University Park Press. Reid K. 1980. Some Common Problems in Working with Adolescents. In R. Jones and C. Pritchard (eds.). *Social Work with Adolescents*, pp. 208 – 219. London: Routledge & Kegan Paul.

直接宣泄中获得替代性的愉悦感受。

工作员还可能喜欢某些成员而不喜欢另外一些。对某些人我们希望和他们共同努力，而对另一些，我们希望他们到别的地方去寻求帮助。工作员对一些成员可能会非常温柔，而对另一些则感到焦虑、敌意和害怕。大多数的这些感觉是自然产生的，并且被我们意识以外的动机和需要所控制①。

精神治疗小组的研究发现，不同精神疾病的患者会引发工作员不同的情绪反应。人格疾病的患者，容易引发工作员生气的情绪反应；有退缩行为的病人，容易引发工作员的无助感；攻击和躁郁的病患者容易激发工作员生气、恐惧和被挑战的情绪②。

在小组中，科瑞总结了领导者的反情感转移行为一些常见的表现：

◇ 领导者迟到；

◇ 提早结束小组或将小组的时间延长，超过了习惯上的限制；

◇ 变得沉默；

◇ 忘记成员的名字或忘记应该宣布的事情；

◇ 打瞌睡、哈欠，在中途打断成员的陈述；

◇ 感觉自己被某一位成员吸引，在小组中或小组外对成员产生幻想；

◇ 以富有感情和特殊意义的眼神望着组员；

◇ 以富有感情和特殊意义的方式将手放在组员的肩上；

◇ 某个或某些成员在领导者的梦中出现；

◇ 对小组或组员做出诱惑性的行为，利用领导者的特殊角色或特权得到小组或成员的感情；

◇ 扮演温和的替代性父母，过分保护组员；

◇ 在成员身上看到自己，对他们产生过分的认同，因而无法有效地帮助小组；

◇ 为获得某些组员的喜爱和好感，刻意避免某些有潜在危险的主题，仅讨论安全的和可以预测结果的主题。

总之，一个专业助人者的个人生活和专业工作是相融合的。他们不能对怨恨、罪恶感、崇拜、气氛、嫉妒、孤单和爱这些感受免疫，他们可能会和成员一样，带着情绪进入小组。

这就需要小组领导者要特别小心，提高自我觉察能力，以避免反情感转移行

---

① Reid K. 1977. Worker Anthenticity in Group Work. *Clinical Social Work Journal*, vol. 5(1), pp. 3－16.

② Colson, Allen, Coyne, Dexter, Jehl, Mayer & Spohn, 1986. An Anatomy of Counter Transference: Staff reactions to difficult psychiatric hospital patients. *Hospital and Community Psychiatry*, vol. 37, pp. 923－928.

为的发生。否则,助人的关系将不再被用来解决成员的问题,而是成为领导者满足自己未被解决的需要和问题的工具。

5. 情感枯竭

研究者注意到,一些工作员在从事小组工作若干年之后,由于长期不能以专业以外的态度对待案主带来的压力,他们会对案主的问题和痛苦不再有任何感觉,会抱持一种非常公式化的态度,就像毫无感受的屠夫对待后院待屠杀的羊和牛,而且个人也变得更固执和愤世嫉俗。这种情况就是比较典型的情感枯竭反应。

造成情感枯竭的原因,可能有以下几个方面的压力:

◇ 来自于小组工作者的职位和角色的压力。年轻的小组工作者因为没能跟上专业技术的发展,感觉日复一日,停滞不前。

◇ 处理负面、不合作、自杀倾向、攻击性、敌意案主时带来的压力。尽管处理这些成员的问题可能花费了工作员大量的心血,但有时候成员并不认为工作员是一个理想的帮助他们的人,而是将工作员看做是敌人。

◇ 小组工作者可能对工作持有不切实际的期待,当他们无法达到这些不合理的期待时,会产生罪恶感。对小组投入不多的工作者,常常会觉得自己做得不够和不多而感到额外的挫折。

◇ 案主过多带来的压力。当案主过多,而资源又不足时,会造成一种非人性化的状况。尤其是对工作员要求较高,机构的支持又不多的情况下,工作员会产生自己没有能力控制局面的感觉。

◇ 工作中遇到的问题相似,实践与理论上也不尽一致,小组工作者没有成就感。

总的来看,要成为一个出色并且有效力的小组领导者的确不是一件容易的事情。由于小组的动力较之以个别的辅导和个案工作更为复杂,所以,小组工作的课程一定是在学完个案工作等课程的基础上进行的。尽管如此,由于小组工作在社会工作领域多年的应用,已经发展和形成了丰富的理论和成熟的技巧,所以,只要我们潜心学习,多练习、多领悟,一定能够成为一个优秀的小组领导者。

本章要点

• 小组领导包含小组领导者和小组领导过程两个含义,而这两个含义是相互依存的。

• 一个有效的小组领导者需要有良好的自我觉察和自我了解;能够自我接纳,自爱自信并真诚、愿意对质自己。能够做到敏感与及时的回应,有温暖、关怀与尊重他人的能力。对小组过程与功能有深切的信任,因此持有放松与幽默的带领小组的态度。一个成功的领导者需要有勇气和个人的力量。

• 小组领导者在小组中扮演的角色和起到的作用与具体的小组形态、小组类型、小组目标和小组过程有关。

• 小组领导者训练应该包括理论、实务和技巧等方面的内容。个人的经验和对人性的深刻了解是必不可缺的。

• 小组领导者应该掌握带领的基本技巧,如:如何倾听和回应;如何进行澄清和提问;如何做总结;如何在小组中做微型演讲来提供信息;如何鼓励和支持;如何设定小组的基调;了解在小组中自我流露的程度,会运用眼睛,能够识别同盟者。领导者还需要掌握促进和干预小组的一些技巧,帮助领导者更有效地推进小组的进程。这些技巧包括:引导互动、融合和对质。

• 初为小组领导者面临一些普遍的困难和问题,但这些困难和问题也是一个领导者会一直遭遇和不断解决的。

• 一些不正确的观念和小组中客观存在的现象是小组领导者的陷阱,小组领导者的训练应该包括如何识别并正确处理这些问题。

• 协同领导是小组领导的特殊形式。善加利用可以帮助初学带领小组的新手尽快成熟。

推荐阅读书目

林孟平,1994,《小组辅导与心理治疗》,香港:商务印书馆。

黄惠惠,1993,《小组辅导工作概论》,台北:张老师文化事业股份有限公司。

Corey M & Corey G. 1992. *Groups: Process and practice*. 4th ed. Pacific Grove CA: Brooks & Cole.

第六章

小组的沟通和冲突

本章重点问题：

1. 沟通在小组工作中的作用是什么？
2. 小组中常见的沟通模式是什么？
3. 如何在小组中建立良好的沟通模式？
4. 小组冲突的作用是什么？
5. 解决冲突的主要策略是什么？
6. 如何解决小组中不同类型的冲突？

在小组过程中，沟通和冲突是两个重要的主题。小组的所有活动都是通过组员之间、组员与社工之间的语言和非语言沟通来实现的，因此，在小组工作学习中，深入了解小组沟通的意义和作用，导致沟通不畅的原因，以及如何在小组中实现有效沟通，带领组员共同实现小组目标是非常重要的。由于组员之间目标具有一定的差距，彼此之间的冲突是不可避免的，因此，作为一个小组工作者，还需要了解小组中冲突的类型，以及解决冲突的方法和技巧。本章将重点讨论这两个主题。

第一节　沟通的意义

沟通是人际互动的基本形式，是小组活动的基本内容，组员之间的信息交流和交往，社工与组员间信任关系的建立，组员的活动，目标的实现等，都是依靠沟通来完成的。

一、什么是沟通

沟通指的是两个人之间的信息交流行为，在这个过程中，信息的接受者能够完全理解信息的发出者所赋予信息的含义。潘正德系统地将这种信息交流的行为分解为两个层面，即认知层面和行为层面（潘正德，1997）[①]：

1. 认知层面：沟通是通过文字、信函、符号、语言、声音等与他人分享观念、感受、意念等信息。某人（发讯人）拥有信息，通过语言和非语言的方式，传递给另一人（收讯人）。在这个过程中，双方能够就信息的含义达成共识。

2. 行为层面：发讯人在信息传递过程中，希望能达到某种效果，收讯人能够做出行为反应，即向发讯人表示自己了解、接受了信息，这样，沟通的过程才算完成。

二、沟通过程

沟通的完成要经过一个有序的流程，在沟通之前，必须有意图，然后转换成信息，之后再传递出去。这个过程包含7个要素：信息来源、编码、信息、通道、解码、收讯人、回馈（图6.1）。

下面具体分析一下这个沟通过程中的7个要素。

1. 信息源：发讯人的想法、感受、意图和行为，刺激发讯人发出信息。

2. 编码过程：发讯人要将想法、感受、意图和行为编辑成为可以发送的信息（如语言、文字、身体语言）。在编码过程中，信息来源会受到一系列因素的影响：沟通技巧、态度、知识、社会文化系统（如文化传统、价值观、宗教、社会制度）等。

3. 通过有关渠道，发出信息。

4. 收讯人接收信息。

5. 收讯人将信息内在化，对信息进行解码，并诠释信息。收讯人诠释的能力取决于自己对信息的理解。收讯人必须具备阅读、倾听的能力和推理能力。此外，收讯人的知识水平、态度、文化背景也会影响其接收和诠释信息的能力。

6. 噪音的影响。所有的沟通行为都会受到噪音的影响。这里的噪音指的是影响接收和发出行为的因素，从发讯者来看，噪音指的是个人态度、使用的语言、参照物等。从收讯者的角度来看，噪音指的是个人态度、背景、经验等。从传播渠道来看，噪音指的是环境噪音等。沟通是否成功，很大程度上受到噪音程度的影响。

7. 回馈。通过回馈，发讯人和收讯人之间可以检查是否准确无误地传达了

---

① 潘正德，1997，《团体动力学》，台北：心理出版社。

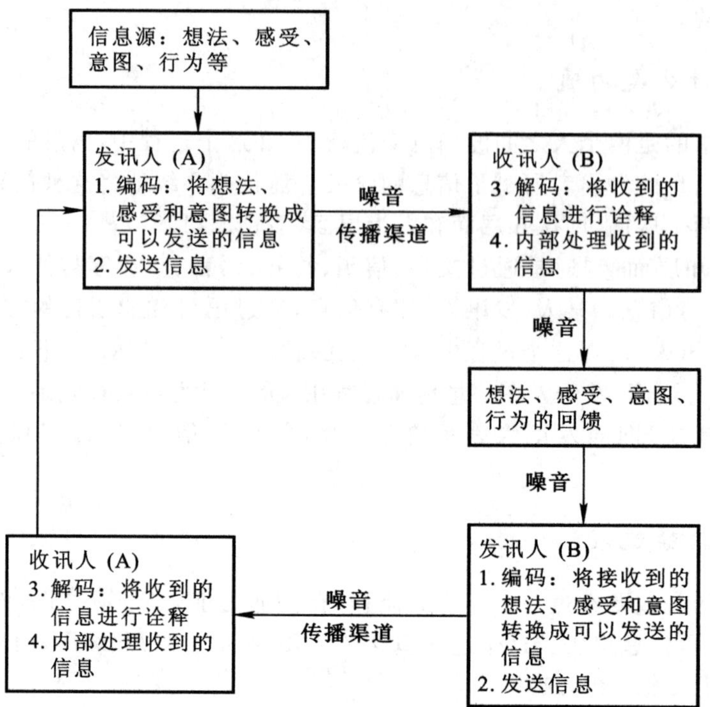

图 6.1　沟通的过程①

原意，并确定对方已了解自己的原意。因此这个过程又是一个信息重新传递的过程。只有当这个过程结束了，一次沟通行为才算结束。

了解沟通的全过程，能够帮助我们进一步理解小组的沟通方式和小组中沟通问题产生的原因。

三、小组中的沟通方式

了解了沟通的过程和构成要素之后，我们来看看小组的沟通方式。先看下面的例子。

案例一：在给高中生开办的自我认知和自我成长小组的第一次聚会中，12 名参加者来自高一年级的四个班级。工作员把椅子排成了圆圈，让各位组员选择座位入座，12 名组员按各自的班级形成了 4 个板块。活动开始后，工作员极力促进组员之间的交往和沟通，但是沟通的方式基本上是本班同学与本班的同学沟通，而

① Johnson D & Johnson F. 1997. *Joining together Group Theories and Group Skills*. 6th ed. Boston: Allyn and Bacon.

与外班同学的交流很少。第二次聚会时，工作员有意识地将不同班级的同学安排在一起，并且将自己的椅子放在中间。由于彼此之间不是很熟悉，再加上组员之间缺乏共同的话题，组员与自己周围同学之间的沟通依然很少，他们基本上是在与工作员进行沟通，并且跨过身边的同学与自己熟悉的同学沟通。第三次活动时，工作员改变策略，利用报数的方式，将组员彻底分开，让他们分成二人小组讨论他们最关心的话题，然后，请一名组员进行汇报，鼓励其他组员回应。小组的气氛突然热烈起来，组员积极踊跃发言，进行了充分的讨论，组员之间的距离一下子缩短了。

这个案例中我们可以看出，小组的沟通方式可以直接影响小组的进程，影响小组的工作开展。那么，到底怎样的沟通模式对小组的发展最有利呢？在小组沟通的研究中，人们发现组员之间的沟通方式主要有以下几种方式。

1. 链状沟通

组员之间的沟通方向只有往上和往下两种，也就是说，组员只与自己左右的组员进行沟通，而与其他人的沟通不够充分。这种沟通方式在小组初期非常常见，因为这个时候，组员之间的关系还没有建立起来，彼此之间还不太熟悉和信任。因此，这种沟通方式能够反映出小组的组员之间的关系和小组的成熟度。

2. Y状沟通

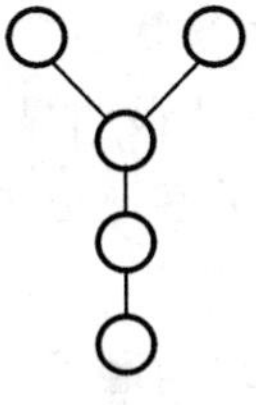

在这种沟通形式中，组员之间出现了单线联系，同时在小组的两端形成了领导和被领导的关系，每次信息的传递都是通过两位处在领导位置的人开始的，因此，在传递过程中，会产生一定的压力。出现这种沟通模式时，组员之间的关系是不平等的，反映了一种控制和被控制、主动与被动的关系。

3. 轮状沟通

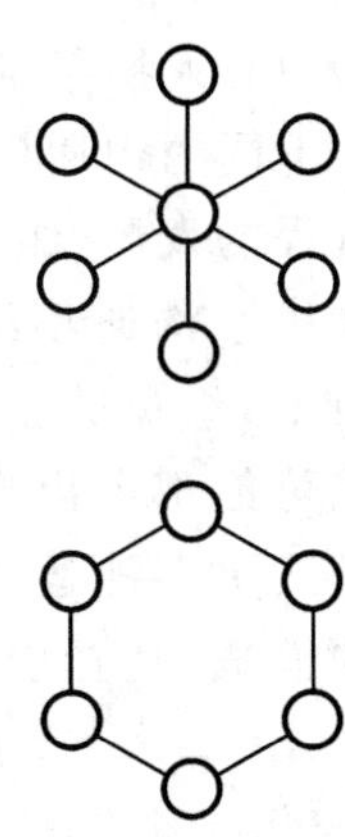

在这种沟通中，组员之间的每一次沟通，都是通过处在核心位置的人来完成的，因此，就形成了一种领导（或控制）与被领导（或被控制）的关系。

4. 环状沟通

在这个形式中，组员与自己周围的组员之间的沟通比较充分，这个沟通不存在开始和结束，没有一个明显的领导存在，组员之间的领导和被领导的关系、控制和被控制的关系不明确。

5. 开放式沟通

开放式沟通允许所有成员间充分沟通，这是最不具备结构性的沟通。在这里既没有人以领导的身份处于沟通的中心位置，没有领导

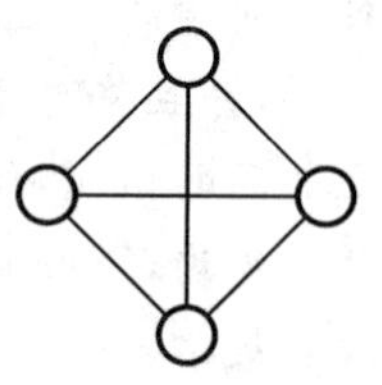

和被领导关系，也没有沟通的开始和结束，所有的人都是平等的。它反映了小组的凝聚力和组员的参与热情，这是小组的最佳沟通模式。

潘正德从信息传递的速度、正确性、核心人物的出现，以及小组士气等四方面将这五种沟通模式进行了详细比较，内容见表 6.1。

表 6.1 五种沟通模式的比较①

类型 层面	链状	丫字形	轮状	环状	开放
速度	适中	适中	迅速	慢	迅速
正确性	高	高	高	低	适中
核心人物	适中	适中	高	无	无
士气	适中	适中	低	高	高

按照潘正德的分析，从沟通的速度来看，开放式和轮状沟通最佳，链状和丫字形适中，环状最慢；从沟通的正确性来看，链状、丫字形和轮状最佳，开放式适中，而环状最差；从是否产生核心人物来看，环状和开放式最好，链状和丫字形居中，轮状最明显地具有一个核心人物；从小组的士气来看，环状和开放式最佳，链状和丫字形适中，而轮状的士气最差；从整体上来看，开放式是小组中最好的沟通形式。

约翰逊等人对上述沟通形式进一步分成两类：第一类是中心式沟通，包括链状沟通、轮状沟通和丫状沟通，因为在这些沟通模式中，明显存在一个中心；第二类是非中心式沟通，包括环形沟通和开放式沟通，在这两类模式中，没有一个明确的中心人物存在。

不同的沟通模式在小组中的效果是不同的，它们会对小组领导的产生、小组过程的发展、组员的凝聚力和士气，以及问题的解决都会产生重要影响②。在非中心沟通小组中，组员的士气很高，凝聚力很强；而在中心沟通模式的小组中，组员的士气较低，凝聚力不强。在不同类型的小组中，这两类沟通模式可能都会出现，中心式沟通可能更多地运用在治疗性小组中，而非中心式模式更多地运用在成长性小组中。小组工作者在领导小组时，要根据小组的模式，选择引导某个具体的沟通模式的出现，从而更好地带领小组实现

① 潘正德，1997，《团体动力学》，台北：心理出版社。

② Shaw M. 1964. Communication Networks. In L. Berkowitz (ed.). *Advances in Experimental Social Psychology*. Vol. 1, pp. 111 - 147. New York: Academic Press.

目标。

四、沟通障碍

在整个沟通过程中,经常会出现一些沟通障碍,导致信息的扭曲。由于沟通与个人的爱好、兴趣、文化背景和知识水平有关,因此,个人在接收信息时会出现过滤反应和选择性知觉,同时沟通时双方的情绪、所使用的语言和语气等,都会影响沟通的效果。下面我们分别从参与沟通的双方来分析这些沟通障碍。

1. 发讯人方面

(1) 认知层面:发讯人对信息理解有误;信息编码错误。

(2) 态度层面:排斥收讯人;仓促行事;言行不一致。

(3) 行为层面:在发送信息的时间、地点、方式、语气等方面存在问题。

2. 收讯人方面

(1) 认知层面:不明语意、自以为是、情绪障碍、信息过分复杂等。

(2) 态度层面:心不在焉、不想接受、不愿沟通、不喜欢听等。

(3) 行为层面:身体疲劳、假装在听等。

在小组过程中,社会工作者需要特别关注小组沟通中是否存在这些障碍,要及时调整沟通方式,解除可能造成的各种干扰因素,促进小组内部良好的沟通,使小组能够顺利进行下去。

第二节 影响小组沟通的主要因素

一、影响小组有效沟通的因素

国外的研究表明,影响小组有效沟通的因素主要包括:组员在小组中所处的位置,整个小组的座位安排,小组的工作目标性质,沟通技巧等。

1. 组员在小组中所处的位置

当一个组员在小组中处在一个中心位置时,例如,某人对小组要讨论的问题比较熟悉,或者他们的社会地位比较高,很容易成为小组沟通的中心人物,因为他们所拥有的知识或社会地位会帮助他们协调安排小组活动。在一个为中学生开办的成长小组中,组员中如果有校团委或学生会的干部,由于他们特殊的身份和影响,很可能就成为一个中心人物。

2. 整个小组的座位安排

在小组的座位安排中,每个组员所选择的位子,反映了他们对各自地位、参与形式、领导模式以及相互关系的看法。在小组初期，通常是靠近社工的组员以及与社工面对面的组员具有更多的机会参与小组的讨论，当小组内部形成了次小组后，领导地位已经形成，座位的安排已经不重要了。

3. 小组的工作目标性质

一般来讲，当小组的工作目标比较简单，以信息收集为主的时候，沟通过程比较简单，沟通容易顺利进行；当小组工作目标比较复杂，涉及很多信息的收集、分析和讨论时，沟通过程比较繁琐，沟通比较困难。

4. 沟通技巧

小组内的沟通是否能够顺利进行，很大程度上取决于组员的沟通技巧、社工自身的沟通技巧。当双方都具备良好的沟通技巧时，沟通就会进行顺利，反之，就会给沟通带来困难。

案例二：在一个小组工作员训练小组中，组员中既有某妇女机构的工作人员，又有该机构的两位领导。虽然组长反复强调在小组中不论职位高低，人人平等的原则，但是，这种领导关系还是影响了小组的沟通。在小组第一次活动一开始，机构领导就坐在了训练员（组长）身边，小组活动中，发言权基本上由领导轮流掌握，组员常被领导点名发言。

如果你是小组组长，你会怎样处理这个局面？第一，将领导分在一个次小组中，让他们互相影响；第二，调整座位；第三，每次活动前，强调小组的规范，提醒大家不要将组外的行政关系带到组内；第四，进行角色扮演，让领导体会其他组员的感受。还有别的方法吗？

二、社工进行有效沟通的原则

在小组中，沟通发挥了重要作用，作为一个小组工作者，为了能够更好地引导组员进行沟通，建立有效的沟通模式，自己必须具备良好沟通技巧，而这些技巧是可以通过训练获得的，因此，在小组工作者的训练中，其沟通训练是一个重要方面，下面我们将系统介绍作为小组工作者应该具备的沟通技巧。

1. 培养良好的个人素质

作为一个小组工作者，要想很好地领导一个小组，与组员建立良好的沟通，首先应该具备以下一些基本的个人素质：

（1）自我察觉：敏锐地察觉自己的角色和应该表现的角色行为，了解自己的优点和缺点，能够体会组员的需要和状况，并立即做出反应。

（2）接纳：尊重他人，并接纳对方的意见、态度、感觉和行为。

（3）同理心：能设身处地地为对方着想，能正确感受对方的内在世界和情绪反应。

(4) 温暖：无条件地对组员表达关怀、亲切、友善、热忱。

(5) 令人信任：在与组员交往中，要做到言而有信、诚实、为他人保密。

(6) 开放：不坚持己见，乐于分享自己的经验和想法，不故步自封。

(7) 一致性：真诚不做作，里外一致，言行合一。

(8) 专注：在与组员面对面的互动过程中，能够专心与他们进行谈话和沟通。

(9) 具有解决问题和应变的能力。

2. 掌握良好的沟通技巧

良好的沟通技巧首先源于一个正确的态度以及在此基础上发展出来的技巧，在小组工作者的培训中，需要特别强调的是以下几点：

(1) 不批评、非控制的态度：遵循案主自决的原则，尊重组员的选择和权力。

(2) 平等、协商的态度：以平等的方式和对方沟通，以协商的态度，愿意接受新的观点和看法。

(3) 关注的技巧：谈话时的姿态、神态、坐姿、眼神等都能够反映出对组员的关注。

(4) 语言使用的技巧：多使用描述性语言，少用评价性语言；多问开放式问题，少问封闭式问题；多用简单句，少用多重长句。多谈感受，把自己的感受不经刻意修饰而自然真诚地表达出来。口语表达要简练，比喻要恰当。

(5) 积极的倾听和适当的回应。

(6) 敏锐地察觉对方身体语言的意义，辨别对方的情绪反应，并有效地处理。

小组工作者的沟通技巧的培训是一个长期的过程，在小组工作中，特别需要指出的就是在小组的背景中，小组工作者应能够与组员通过沟通，建立一个良好的互动模式，同时，协助促进组员之间的沟通和互动，将组员的积极性和主观能动性调动起来，团结一致，为实现小组目标和个人目标而努力。

第三节　小组的冲突

一、冲突的定义

有关冲突的定义很多，其中最有影响力的定义是德奇(Deutsch)提出的，他认为，当有互不相容的争议性的行为出现时，冲突就产生了[①]。所谓互不相容的争议性的行为是指一个行为千方百计地阻挠、干扰或破坏另一个行为的发生或产生影响力。这种互不相容的行为可能在个人内心中出现，可能产生于两人或多人之间，也可能产生于两个群体或更多群体之间。

由于每个人都是独特的个体，拥有不同的想法、需要和目标，在实现个人的目标过程中，会遇到很多的阻力，因此，冲突在日常生活中是不可避免的。

冲突的特点：异议性、不相容性、对立性和匮乏性。冲突的存在必须有对立的双方，兴趣或目标是互不相容的，资源（金钱、工作和地位权力等）是有限的，资源的匮乏会导致阻挠性行为，当一方阻挠另一方达到目标时，冲突就产生。因此，冲突实际上就是利益冲突。

二、冲突的作用

在小组工作中，冲突也是不可避免的。当冲突得到积极解决时，会带来很多建设性的后果，同样，当冲突无法解决时，就会产生很多负面的效应。总而言之，在小组中，冲突会出现积极的影响和消极的影响。

1. 积极的影响

◇ 激发创造力：通过争论和热烈的讨论，会引发奇想和创新。

◇ 提高决策水平：通过适度的争论，收集更多的解决冲突的方案，提高决策水平，满足不同人的不同需要。

◇ 增加小组的向心力：冲突的适当解决，使双方重新合作，达成共识，因为冲突使问题具体化、明朗化，因此，双方能够同心协力，建立一种信任和合作关系。

◇ 重新评价自己的能力：冲突之后个人能够对自己重新评估、检讨，增强了解决冲突的能力。

2. 消极的影响

◇ 削弱小组目标的努力：歧义的出现使双方无法采取一致行动，会影响小组目标的实现。

◇ 影响小组成员的心理：冲突会产生组员的紧张、焦虑和不安，无法在正常状态下活动，小组的工作效率受到影响。

◇ 破坏小组的凝聚力：组员间的冲突会造成组员之间关系紧张，组员对小组活动的信心和兴趣减少，参与热情也会相应降低，所有这一切对小组的凝聚力会带来破坏作用。

由此可见，冲突并不总是坏事，有效地处理冲突，可以增强小组的凝聚力，提

---

① Deutsch M. 1973. *The Resolution of Conflict*. New Haven CT: Yale University Press.

高工作效率，促进组员的成长和改变。

三、小组冲突的种类

从形式上来看，小组冲突可分为：

1. 真实冲突：指围绕小组目标实现过程中产生的冲突。
2. 非真实冲突：与小组目标实现无关的矛盾表现。
3. 实质冲突：指围绕小组目标的冲突。
4. 感情冲突：组员间情绪、性格上的冲突。

从内容上来看，小组冲突可分为：

1. 理性及秩序性的冲突：指围绕实现小组目标时发现的冲突，表达方式是理性的。
2. 心理及情感性的冲突：指组员性格和行为不协调造成的冲突，或因为组员未能有效克制自己的情绪而产生的冲突。
3. 权力及控制性的冲突：指组员间因争夺小组权力和影响力而产生的冲突。

案例三：在一个为初中生开办的小组中，小芸对男性组长表现得特别亲近，每次小组活动时，一定要坚持挨着组长坐，组长组织小组活动时，小芸表现非常积极，跑前跑后地帮忙，有几次小组游戏时，她甚至坐在组长的腿上。在小组的中期活动中，大家明显对小芸表现出厌恶和反感。在一次小组分享中，有组员对小芸的行为提出不满，引起了其他组员的共鸣，一时间，组员们纷纷表达了对小芸在组内表现的看法，小芸委屈地哭了。

案例四：在一次单亲母亲小组的活动中，有一位组员信仰基督教，在小组分享中，她给组员介绍了自己过去一周内的生活经历，其中谈到了她每次祷告时，都请求上帝赐福于每位组员，保佑各位姐妹平安无事。她的发言，使几位组员非常感动，但同时也引起了组员中几位共产党员的不满。有一位党员组员立即站起来明确表示，在小组活动中，不应该传播封建迷信思想，这种行为与我们小组的目标是相违背的。这位基督徒很不高兴，因为她觉得自己的一片好心被人曲解了，她立即站起来回应说："宪法规定公民有宗教信仰自由，我信仰基督教没有错。"小组中的气氛一下子变得很紧张。

在这两个案例中，小组中产生的冲突分别属于什么类型呢？

◇ 游戏：踩气球

目的：通过游戏展示非语言冲突的过程和感受。

过程：每个参加游戏的人吹一个气球，并用绳子将气球绑在自己的脚腕上。游戏开始后，参加者要努力将别人脚腕上的气球踩破，被踩破的人就出局了，站在外面观看。剩下的最后一位没有被踩破气球的人就是胜利者。然后,组织参与者讨论各自对进攻、防卫、失败和胜利的感受,可以重点讨论如何进攻别人,保护自己的策略。

第四节 冲突的解决

一、解决冲突的策略

为了帮助小组工作者更好地了解人际冲突的解决策略,理解人际冲突的解决方法,以便更好地掌握和理解在小组过程中组员解决冲突的方式,下面,我们将系统介绍日常生活中人际冲突的解决途径。在解决冲突过程中,冲突的双方基本上有两个考虑:第一,达成一个共识,使双方的需要得到满足,各自实现自己的目标;第二,与对方建立一种合适的关系。如何解决人际冲突取决于个人目标的重要性,以及个人如何看待自己与对方的关系,因此,在解决冲突中,应遵循下列5个策略:

1. 解决问题式的谈判策略

在使用这个策略时,当事人关注的是个人的目标和与对方的关系。在处理冲突时,就会本着解决问题和坦诚的态度,积极寻找办法,保证双方都能实现自己的目标,消除彼此之间的紧张关系。这个策略实际上是双赢式策略,通过冲突的解决,双方都实现了自己的目标,同时关系也得到了进一步完善。在解决小组冲突时,这个策略是最理想的,因为一方面这个策略能够给当事人双方带来最大的收益;另一方面,通过谈判和协商,为当事人提供了一个学习解决冲突的机会,在冲突解决过程中,学到了一些方法和技巧,从而为他们离开小组后,在现实生活中运用这些技巧奠定了基础。但是,这个策略的使用是有条件的:第一,双方的实力相当;第二,双方对运用谈判的方式来解决问题,能够达成共识。

2. 自我牺牲的顺应性策略

使用这个策略时,当事人一般非常重视自己与他人的关系,个人的目标不占据重要地位。在处理冲突时,会以牺牲自己的利益和目标为代价,来换取与他人的关系。在小组冲突中,经常有组员会采用这个策略,由于他们所拥有的社会地位很低,资源缺乏,个人能力不强等诸多因素的影响,在与他人发生冲突时,无法与对方进行谈判,所以为了保持某种人际关系,会采用这个策略。

3. 强迫进攻性策略

采用这个策略的人,一般都会将自己的目标实现放在第一位,而与他人的关系并不重要。为了实现目标,可以不择手段,千方百计使对方妥协、放弃自己的目标。他们经常采用的手段包括威胁利诱,提出一些极端要求强迫对方接受,甚至欺骗对方等。采用这个策略的当事人双方,一方会胁迫另一方妥协和让步,双方之间的关系会出现极端的不平等。

4. 妥协式策略

采用这个策略的人,通常很重视自己的目标,也重视自己与他人的关系,但是,由于种种原因,无法像问题解决策略那样,做到双赢,因此,在冲突解决过程中,需要双方各自妥协退让一步,使双方的目标有条件地部分实现,这样双方的关系也是有条件地得到维持。使用这个策略的双方都具备这样的特点:双方的实力处在同一水平上,同时,也都同意用妥协退让来解决问题。

5. 逃避式策略

采用这个策略的人,通常认为目标和与他人的关系对自己都不重要,因此,当冲突出现时,就会选择放弃自己的目标,放弃自己与他人的关系,以避免与他人的冲突。这个策略在某些特定情境中,具有积极效应。例如,在小组中,双方发生激烈冲突时,一方采用逃避式策略,离开现场,对缓解冲突激化是有好处的。当然,小组工作员应该跟进,等到双方都冷静下来后,要干预处理双方的矛盾和冲突。

上述五种冲突解决策略,在不同的情境中会产生不同的作用。在日常的人际冲突中,实际上人们都会交叉使用这些策略,从而有效地解决人际冲突。

◇ 练习:测量个人解决冲突策略

冲突行为问卷

下列是不同的解决冲突的策略,下列的描述反映了人们解决冲突的方式。仔细阅读这些叙述,分别给每一题打分,看看它们是否符合你的解决冲突的方式和解决冲突的指导思想。

5 分:我解决冲突的非常经典的方式,或非常同意。

4 分:我解决冲突经常会用的方式,或比较同意。

3 分:我解决冲突有时会用的方式,或同意。

2 分:我解决冲突很少用的方式,不完全同意。

1 分:我解决冲突从来不用的方式,完全不同意。

(1) 我认为惹不起我躲得起。

(2) 如果你无法让别人跟自己想法一致,让他按照你自己的方式行事也好。

(3) 我认为甜言蜜语能使石头动心。

(4) 你捧我,我就捧你。

(5) 发生冲突时,我会跟对方说,过来吧,我们好好地讲道理。

(6) 两人争吵时,首先保持沉默的人值得赞扬。

(7) 使用武力比辩论是非要有成效。

(8) 好言好语好商量。

(9) 半个面包总比没有面包好。

(10) 我相信真理蕴藏在知识中,而非大多数人的观点中。

(11) 争强好斗的人,每次都会与人争斗的。

(12) 我与别人冲突时,会控制局面,并会迫使对方逃走而告结束。

(13) 我会用善意来战胜对方。

(14) 公平交换就不会导致争吵。

(15) 个人不可以决定一切,相反,众人拾柴火焰高。

(16) 与那些跟自己观点不一致的人应该少打交道。

(17) 自信的人一定能够获得最后的胜利。

(18) 与人交往时,我相信和善的语言效果好,代价小。

(19) 一报还一报,公平合理。

(20) 只有那些不固执己见的人,才能从别人的信念中得到启发。

(21) 不要与那些喜欢吵架的人打交道,因为他们会给你的生活带来不幸和麻烦。

(22) 在遇到冲突时,我坚持不让步,最终能够让对方让步。

(23) 和颜悦色能保证人际和谐。

(24) 送别人一个礼物会与他们交上朋友。

(25) 将冲突公开化,并正视这些冲突,只有这样才能找到解决途径。

(26) 解决冲突的最好办法就是避免冲突。

(27) 遇到冲突时,我坚守阵地,寸土不让。

(28) 温和谦让会战胜愤怒的情绪。

(29) 能够获得部分的胜利,比一点都得不到要强。

(30) 坦率、诚信和信任能够移山倒海。

(31) 天下没有什么东西一定需要去争斗的。

(32) 天下只有两类人:胜者和败者。

(33) 以德报怨没什么不好。

(34) 当双方都让一步时,问题基本上就得到公平解决了。

(35) 只有不断地发掘,才能发现真理。

打分:

回避	进攻(竞争)	顺应	妥协	双赢
1	2	3	4	5
6	7	8	9	10
11	12	13	14	15
16	17	18	19	20
21	22	23	24	25
26	27	28	29	30
31	32	33	34	35
总分	总分	总分	总分	总分

将同学分成6人小组,每人填写问卷,然后,给其他5名组员写上你认为他(她)解决冲突的方式。每个人手上会有5份条子。自己给自己打分,确定自己的解决冲突类型。组内进行讨论,每个组员解释自己为什么给某个组员界定为某种解决冲突的方式,并举例来证明这一点。最后,大家共同讨论各个解决冲突策略的优缺点。

(本问卷来源:Johnson D & Johnson F. 1997. *Joining Together: Group theories and group skills*. 6th ed. Boston: Allyn and Bacon. pp. 338－339)

二、小组冲突的解决原则

当上述原则运用在小组情境中时,可能会受到下列因素的影响:第一,小组内部的冲突的性质;第二,组员对冲突解决的认识差异性;第三,小组的环境和背景等。因此,在解决小组冲突时,需要遵循这样一些原则。

1. 分析了解冲突产生的原因

在小组中,冲突产生的原因非常复杂,归纳起来包括:(1) 沟通过程中,语言的表达困难和误解所致;(2) 由于小组的结构造成的,因为小组的结构过大,组员的工作专业性水平越高,领导越独裁,组员参与程度越高,冲突也就会越多;(3) 个人因素:小组工作员和组员自身的某些特点也容易导致冲突,如权威感、独断和低自尊,控制欲强等都容易引发冲突;(4) 小组中的价值观冲突;(5) 小组中为争夺权威、地位和影响力等。

2. 全面了解冲突的表现

作为一个小组工作者,应该对小组中出现的冲突有一个敏锐的观察和反映,要清楚地了解下列信息:冲突是谁引起的?为什么会发生冲突?谁跟谁之间发生的冲突?怎样引起的?在冲突过程中,谁支持哪一方,为什么会支持?冲突的程度是怎样的?冲突的种类是什么?

3. 确定干预冲突策略

在系统掌握了小组冲突的资料和信息后，小组工作者可以将冲突进行分类，针对不同的冲突，采用不同的方式，同时，要明白组员之间是采用何种策略来解决问题的。

(1) 针对理性和秩序性冲突：防止冲突变质，社工可扮演一种公证人角色，可以借助小组规范，去协调争辩双方的言语和行为，转移一下开始有情绪化的辩论，邀请其他冷静的组员发表意见，让争辩双方冷静。在极端的情况下，可要求暂停讨论，以便有时间整理双方的情绪，同时，还可让组员认识和接受冲突是小组过程中正常的现象。

(2) 针对心理和情绪性冲突：尽量控制和减弱冲突的扩散面，运用转移视线的方向，要求其他组员给予建议。用权力说服双方让步，使冲突暂停。鼓励组员用正面情绪抗衡负面情绪，引导组员回忆一些美好的事情，鼓励为个人和小组的利益放弃争执，团结一致，实现小组目标。

(3) 针对权力及控制性冲突：运用社工权力去影响平衡冲突的发展，首先要保证小组整体不会因冲突而受到伤害。可进行谈判或讨价还价来解决权力、决策分配的问题。如小组凝聚力强，可允许组员公开坦诚地争论，否则，社工可运用权力阻止争论，同时要确保每个人都有同等的机会参与分享小组权力。

4. 谈判技巧在解决冲突中的运用

在处理小组冲突过程中，小组工作者要明确认识到，小组冲突是小组发展过程中的必然环节，小组冲突的解决，将有助于组员从过程中学习新的解决人际冲突的方法，这个过程既是一个成长过程，又是一个学习过程。在小组中运用谈判技巧，需要关注这样几个环节：

(1) 让组员清楚地说出自己的需要，明确自己有权与别人谈判，倾听别人的需要，认识到自己与他人之间的冲突是一个双方之间的问题。

(2) 说出自己的感受。

(3) 表达个人的合作解决问题的意愿，说出自己的理由，并倾听他人的解释，重点讨论个人的需要和想法，找出双方的分歧，达成一个共识。

(4) 理解别人的处境和观点，设身处地地为他人着想。

(5) 找出各种可能使双方获利的选择。

(6) 达成一个明智的双方都接受的协议来解决问题。

本章要点

• 沟通在小组中的重要性。沟通是小组工作的基本手段，是促进组员改变、组员之间互动的主要载体。

• 造成沟通障碍的原因。在小组沟通中，有很多因素导致了组员之间、社工与组员之间的沟通障碍，了解这些障碍，并找到解决办法，是小组工作者必须具备的能力。

• 小组中进行有效沟通的技巧。小组工作者需要了解和掌握有效沟通原则，并将这些原则运用到实务中去。

• 小组冲突。小组冲突是小组发展过程中的一个必经的历程。小组在经历了冲突和解决冲突的过程之后，可以增进小组的凝聚力，为组员提供一个生动的学习解决冲突的机会，同时还可以集思广益，激发组员的创造力，提升自信心。

• 冲突解决的方法和原则。

推荐阅读书目

潘正德，1997，《团体动力学》，台北：心理出版社。

Johnson D & Johnson F. 1997. *Joining Together*: *Group theories and group skills*. 6th ed. Boston: Allyn and Bacon.

第七章

小组构成

本章重点问题：

1. 小组的构成要素是什么？
2. 怎样认识和协助小组组员？
3. 怎样理解小组工作者的素质？
4. 怎样认识工作者与组员之间的关系？
5. 小组节目是怎样设计出来的？
6. 小组结构诸要素彼此的关系如何？

在小组工作中，工作者应该深入分析小组的构成要素，从静态的结构要素和动态的过程要素两方面掌握小组的构成，这样有利于小组需求评估、目标确定和方案设计。

小组构成是指小组结构要素和过程要素的构造，小组工作就是这些要素互相作用的结果。在小组的构成中静态的结构要素包括小组的内部结构要素（小组、成员、工作者、目标、协议、活动节目等）和小组的外部结构要素（机构、规模、时间和空间等）；动态的过程要素包括小组过程中的决策、领导、沟通、冲突、次小组、角色、孤独者、凝聚力、规范、文化等。动态过程诸要素或者有专章叙述（小组领导、小组的沟通和冲突等），或者在小组的过程阶段中带出（角色、次小组、规范、文化等），故不在本章重复。

在小组的10个静态结构要素中，它们彼此的关系是：小组是由若干成员所组成，成员是小组的核心，小组是成员的“栖息所”，也是成员实现目标的重要媒介；机构提供必备的资源基础，使小组工作落到实处；工作者是小组成员改变的媒介，是促使目标实现和成员变化的催化剂；节目是小组活动的重要内容；而契约是小组工作顺利进行的重要依据；目标使小组工作有了明确的方向；小组的大小决定着成员之间的沟通状况；空间可以限制小组成员的活动；时间决定小组目标的范围和深度，也影响助人过程的结构，时间也刺激小组成员的投入程度。

第一节　小组的内部结构要素

小组的内部结构要素指构成小组的各要素及其各个要素的功能和作用。

一、小组

小组是小组结构中的核心要素之一，是工作者帮助组员成长变化的主要工具。

1. 概念

关于小组的定义国内外学者从社会学、心理学、小组动力学等角度做出了不同定义。我们认为小组是由两个以上个人组成，是一个具有明显的社会性、归属性、激励性和互动性等特征的动态群体。小组对个人人格和社会发展具有非常深远的意义。

2. 作用

小组使个人不再孤单；小组经验可以改变个人抱负、奋斗目标、生活习惯、工作方式，使人生面临转变；成员可以在小组中培养兴趣、学习技能，比如与异性交往的技能等；透过小组，个人可以参加各种有意义的社会活动，实现其社会价值；成员可以在小组中获得自由发展的空间和悠闲娱乐的时间；成员可以在小组中获得援助和治疗。

3. 分类

小组的一般分类，前面章节已经论述。这里主要介绍两种分类形式：(1) 开放式小组和封闭式小组。开放小组是在小组过程的任何时间都允许成员加入和离开。一般社会目标模式下的小组都具有很高的开放度。而封闭小组从小组聚会开始到结束都是相同的成员组合，不会随时间的变化而增加或减少。一般说来，深刻的互动关系和一些特殊的治疗关系都是在封闭的小组中完成的。(2) 结构式小组和非结构式小组。结构小组具有正式的结构和控制，成员和工作者都有确定的角色和地位；结构小组都有具体的目标和正式组织。小组工作中涉及的小组类型基本都是结构式的。而非结构式的小组不具有正式的结构和控制，也没有明确的目标；小组成员处于自然的互动关系中，彼此没有约束，像朋友一样地分享和表达。非结构式小组对工作者的要求很高，工作者要能够与组员同行和融入(不是站在外面观察和控制)。

4. 小组研究

研究小组有利于深刻认识小组并评估组员的真实需要。下面列举小组研究提纲(李建兴，1979)[①]。

小组历史：小组成立于何时？创始人是谁？为何组成小组？小组工作属于何种社会机构？小组的类别？小组中是否有原来的组员？

小组的特征：小组的年龄如何？小组的性别组成如何？小组的文化背景及国籍如何？小组如何运用其时间？小组的目前组织形式如何？小组成员彼此之间的关系如何？小组之中有无明显的次小组？小组之中是否有特别的控制形态？小组在社会机构及社区之间的地位如何？小组的过去经验及小组成员的评价如何？小组是否有同等参与活动的机会？小组是否逐渐成长或缩小？小组如何核准新成员的加入？小组如何继续其活动？

小组的成员：成员的年龄、性别、种族、职业及教育背景如何？成员在小组、机构和社区中的地位如何？成员如何与他人交往？谁是他的朋友，他最容易与谁参加小组活动？成员的兴趣能力如何？成员以往的小组经验如何？成员来自什么家庭及社会背景？成员参加小组活动的程度如何？成员在小组事务中是否能负起责任？成员在小组中是否有一职位，如担任主席或其他领导权责？成员在机构及社区中是否同时参加其他小组？

工作者和小组的关系：以前的工作者是谁？与小组的关系如何？成员对工作者的评价如何？现在的工作者与小组的关系如何？现在的工作者与个别成员的关系如何？现在的工作者如何确定他(她)在小组中的地位？小组如何利用其他的工作者支援其特别的活动节目？

小组活动节目：小组过去如何安排活动节目，成员现在的兴趣如何？小组过去如何计划及实行活动节目，其现在的实行方法又是什么？活动节目符合小组需要的程度如何？小组已由简单的节目发展到什么程度的复杂活动？小组的设备及资源是否已经能够适合小组的需要及兴趣？小组的活动节目是否能与机构的目标相符？

成员与小组目标：成员有什么需要，小组需要的满足程度如何？小组的近期目标及远期目标是什么？哪几个成员需要工作者及小组的特殊帮助？小组在过去经验中成功的程度如何？

小组的发展阶段：小组现在发展到哪一个阶段？特点是什么？

---

① 李建兴，1979，《社会小组工作》，台北：五南图书出版公司。

二、成员

成员是组成小组的基本单位。对小组成员应该从两方面分析：一是透过多种角度全面掌握成员的情况；二是探讨援助成员的方法。

1. 对成员的认识

（1）对成员的年龄因素及其不同年龄段的心理特征和需求、社会关系、互动方式、社会经验等的认识。每一个年龄层都有不同的需求和小组工作模式。

（2）对成员的性别因素认识。一类是单一性别小组成员，就是由男性或女性单独组成的小组。在小组工作中有时成员是同性，不允许异性参加，例如，未婚妈妈小组、施虐丈夫小组等。另一类是混合性别小组成员，就是由不同性别成员组成的小组。这一类型的小组可以分为下列两种：一是性别悬殊的小组，指某一种性别的人数偏少；二是性别等量的小组，就是男女比例差不多的小组。一般来说，性别这一概念非常复杂，有生物因素，也有文化社会因素，但无论何种因素，男性通常都被定型为专断、控制、目标、理性和攻击等特征；而女性则被视为被动、温柔、情感、顺从等类型。所以，在进行小组工作时，以男性为主的小组容易引起激烈的讨论和严肃的话题（男性一般会对概念很感兴趣）；而女性为主的小组则倾向于典雅、温和、情感、细腻等话题（女性一般会对感觉和具体操作有兴趣）。治疗小组通常以单性别较为有利；而目标和过程小组等以混合性别较有利于任务的完成；某些专业性小组，以单一性别为宜（单亲母亲支持小组等）。总之，性别因素特别是社会性别的关注在小组工作中特别重要。

（3）对成员面临的问题的认识。一种是问题的相似性，就是小组成员面临的问题基本相似，此所谓"同病相怜"；一种是问题的异质性，就是小组成员面临的问题基本不同，此所谓"家家有本难念的经"；一种是问题的多元性，就是小组成员面临的问题很复杂，问题种类繁多。在治疗型小组中要求成员最好是问题同质，而社会目标、互惠和过程模式等小组则问题越多元越好，有利于互动和分享。

（4）对成员行为的认识。成员的行为在以下几个方面对小组工作有影响：成员早期的生活经验、潜意识、前意识，以及理性行为、人格发展、个人的角色等。

2. 对小组中个人的协助

成员在小组中最大的期望是透过小组经验，从心理上得到小组的认同，在行为上得到小组的帮助。工作者应该了解个人的需求，以帮助成员满足这种愿望。要达到上述目的，工作者应该协助组员做好以下几方面的工作：

（1）帮助组员了解哪些行为会被小组接受或拒绝

实践证明，下列行为会被小组拒绝：

◇ 轻视小组目标；

◇ 对于小组的意见和节目做消极的反应；

◇ 不负责任；

◇ 谈话过多，试图操纵小组；

◇ 自私而不与他人合作；

◇ 违反小组规则；

◇ 经常抱怨。

以下行为容易被小组接受：

◇ 接受小组目标；

◇ 对小组意见做出积极的回应；

◇ 担负责任，积极为小组工作；

◇ 贡献自己的能力和技术；

◇ 与其他团员积极合作，同甘共苦；

◇ 接受小组的规则和限制；

◇ 为小组辩护。

(2) 协助组员的一些原则

◇ 尽一切可能汇集有关组员兴趣、能力和需求等方面的资料，为个人选择最适宜的小组，并充分了解有关个人的小组经验；

◇ 工作者对组员要大力支持，赋予安全感，尤其要记住个人的姓名、特征等，多给予他(她)以鼓励和赞赏；

◇ 引导组员发现与他人的兴趣和关系，协助参与节目的设计，并建立和谐的团队关系；

◇ 保护组员，协助其了解次小组，加强其参与活动及领导工作，以扮演适当的角色；

◇ 积极运用小组的限制与权威，协助组员改善小组决策的方法及运用小组压力的权力，使成员面对现实、接受管理；

◇ 灵活运用活动节目，使组员发挥专长；

◇ 在适当的时空范围内，运用合适的语言对组员的行为作出评价。

(3) 发挥组员的领导才能

工作者在小组中必须尽力发掘能够担负领导职责的组员；必须协助小组领导者工作；必须使每个组员都有机会表现其领导才能。

工作者对领导者的协助包括：

◇ 协助领导者了解工作方法；

◇ 协助领导者了解影响成员及其他小组的技术和方法；

◇ 协助领导者了解组员之间的关系；

◇ 协助领导者使用科学的领导方法；

◇ 协助领导者控制小组的发展速度。

(4) 协助适应困难的组员

工作者在许多方面可以帮助适应困难的组员，列举以下几项：

◇ 对于小组中操纵欲望过强的人，应该给予特别的注意，以避免其分化小组；

◇ 对于过分消极、害羞和畏惧者，应该给予特别的帮助，使其获得自信，在小组中担负职责；

◇ 对于过分依赖的人，应该给予特别的帮助，使其可以自己做主；

◇ 对于只许诺而不践行者，应该给予特别的帮助，使其履行对他人的责任和义务；

◇ 对于不接受小组限制和约束的人，给予特殊的帮助，使其接受社区或小组的规定；

◇ 对于过分依赖小组者，使其控制感情，正确看待自己的处境；

◇ 对于过分呆板、一意孤行者，应该给予特殊帮助，使其适应环境的变化，灵活处理问题。

(5) 协助组员的转介(转案)工作

转介是提供组员接受其他资源或方式协助的历程，而这种资源或方式可能是同一机构的其他小组或其他机构的工作者，也可能接受个案援助。转介的目的在于为组员提供更适合的服务。工作者应该善于观察自己和小组的限制，及时对不适合者提供转介，这对工作十分有利。

三、工作者

小组工作者由社会工作者担任，必须持守专业伦理，具备专业知识和方法技巧。我们应该从以下几个方面认识工作者。

1. 工作者和组员的区别

(1) 工作者与组员的职责不同。工作者主要负责制订目标(评估需求)①，协助安排小组活动，组织组员聚会，向成员提供服务；而组员则是接受服务，是工作者的协助和治疗对象②。

(2) 工作者可以分享小组成果，而小组成果的直接受益者永远是组员。

2. 工作者在小组的整个过程中处于动态的可变角色中

① 社会工作者对服务对象的需求评估是一项很重要的工作，如果我们放不下自己的强势身份(工作者)，走进服务对象的生活世界与他们对话并理解他们的现实处境，是很难发现他们的真实需要的。如果这个需要不是服务对象的，那是谁的？我们到底在满足谁的需要？

② 笔者不认同社会工作者与服务对象是一种专家—案主(主—客体)的治疗关系，倡导社会工作者与服务对象应该是一种平等的“同行”(互为主体)的关系。

总体而言，工作者在小组中是处在一个协助者的位置，而非领导者。但在不同的小组中和小组的不同发展阶段，工作者的地位和角色是不同的。

社会学者蓝格谈到社会小组工作者在小组过程中的角色是从“基本的”(primary)到“可变的”(variable)，再到“催化的”(facilitative)，最后回复到基本角色。与此相对应，工作者的位置是从“中心的”(central)到“轴承的”(pivotal)，再到“边缘的”(peripheral)，最后回复到中心位置。如下表所示(表 7.1)[①]：

表 7.1 小组工作者的角色和地位

过程 契约	初期	聚会	形成	冲突	维持	结束
个别						
互惠					边缘位置 催化角色	中心位置 基本角色
互动	中心位置 基本角色	中心位置 基本角色				
互赖			轴承位置 可变角色	轴承位置 可变角色		
独立						

表中工作者在小组初期是中心位置、基本角色，这时工作者的工作是确定目标，设计任务，选择、聚合成员，安排小组时间、地点、规模和会谈内容等。组员在小组中是一种互惠的关系。

到了聚会期，工作者仍然处于中心位置，起到组织和引导的作用。组员在小组中也是一种互惠的关系。

在形成和冲突期，工作者的角色是可变的，其位置是轴承的，自己的作用在小组的发展中逐步变弱。组员在小组中是一种互动和互赖的关系。

一旦进入维持期，小组本身是一个整体，有能力自我调节、自我发展，工作者的角色是一个资源的提供者和协助者。组员在小组中是一种互惠和互动的关系。

最后小组进入凝聚力下降的结束时期，工作者又回到中心地位和基本角色。组员就成为个别独立的角色。

需要说明的是由于每个小组的模式不同，工作者在小组中的位置和角色是不尽相同的，应该区别对待。

① 林万亿，1995，《小组工作》，台北：三民书局。

3. 小组工作者应该具备的能力

(1) 评估需求制订目标的能力(小组评估后面有专章叙述)。

(2) 协调各种关系的能力。工作者应该与小组、组员、机构以及其他组织建立良好的关系:善于使小组和机构接受自己,并与它们建立良好的支持关系;善于和组员包括其他组织的成员沟通,建立和谐的人际关系。

(3) 分析小组情况的能力。工作者应该对小组的发展过程、阶段和速度等情况以及成员的需求了如指掌。这就需要平时多观察、多了解、多研究。另外,应该帮助小组制定和实践目标并认识团队的潜力和限制。

(4) 参与小组活动的能力。工作者应该善于决定、解释及修正自己在小组中的角色;善于帮助组员参与各种活动,选举出有能力的领导者并对各种活动负责。

(5) 处理小组情感的能力。善于控制自己在小组中的情感①,在情感上对每一位组员都尽可能地一视同仁,善于帮助组员充分地表达或发泄自己的情绪,能够妥善地处理小组内外冲突(下面有专章叙述)。

(6) 设计和发展小组节目的能力。工作者能够根据小组的需求和兴趣设计丰富多彩的活动节目,并善于根据小组的不同阶段设计节目,以满足变化的需要。

(7) 充分利用机构及社区资源的能力。善于发现和研究各种可供利用的资源,使其为活动节目服务;善于发现其他机构的长处,对有特殊需求的人及时转案。

(8) 评价和总结的能力。善于对小组的发展过程进行详细的记录,并及时总结经验和教训,以改进工作。

4. 小组工作者的素质要求

有关小组工作者的素质,许多学者都有自己的论述。笔者以为小组工作者的诸多素质中,下列几点是最重要的。

(1) 小组工作者应该站在案主的角度考虑问题,即国外许多学者所说的"同理心(empathy)"。同理心非常重要,这是做好社会工作的前提。同理是一种设身处地的态度,能够站在他人的立场来理解其行为与感受。小组工作者应该对组员的谈话和行为作出真诚而积极的反映。例如一位组员表达他的感受,他说:"每次吸毒回家,我好害怕见到我的家人。"此时工作者紧扣组员的感受,说道:"对你来说那是一种提心吊胆的感觉。"组员感到被理解,接着说:"就是这样,我

① 社会工作中情感投入是一个两难的问题,一方面没有真情的投入是不可能与人发生深刻关系并带来改变的(助人),但情感投入太多也会将关系搞乱。所谓有目的的情感投入也是很虚伪的。所以,笔者只是认为可以克制自己的情感投入,但具体做起来是很难的。期望在学习中对这个问题有一些讨论。

实在不知如何是好!”由此可见,同理的态度越高,工作者与组员之间的心理距离就越近,工作就富有成效。

另外,善于倾听也是同理心的表现。一般人很难对别人的意见洗耳恭听,这是组员对工作者经常抱怨的。工作者必须非常注意地听“他在说什么”、“他怎么说”、“对谁说”、“为什么要说”等问题,透过对这些话的倾听,能够更深入了解成员。倾听是一种自律行为的艺术,不仅听自己的事,也认真思考他人的事。有时认真倾听会收到意想不到的效果。

倾听也是一种价值观,当我们用心倾听,理解就会发生。

(2) 工作者必须极富人情味,他们不戴面具,愿意与他人分享。就如莎士比亚所说:“把眼光投注在每个人身上。”分享的含义很广,包括工作者能够体验他人的感受和情绪,分享他人的痛苦、快乐等。工作者只有懂得分享,才会认真关注每一个组员的实际困难和他们的思想、情绪,也才会对他们提供实质性的援助。

(3) 工作者应该善于使用对质(confrontation)的技巧帮助组员澄清价值和自相矛盾之处。这有助于协助组员分享深层次看法,澄清背后的价值假设,面对矛盾和冲突将小组组员之间的互动引向深入。

◇ 帮助组员探讨他对事件背后的看法是什么;

◇ 指出组员说话中有错漏的地方;

◇ 帮助组员指出他说话前后矛盾的地方;

◇ 帮助组员指出他行为和思想不一致的地方;

◇ 帮助组员指出他做事之前和之后相矛盾的地方。

如你可以说:你好像……,你是否肯定……,一方面你……另一方面你又……

使用对质时一定要十分小心,否则可能会破坏和组员的关系,适得其反。

(4) 工作者必须是公平的。这是指平等待人,尊重组员的人格尊严。每个人虽然职业不同,智力和非智力因素各异,但无高低贵贱之分,在人格上是绝对平等的。许多小组组员是丧失社会功能或生理有缺陷的人,有些还是贫困者或文盲半文盲,这就要求工作者必须采取认真负责的态度,杜绝歧视和虐待行为。

(5) 工作者必须保守私人秘密。守密原则是指工作者必须对获取的有关组员所有的个人信息资料保守秘密,非经允许不得向第三者或外界公开。这也是职业道德的要求。

(6) 工作者必须真诚(坦白)。有效的工作者是真实的,并且会对组员作出诚实的回馈。他们为了组员愿意将自己的真实想法和感受说出。

(7) 工作者必须学会接纳。接纳就是接受,工作者应该抱有谦虚的态度对组员的行为、语言和想法等接受，然后加以仔细分析，制定一套有效的援助、治疗方案，以便有效工作。

一些学者将真诚、同理、接纳作为社会工作援助、治疗的三个基本要素，它们互相影响，缺一不可[①]。如下图所示(图 7.1)：

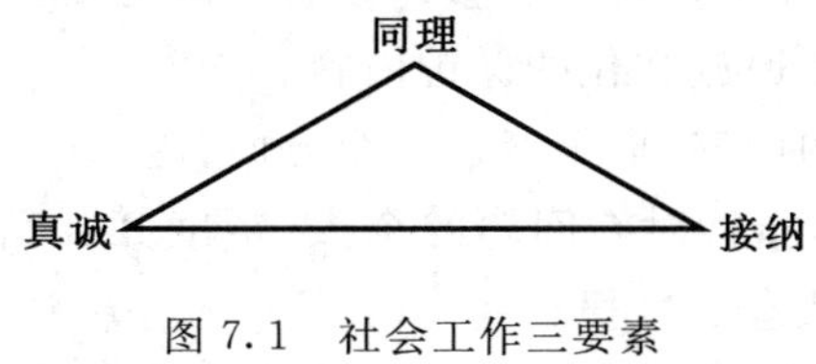

图 7.1　社会工作三要素

四、目标

小组目标是小组在一定时期内必须达到和期望达到的目的和指标。目标管理(Management By Objectives，简称 MBO)的基本概念，是由美国管理学家德鲁克(P. F. Drucker)于 1954 年明确提出来的。目标管理是一种科学的管理制度和管理方法，它是通过确定目标、实施目标和评估目标成果等自我控制手段来达到管理的目的。现在目标管理在世界各国的各行各业广泛推行。小组工作也引进社会目标管理的方法和手段。所谓小组目标包含了机构目标、工作者目标、个人目标和小组目标四个部分。

小组目标管理主要包括小组目标的确立、目标实施过程的管理和目标成果的评估三个环节。

1. 小组目标的确立

机构目标是一般性的，在小组成立之前就有，是由机构和制度赋予的。例如成立于 1919 年的“英国救助儿童会”，其宗旨是以其在世界不同地区的经验与研究为基础，通过影响政策与实践，使儿童在所生活的社区内取得持久的利益。救助儿童会在其所有工作中都努力使儿童权益得以实现。成立于 1995 年的“云南省生物多样性和传统知识研究会”，是一个会员制的非营利性民间小组，其机构目标是提高中国西南少数民族地区和贫困山区群众的自力更生的能力；在尊重传统文化的基础上，寻求改善生计水平和提高生物多样性的有效途径；记录和传播乡土知识，促进乡土知识和科学知识两大系统在中国西南地区的交流；增进民间和地方政策决策部门之间的对话。

小组目标、组员目标和工作者目标都必须在机构的总目标下确立。

例如“云南省生物多样性和传统知识研究会”下辖的“社区生计部”开办的一

① 林孟平，1994，《小组辅导与心理治疗》，香港：商务印书馆。

些小组就是在机构(研究会)总目标指导下制定出小组目标。其中一项目标是“在保护和发展的同时,使项目活动能够加强社区的文化认同,提高村民的生活水平”。

组员的目标也是根据小组目标确定的。上述实例中组员就应该确定一些文化认同的目标“让村民和工作者一起参与设计一套村的生态－文化旅游发展和管理规划”,规划中突出民族文化的保护内容。

有关工作者目标的内容,瑞德谈了八个方面:

(1) 康复。康复是指针对有问题的个人,帮助其在情绪、行为、态度和价值观等方面恢复到原来状态的过程。

(2) 建立。建立是指成长和发展的过程,是一种教育和技能培训,而不是治疗的过程。

(3) 矫正。矫正是指协助违反社会秩序、道德规范或侵犯他人利益的违法犯罪分子实现转变的过程。

(4) 社会化。社会化是指协助个人学习社会规范和人际关系技巧的过程。

(5) 预防。预防是对可能发生的困难做预测,并提供人们所需要的环境支援。

(6) 社会运动。通过鼓励成员参加社会运动,使个人学会领导、服从、参与、决策等方法,并承担社会责任。

(7) 问题解决。协助成员作出决定并解决社会问题。

(8) 社会价值。鼓励成员实现其社会价值。

在上面的例子中工作者显然具有社会改良、问题解决、社会价值实现和赋权等目标。

小组目标是一个系统的体系,它是由总目标(机构目标)、分目标(小组目标)和子目标(组员及工作者目标)组成,总目标决定分目标、子目标,分目标和子目标的完成意味着总目标的实现。

2. 小组目标实施过程的管理

这是小组目标管理的中心环节,应着重抓好下列两方面:

(1) 检查考核。实践证明如果只有目标的制定而不切实抓好检查考核,会使目标管理流于形式。检查考核的主要内容有:

第一,检查各级目标实施中的方向偏差和达标情况,保证目标在预定的方向上实施。

第二,检查目标体系中各层次分目标、子目标的实施均衡情况。任何分目标的失利,都会影响总目标的实现。因此,目标实施的过程中必须注意检查目标进度上的均衡,主次目标之间的协调和目标之间的边界关系,防止出现管理死角。

(2) 实施有效的目标控制。当发现目标不尽合理,目标计划本身有偏差时,必须修正目标计划。而当客观环境发生重大变化或本身有重大失误,使预定目标和计划不能继续执行时,则必须重新制定目标,全面改变计划。

这里必须注意,控制是以授权为前提的。为了进行有效的目标控制,小组工作者和领导者必须善于授权,以充分发挥成员的自我控制能力。

3. 目标成果的评估

目标成果评估是实施目标管理周期的最后一个环节。目标成果评估就是用科学的测定方法,实事求是地评定目标成果,总结经验和教训,为下一步工作打下基础。所以目标评估既是上一个目标周期的总结,又是下一个目标周期的开始。

(1) 目标成果评估的主要步骤

◇ 自我评估

◇ 小组评估

◇ 工作者评估

(2) 小组目标评估的方法

小组目标评估是一个复杂的体系,科学地评估应该做到定性和定量结合,既有概括性的描述,又有准确性的数据。基于此,小组目标评估应该是目标达成度、目标复杂困难度和努力程度三方面要素的综合。

需要说明的是,小组定量评估有局限性,必须用定性评估相结合的方法进行,而且小组评估中更需要关注过程的评估。关于小组评估问题本书有专章叙述,此不赘述。

五、协议

小组协议是指小组中的双方或多方对共同关心的问题所达成的一致同意。小组协议可以是书面的,也可以是大家默认的。

1. 小组协议的内容

◇ 小组与机构间的协议。协议应体现小组对机构目标的认同和遵守等。

◇ 组员与工作者间的协议。应体现组员与工作者的目标、责任和各自的角色等。

◇ 组员彼此之间的协议。组员之间对彼此认定的规范的遵守。

一般而言,一个协议应该包括目标阐释、达成目标的方法、维持小组活动的承诺、参与活动的规则、付费问题、违约责任等条款的一致同意。

2. 小组工作中有五种协议形式

(1) 个别协议。是指在小组前期或治疗性小组中,机构基于组员的目标与个人达成的默契。

(2) 互惠协议。互惠协议是指在小组工作前期,组员与工作者之间有关会谈、活动等一系列问题的彼此同意。

(3) 互助协议。互助协议是指组员之间,以及组员与工作者之间为了达到一定的目标,在行动上采取的一致行为。工作者参与互惠和互助协议是为了分享组员的处境,以利于更好地帮助组员。

(4) 互赖协议。互赖协议是指工作者、组员以及机构等将小组视为一个整体,对小组几乎所有问题均达成一致的协议。互赖协议的形成和执行说明小组原则上已成为一个整体。

(5) 独立协议。独立协议与个别协议不同,它是在小组结束后形成,是个人能够独立地分担自己的一切。独立契约的达成也是测量小组是否有效的重要指标。

上述契约贯穿于整个小组过程中。

六、活动节目

工作者在小组中主要是通过活动节目对组员提供帮助的,所以节目在小组工作中非常重要。

节目是小组聚会时由工作者或组员参与设计出来的,贯穿于小组的各个阶段。活动节目是一个过程,而非过程之中的一个事件,因为小组的目标都是通过活动节目过程而带出来的。例如为小组聚会设计的文艺演出,这个节目不仅是表演,而是包括了为表演所做的整个准备过程和表演后的善后工作。整个文艺演出过程体现了小组合作、互助的气氛,增强了小组成员的凝聚力。

节目的设计必须根据小组的目标和组员的需要、兴趣等展开。比如设计一个康乐活动既要体现全民健身的目标,也要符合组员的需要和兴趣。设计节目必须考虑三个层面的问题:一是"什么节目"(内容);二是"如何表达"(工具);三是为什么要有这种节目(目的)。

有关节目设计的标准问题,威尔森和芮兰德(Wilson and Ryland)曾这样概述:

1. 成员方面

◇ 活动不能超过组员的体力范围,应对体力发展有益处;

◇ 活动要在组员智能范围内,要给予组员最高发展智能的机会;

◇ 活动要与组员情绪发展阶段相配合,要能引导情绪的发泄和释放,尤其重要的是要能控制组员的情绪向正常的方向发展;

◇ 活动要适合于社会行为的发展,供给组员合作的能力和机会,培养责任感及接受能力;

◇ 活动要能协助组员能力的发展,但绝不可以因个人身心缺陷而发生隔离现象；

◇ 活动要能使有特殊技能及智力的人得到发展。

2. 小组方面

◇ 活动应给予小组成员平均学习与发展的机会；

◇ 活动要适合小组内不同性质的组员；

◇ 选择活动时，应注意小组以往的经验；

◇ 活动应与小组的目标相辅相成；

◇ 活动要使小组轻松、愉快、有娱乐价值；

◇ 活动要适合于小组当时的情绪气氛；

◇ 活动要使小组成员得到感觉与情绪上的解脱；

◇ 活动要适合小组的结构，并能培养组员共同合作的精神；

◇ 活动要给予组员学习“领导”与“被领导”的实际经验；

◇ 活动要能给予组员培养决断能力的机会；

◇ 活动应给予组员对机构及社区标准与价值观念理解的机会；

◇ 活动应给予组员各种支持。

3. 机构方面

◇ 活动应能发扬机构的目标、价值与精神；

◇ 活动的选择，必须在机构设备范围及能力限度之内；

◇ 活动时的场地及环境，机构应保留适当的空间，以维护组员的健康与安全。

4. 社区方面

◇ 选择并利用社区资源和设备，以发展活动种类与范围；

◇ 通过小组活动，使小组适应社区氛围；

◇ 活动能消除组员在社区中的紧张气氛；

◇ 活动能协助小组获得社区的认同；

◇ 活动协助组员改善社区邻里关系；

◇ 活动支持组员改良社区环境。

总之，小组活动节目必须以组员的兴趣及需求为依据；节目的安排必须考虑组员的年龄、文化背景及经济差异；节目必须有价值而且组员是自愿参加；节目必须有弹性，能够满足各种兴趣和需求的人参与；节目的发展必须循序渐进，由简入繁，使组员的兴趣由个人中心向社区、社会中心发展。工作者在小组活动中要充分认识节目的价值，并能对组员解释各种活动的意义、规则及方法等内容。节目是小组工作的媒介和工具，没有节目小组工作就是无本之木，无源之水。所以，工作者应该发现并培养组员对节目的兴趣；让组员参与节目的设计，并鼓励组员计划和领导小组的活动节目。

第二节 小组的外部结构要素

小组的外部结构要素指影响小组发展的要素及其各个要素的功能和作用。

一、机构

小组都是归属(附属或挂靠)某一机构,小组工作也是通过机构来实现。也就是说,小组工作通常都是由机构的工作者来执行的。

1. 机构的种类和性质

小组工作作为社会工作的专业方法之一,它所依托的机构通常是社会福利机构。

我国的社会福利机构通常有政府的社会管理机构(民政部门等)、准政府机构(工会、妇联、共青团等)、民政部门注册登记的社会福利小组(残联、妇女儿童法律社会援助中心等)、国外非政府组织(世界宣明会、英国救助儿童会等)等。

这些机构虽然都有社会福利性质,但机构的宗旨、方向、原则、观念、方法等还是有明显的区别。例如,民政部是政府的职能部门,其职能是拟定民政工作的基本方针、政策、规章和法律、法规,研究并提出民政事业发展规划,指导民政工作的改革与发展。工会的基本职责是反映和维护工人群众的利益要求,协调这种利益与国家集体利益之间的关系;进行职工群众的自身教育;监督企业事业和政府部门的工作。中华妇女联合会是全国妇女的群众组织,其主要职责是维护妇女儿童权益,动员和教育妇女积极投身社会主义建设事业。成立于1919年的英国救助儿童会的宗旨是,以其在世界不同地区的经验与研究为基础,通过影响政策与实践,使儿童在所生活的社区内取得持久的利益。救助儿童会在其所有工作中都努力使儿童权益得以实现。

从上述机构职能可以看到,有的机构属于社会福利管理机构,不会直接提供社会福利服务(民政部门),也没有提供社会工作专业服务(小组工作),而大多数社会福利机构都直接提供专业服务,所以,小组工作方法有很大的运用潜力。

机构的宗旨、目标不同,小组工作的取向也有很大区别。有些机构重视公民参与,实现社会价值,小组注重社会目标的实现;有些机构注重个人完善和发展,小组注重人际互动和互惠;有些机构注重健康及治疗和组员社会功能的恢复,小组注重治疗。

所有社会福利服务机构成员都是自愿参加的,都是非营利地为社会成员提供优质服务,机构中的工作者有专职的受薪人员和志愿者(义工)两种。

2. 机构的作用

◇ 机构目标制约小组目标和决策。制定与修改目标不能只考虑成员的需求，还应该兼顾机构的目标和社会文化影响。

◇ 机构决定小组采取何种工作方法（机构宗旨不同所采取的小组模式有区别）。

◇ 机构提供小组所需的资源，同时也赋予小组一种社会地位。

◇ 机构目标是组员资格认定的标准之一。

◇ 机构的性质决定工作者的地位和角色。机构要求工作者能够根据案主的需求灵活运用个案、小组、社区、社会行政等多种工作手法。

◇ 机构内部的人际关系（文化）影响工作者的工作情绪和态度。

3. 工作者与机构的关系

◇ 工作者应该充分了解机构的目标和功能，并且根据这种目标和功能展开工作，同时还要接受机构不断变迁的事实。

◇ 工作者应该充分了解机构的情况，包括宗旨、历史、地理位置和兴趣旨向等内容。

◇ 工作者应该充分了解机构的政策，尤其是有关收费、时间安排、与其他小组的关系等情况。

◇ 工作者应该充分了解机构中成员之间的关系，以及成员与机构的关系，以便有的放矢地工作。

◇ 工作者必须积极参加机构的各种活动，透过活动认识机构，从而更好地通过机构帮助个人。

二、规模

小组的规模就是小组的大小。实践证明小组的规模越大，成员之间就越难以沟通，分享程度就越低，参与的机会也就越少，匿名性就越高。但也有诸如组员较松散，吸引力大，成员不太紧张，小组的资源较丰富，意见较多等优点。反之，小组越小，成员之间分享和接触的机会就越多，参与和沟通的机会也很多，彼此非常熟悉。但组员在刚开始接触时很容易产生紧张情绪，资源也不如人数多的小组那样丰富。

关于小组的规模多大是合适的，许多学者都有自己的看法，大体如下：

1. 社会目标模式下的小组活动人数可以多一些，但如果超出 25 人就难以称为小组了，工作的效率就会大打折扣。在我国一般见到的小组人数都比较多，而国外非常注重小组的建设。

2. 休闲娱乐小组 4～5 人最为理想；5 人小组最适合讨论和分享；8～9 人小组最容易完成任务；治疗小组一般在 5～7 人为宜；儿童小组最好规模小一点，以便提高注意力等。

3. 米勒(Miller)提出一个数字作为小组成员多寡的标准,即“七加减二原则”,也就是说小组一般由5～9人组成最为理想。

综合上述认识,我们认为以下几点可以作为确立小组规模的依据:

第一,小组以能围坐而相互看得到对方且听得到对方的声音为宜;

第二,小组应该大到组员可以得到足够的刺激,小到组员能够彼此参与、互动和认识为原则;

第三,小组应该大到能够被工作者掌握和控制,小到能产生工作效率,充分互动为原则;

第四,当小组必须增大时,一定要将小组的结构再进行分化,以使每一个层次结构都能使成员充分参与和彼此互动。

第五,一个开放性小组成员的多少非常重要,一定要把握好分寸,防止小组离散。

三、时间

小组的时间要素包括四个方面内容:小组的期限、聚会期的长短、聚会的频率和聚会的时间等。时间是决定小组目标的重要参数,也决定目标的范围和广度,同时影响小组的助人过程和结构。时间也影响组员对小组的投入和精力。一般而言,小组活动的时间相对较短,组员投入小组的精力就会较为集中;反之,小组活动的时间较长,组员的精力就会下降。小组的时间会影响组员对小组的投入程度,从而也会影响小组目标的实现。

工作者投入到个别成员身上的时间也应该视个人的具体情况而定,如果工作者对组员的目标已经有充分的认识,而且组员也有完成目标的决心和能力,那么,工作者就不需要投入较多的时间,在简要的协助后,就可转入评价、回馈,甚至于面质。如果工作者必须花很多时间去援助一个成员,必须考虑整个小组的情况,绝不能因为一个人而影响整个小组的工作进程。通常社会目标模式下的小组需要较长的时间,每次时间在2～3小时为宜,但也不应该马拉松般地进行。对于大多数小组而言,从情感的角度,一般聚会期在45分钟至1小时为宜。

小组聚会的次数也影响组员的互动,次数增加,互动程度加深;但也不能次数太频繁。一般而言,小组在开始阶段聚会的次数可以多一点,到了小组的维持期,聚会的频率就不必太密集。

选择聚会的时间段也很重要。如果是母亲小组最好选择在周日的白天;邀请做爸爸的参与小组活动,应该在晚上八点以后;一些女性休闲小组可以安排在午后等。

总之,小组的时间安排应该配合小组目标,治疗和目标类小组可能时间较长,应该将小组分成几个阶段展开;小组聚会的频率,原则上以每周一次为宜,每次聚会的时间以每个成员都能分享为原则，不宜超过两个小时。技巧教育、康乐、会心小组一般时间较短，以完成任务为前提。

四、空间

小组的空间对小组活动的影响是很大的，空间可以产生限制，使组员在特定的场域内集中在小组中，达到分享的目的。

林万亿认为小组的空间因素可以从以下三个方面分析：

1. 活动空间

这是指组员或小组对地理区域的占有倾向。空间的占有与礼让影响小组的冲突和互动。活动场域又可以分为个人活动场与小组活动场两种。前者是指个人占有的房间、桌椅、床铺等物质，意味着个人对他人的防卫和对抗。空间的拥有提供了个人的安全感。小组活动场是指小组的位置与地点。小组的空间占有一般较大，建立较大的活动范围用以保护小组，防止入侵，如街角帮派就常以社区中的一个角落作为自己的势力范围，拒绝其他小组涉足。固定的小组地点有助于组员的认同感，地点的安排也要适合小组的目标；小组的位置可以发展出一种制度化的神圣情感，这是一种家的感觉，可以使小组保持持续与团结，但如果这种感觉太强，就会导致帮派的出现，这对小组的发展是不利的。

2. 个人空间

这是指个人与他人活动的主要环境。这是成员的私人空间，不可随意侵入。私人空间有数不清的互动距离，人与人由陌生到认识，以后成为朋友，进而成为知己，互动的距离缩短。通常互动初始女性之间的距离比男性短，而异性之间的距离一般是很长的，随着发展，异性之间的距离会逐步缩短，甚至发展到亲密无间。人口的密度可以改变互动的距离，如在大的空间中，人们互动的机会较少；而在人口多的地方，摩擦的机会增加，人们互动的机会也会增加。地位较高的人会选择较有利的个人位置，而且会与他人保持较大的空间距离。

3. 空间安排

物理距离会影响人的心理距离，而空间的安排也会影响小组的动力。空间的安排应该给每一个人一种安全感和归属感。尤其小组中的座位安排，通常每个人都会有座位偏好（seating preference），座位表现了互动特征和领导关系。坐面对面的人互动较多，但常具有对话性和竞争的需求；并肩而坐的人是合作的对象；座位距离越远，越缺乏友善、认识与平等地位；领导者或爱出风头者，经常会坐在上座和主座；领导者也可能出现在人多的一排。

椅子的安排常以围成一圈为宜，围成一圈固然可以促进沟通，但是面对面的安排却是最好的互动安排方式。椅子的距离可以弹性调整，通常成员会自动调整椅子的距离。椅子的安排还可以像教室和会议室一样，主位是发言者或领导者，下面是一般的成员，这种安排虽然组员缺乏平等和沟通，但有利于工作者发表意见。

桌子可能会影响成员的沟通，因为它使人可以隐藏自己的部分身体，但却是个“安全区”。因此，在小组初期可以设桌子以减轻成员的不安与紧张，到了第二、三次聚会就可以放弃桌子。

房间的大小应该大到足以开展小组活动之用，在大房间内，由于缺乏明显的界限，工作者可以用椅子形成一个篱笆；太小的房间由于过度亲密，易于造成组员的焦虑。所以，房间的大小必须合适。

当小组有外来压力时，他们经常表现出较密集的座位安排；反之，他们对小组产生恐惧感时，坐得就较为松散。如果房间太冷时，组员也会靠得较紧；反之，则必须保持宽敞的个人空间。无论怎样安排空间，工作者都应该使组员最大限度地产生互动。

以上十个要素就是我们所说的小组构成（静态结构）。在小组工作中这十个要素是互相联系、互相制约、缺一不可的。作为一个小组工作者，应该处理好这十个要素之间的关系，优化小组结构，提高小组工作效率。

本章要点

• 小组的结构要素构成一个完整的小组功能，各要素之间是互相联系、互相制约，小组工作者应该优化小组结构，提高小组工作的助人效果。

• 组员作为小组的核心要素，应该充分认识他们的特点和真实需要，这对于确定小组目标、推动小组动力的产生非常重要。

• 工作者的基本素质决定着小组工作的成败，所以，工作者必须学会处理好与组员和机构等的关系。

• 小组的目标是通过活动节目实现的，所以，活动的设计和推行是小组工作的一项重要职责。

推荐阅读书目

林孟平，1994，《小组辅导与心理治疗》，香港：商务印书馆。

何洁云等，2002，《社会工作实践——小组工作》，香港：香港理工大学应用社会科学系。

第八章

小组的筹备

本章重点问题：

1. 怎样寻找组员的真实需求并确定小组介入目标？
2. 怎样根据需求（问题）和目标选择小组组员？
3. 小组介入计划是否符合组员的真实需求？
4. 根据一个真实的案例评估需求、确定目标，制订一份小组介入计划书。

我们为什么要用小组工作的手法去帮助案主？当我们决定开一个小组时，怎样决定小组目标？我们用什么标准去选择组员？我们确定的介入计划是否符合组员的需求？本章试图来回答上述问题。

第一节 小组筹备

一、需求评估和目标确定

小组前期的工作准备阶段称为小组的筹备，相当于瑞德所说的概念形成期。小组前期的工作有人称为计划目标和接案工作，有人称为酝酿和计划阶段。此时工作者是初级角色，处于中心位置，扮演着基本角色，处理各种大小事务。具体而言有以下工作：

1. 需求评估

工作者成立一个小组的想法，一般是在小组的第一次聚会之前就产生了。

这种想法(需求)可能由工作者、机构主管、社区居民或成员提出,提出的原因大部分是由于存在的问题和成员的需求所致。

根据我们的经验,用小组工作的手法帮助案主,是基于对问题(需求)的评估而决定的。在需求评估过程中会出现两种情况:一种情况是机构要求开小组,工作者自己也有小组工作的训练,认为小组工作方法是最有效的助人手法。以此认为,案主的问题最适合用小组工作的手法解决。

案例一:小王是社会工作专业的毕业生。在校时,他在专业学习中认为小组工作的手法既经济,又可以用群体压力改变某些人的行为问题,所以,他认定小组工作的方法是最有效的。现在他到一个社会福利机构工作,发现社区有一些所谓的"问题青少年",他们经常逃学,聚众滋事。小王自己认为这些孩子的问题具有同质性,都是行为问题,适合用小组工作的手法。小王觉得自己喜欢小组工作,也具备小组工作的理论技术。于是,他就选择了小组工作的方法去帮助这些"问题青少年"。

以上案例很清楚地表明,所谓需求不是案主的真实需求,而是工作者自己的需要。用这样的态度和方法去评估需求其实是当前社会工作主流的"专业需求"评估。当我们忽视案主的需要,以工作者或方法为本去做出一项介入决定时,这样的介入效果就可想而知了。

另外一种情况是我们极力推崇的需求评估方法,就是以案主的需求为本,通过与案主的"同行"①,建立信任关系,评估他们的真实需要,在此基础上制定介入计划。

案例二:一位社会工作者写道:许多年前,当我检查我的案主资料时,我惊讶地发现,在当时每个星期前来找我做个别咨询的案主中,有许多是遭遇离婚的妇女。虽然这些妇女的年龄、教育程度和生活形态并不相同,她们却有一些共同的重要特征:第一,她们都有一些轻微的沮丧,但都维持着起码的健康;第二,这些妇女在经济上都有一些困难;第三,她们在满足孩子的需要上都有困难;第四,这些妇女在她们过去的生活中,都曾经遭遇男人的遗弃,这也影响她们与其他人的关系。当这些妇女被个别询问是否有兴趣成为团体的一员时,她们都表示乐意参加。

案例三:小刘最近参加了"世界宣明会流浪儿童保护中心"工作,工作的重要内容就是评估流浪儿童的需求,制定介入方案。小刘用了两个多星期去和流浪

① 笔者认为社会工作者应通过与服务对象的"同行",去评估他们的真实需求。所谓"同行"就是要求社会工作者走进案主的生活世界,与他们建立信任关系,去聆听那些被忽视的声音,去体察他们的生活处境和他们对自己需求的理解。当社会工作者和案主建立信任关系时,就开始走进他们的生活世界,此时,社会工作者对他们的理解就会发生。这种理解就是评估他们的真实需要的开始。

儿童接触,她甚至与孩子们一起捡垃圾,一起吃饭,到他们的住处和他们一起玩耍。没想到奇迹发生了,孩子们从开始的防备、躲避,到现在接纳她并把小刘当作自己的朋友看待。小刘他们听到了许多孩子流浪的真实故事,包括他们被成人利用,被警察收容,被他人歧视等经历,也听到了许多孩子要求读书,回家,爱等真实期望。由此,小刘找到了孩子们的真实需要,她正在决定帮助这些孩子。

以上两个案例充分说明,要找到案主的真实需要就必须深入认识他们,与他们"同行",当信任关系建立起来时,真实需求就自然地呈现出来了。而社会工作只有找到案主的真实需求,才有可能真正地帮到他们,而不是满足自己的需要。

其实,这个过程就是去评估潜在小组成员:收集潜在小组成员的资料,包括潜在成员的需要、所关心的事和问题,将这些事和小组目标对照,看是否需要修改目标,还应该评估潜在小组成员的兴趣和专长,以便小组成员有一个理想的组合。①

小组的需求评估实际由资料收集—资料分析—介入干预计划三个步骤组成。收集资料主要是通过访谈、问卷、量表、文献回顾、机构资料查阅等方法,收集各种有关小组和组员的资料。特别要关注组前面谈和机构记录中的重要资料,这些是发现组员真实需求的珍贵的第一手资料。资料分析非常关键,一般量表可以借助计算机软件进行分析,计算出变量之间的关系和概率等,成为介入计划的科学依据。许多访谈资料要通过定性的方法进行归纳分析,以此发现组员的特殊需求。基于资料分析而制定出切实可行的介入策略。

2. 目标确定

工作者找到案主的真实需要,确定目标就是"水到渠成"的过程。此时工作者需要思考许多问题,包括由谁决定小组工作是否要实施?自己是否有足够的时间、精力和技术来承担小组工作?机构和社区的资源如何?组员如何招募和领导等问题,从而为制定计划打下基础。

工作者必须将小组的目标加以概念化(conceptualize the purpose of group),就是思考小组将协助组员达到什么目的,包括:工作者的目标是什么?组员的目标是什么?机构的目标是什么?小组的长期目标、中期目标和短期目标是什么?为达到目标组员要多少人才适中?为了达到目标,小组的聚会要多长时间?采取何种方式达到目标等问题。

每个人参加小组都有自己的需要,工作者开组也有自己的期望,机构有自己的宗旨需要遵循,有总目标,也有分目标……依勤(Egan)在1970年的论著中分出5个小组目标:协议目标(contract goals)、沟通目标(interaction goals)、过程目标

① 这些内容笔者引自香港理工大学应用社会科学系丁惠芳博士于2003年2月在"中国社会工作"硕士课程班"小组工作"的课堂笔记。特此致谢。

(process goals)、实质目标(content goals)、需求目标(need goals)(Egan,1970)[①]。

协议目标是小组的总目标,是组员希望参与小组中能够达到个人目标的基本要求,是比较广义和原则的,不是具体的目标。例如在案例三中,对流浪儿童开一个支持小组其总目标就是"为流浪儿童创造一个安全、温暖并促进其成长的环境,通过小组工作向他们提供必要的物质支持和同伴经验的分享,提高孩子们应对环境的能力等"。

沟通目标是一个分目标,强调互相沟通,透过组员的自我解剖和彼此分享,给予组员以支持,为总目标服务。例如,流浪儿童支持小组的沟通目标是"鼓励儿童在小组中开放自己,信任别人,说出自己的难处和困局,以得到他人的支持"。

过程目标是在小组各个阶段的分目标。因为小组在每一次聚会中都会带出一些新问题,这些问题(需求)就成为过程目标。由于过程是动态的,所以这个目标只会在过程中带出来,很难预先设定这个目标是什么。比如,流浪儿童在第一次聚会中希望小组可以处理他们面临的安全问题(如,经常被警察收容),于是,这个问题可能就会成为小组下一次聚会时的一个具体目标。

实质目标就是小组目标范围,也就是小组目标的内容。实质目标其实限制着小组的功能,小组必须在这些目标范围内工作,不能超越范围。比如流浪儿童支持小组其目标范围只限于对流浪儿童的物质和精神支持。

需求目标是指个别组员的特殊需求,他们希望在小组中达到的个人目的。一般个人目标与整体目标是一致的,因为目标的设定就是来自个人的真实需求。但由于个体的差异,每个人都有自己的特殊需求,有时需求与总目标会冲突。这时个人要服从总目标,但一定要在小组过程中留意个人的期望和问题等,对总目标作出修订。比如我们发现有的流浪儿童被"黑社会"操控犯罪的问题,这时小组目标中也要对这个问题有足够的重视。

总之,确定目标是小组筹备中重要的一环,只有清楚目标,才能有的放矢地工作。但我们一定要清楚目标的确定是一个动态的过程,绝不能将目标僵化,相反,在小组过程中不断地对小组目标作出修订,这样才能最大限度地帮助案主。而且目标不是一个,而是许多个,我们应该处理好各种目标之间的关系。

实际上,很多时候工作员制定的目标与组员需求之间有很大的差距。

案例四:在流浪儿童支持小组中,工作者由于受到专业影响,很注重对孩子"增权"和"意识提升"目标。所以,在流浪儿童的前期聚会中,工作者极力推动孩子们关注自己的权利,特别是读书等问题,而这些目标对许多初次来这里的孩子太遥远,也没有吸引力。孩子们关注到这里有什么好玩的游戏,有没有食物、药

---

① Egan G. 1970. *Encounter: Group process for later personal growth*. Montery CA: Brook & Cole.

品等物质满足，这里是否安全等问题。所以，小组中工作者的目标与孩子的需求产生很大差距。

上述案例非常典型地说明，工作者的目标是工作者认为重要的价值观（权利等），而这些流浪儿童的现实处境是生存和游戏的需求，孩子们有自己看重的东西。我们的小组目标要符合组员的真实需求，工作者应该像“案例三”那样去寻找组员的真实需求。组员的需求会随着时间和空间的变化而改变，所以，需求评估贯彻于小组工作的整个过程中，工作者应该有能力随时调整小组目标，以便最大限度地满足组员的需求。

二、小组组员的选择

当目标确定后，下一步就是小组组合、组员的确定和组前见面了。

1. 小组的组合[①]

在组成小组时，工作者必须确定：

(1) 小组的组合条件。小组组员需要有类似的个人目标和某些个人特征。一般小组组员的组合最好是问题具有同质性（homogeneous），需求的层次（level）相当，避免异质性（heterogeneous）太大。在一个小组中（尤其是治疗性小组）组员所面临的问题和需求最好能基本相似，这样才有利于组员分享和互动。相反，如果组员之间的问题和需求差异太大，相互沟通就比较困难，工作者也难以提供有效的援助。

小组组员应该有不同的专长、技能和经验，组员的能力和小组经验会影响小组过程。组员曾经参加过的小组性质、次数等，将影响到组员彼此之间的投入程度，有些组员过去的经验也会影响到其加入小组后的行为，甚至影响其他组员的行为。在组员组合时，工作者要考虑到组员的经历和专长，以利于小组互动和分享为原则。工作者还应该考虑组员的年龄、性别、民族、居住地域等因素。

(2) 对小组结构的控制。在小组的组合中，工作者对小组的互动结构和物质结构的控制力应该掌握一个合适的度。一方面工作者对小组活动节目的设计和沟通模式的形成应该主动掌握，对小组的空间、时间、规模，聚会的频率等外部结构要素能够有充分的把握。另一方面，工作者也要善于引导组员参与对小组结构的控制，对于上述问题的处理应该商讨解决。

小组结构会随着小组的性质和目的的改变而改变。

(3) 对组员开放的程度。在小组的组合中工作者应该考虑小组对新组员的开放程度。根据小组的性质和目的，工作者必须选择小组是“开放”还是“封闭”

---

① 这些内容笔者引自香港理工大学应用社会科学系丁惠芳博士于 2003 年 2 月在“中国社会工作”硕士课程班“小组工作”的课堂笔记。特此致谢。

的问题。开放小组是在小组过程的任何时间都允许成员加入和离开，一般社会目标模式的小组都具有很高的开放度。封闭小组从小组聚会开始到结束都是相同的成员组合，不会随时间的变化而增加或减少。一般说来，深刻的互动关系和一些特殊的治疗关系都是在封闭的小组中进行的。

（4）志愿或非志愿加入小组。如果小组组员自愿加入小组，他们参加小组活动的动机就高，对小组目标的认同感就强。但许多时候组员是被迫加入小组的（比如针对吸毒者的小组），他们动机很低，而且很抗拒。工作者应该鼓励组员参加小组活动；帮助他们认识参加小组活动的重要性；允许他们讲出内心的感受；明确告诉他们什么能做，什么不能做；尽最大可能帮助他们。

（5）小组规模、空间和时间。工作者应该在小组聚会前考虑小组人数、时间冲突、交通不便、场地限制等因素（参看第七章“小组构成”）。

2. 组前会谈和聚会前的准备

工作者通常通过报纸、杂志、广播影视、招收简章、个别通知等形式来宣传小组开组的消息。传播的对象应该是潜在的案主（potential clients）和预期的成员（prospective members），而且不应该限制人数，以免淘汰率太高，组员不足。

（1）开组前的面谈 。一般在小组第一次聚会之前，工作者都要进行组前会谈。会谈可以是一对一的，也可以是座谈会或报告会的形式。在进行面谈前，工作员应该准备一个面谈提纲，通过会谈应该达到以下目的：

◇ 全面了解潜在组员的个人情况，了解其参加小组的动机和目的，为制定小组工作计划奠定基础；

◇ 向潜在组员宣传小组，使他们了解小组目标，畅谈对小组的期待；

◇ 达到角色引导（就是向潜在组员澄清角色期待）、澄清目标、认同协议的目的；

◇ 声明小组第一次聚会的时间、地点和内容等；

◇ 建立良好的信任关系，进一步评估组员的需要和意愿等，决定组员参加小组的资格，同时筛选出一些不适合参加这个小组的成员；

◇ 对那些不适合参加的成员，工作者应该及早发现，以确定是否转案或采取其他帮助的方法。

（2）聚会前的准备工作。经过会谈组员基本确定后，工作者还应该做好下列准备工作：

第一，工作者应该仔细考虑聚会的时间、地点。尽可能有一个固定的聚会场所和时间。会场的布置应该以能够使组员认同为标准。例如可以放置一些标志物和艺术品以激发组员的投射作用。房间的大小应该能充分提供活动之用。如果房间太大，工作者就应该事先进行隔离，如果房间太小，会使聚会组员感到焦虑和窒息，工作者就应该选择一个相对大一点的空间。座位的安排，习惯上是围成一个圆圈。有时为了使互动的频率提高，可以面对面地安排座位。有时也可以将座位安排成会议室状，这样有利于工作者更好地传达意图。座位的距离应该有弹性，成员可以根据自己的爱好和心理自由调整。房间内的设备应该提前准备好，如粉笔、道具、游戏器材、运动器材等都应该在活动开展前准备妥当。在治疗性的小组中应该准备好椅子和地毯，在治疗情境中可以自由发挥。小组活动时间应该是固定的，一方面次数不应该过多，一般每周一次为宜；另一方面，每次持续的时间不宜过长，视不同小组而定，一般每次 45 分钟至两小时为宜。

第二，工作者应该做好人事分工。比如由谁来负责接待，接待者要具备基本的礼仪、礼节；由谁来负责发放基本资料（关于小组具体情况的宣传资料等）；由谁来负责解答询问等，都应该安排专人负责。

第三，做好告知成员参加聚会的通知工作。一般在聚会之前应该用书面或电话通知下列事项：第一次聚会在何时何地；第一次聚会的主题是什么；预定组员应该在通知中知道自己有很大的余地可以选择。

第四，工作者应该在小组聚会前有一整套实施方案，并有备选方案。

总之，在此阶段中，工作者决定是否要成立小组，小组要做什么，谁参加小组，小组在什么时间、地点开展工作等，也就是确定小组目标、预期结果、组员、时间、地点等问题。

第二节　小组的方案设计

在正式开组前还要制订小组计划书。小组计划书的内容是比较灵活的，可以随着小组的发展和组员的改变而进行适当的调整，以满足组员的需要。

一、制订计划书

在开组前撰写小组计划书是非常必要的。小组计划书需要得到机构的支持和批准，并且还要得到资金的资助。撰写小组计划书还能够使小组工作者对小组理念、理论框架、目的等有清晰的认识，能够帮助工作者对每一节的小组活动做好准备。计划书还是一个小组工作的程序设计，工作者可以清晰地知道工作的程序安排和每一个工作阶段的活动节目安排。一个完善的计划书设计也可以为小组评估奠定基础。下面是何洁云等列出的计划书应该包括的内容（何洁云等，2002）①。

1. 理念的阐述

① 何洁云等，2002，《社会工作实践——小组工作》，香港：香港理工大学应用社会科学系。

◇ 机构的背景
◇ 设计小组的原因
◇ 小组的理论/概念架构
2. 目标
3. 小组组员
◇ 特征、年龄、性别、教育背景
◇ 需要处理的范围，例如他们的问题和需要等
4. 小组的特征
◇ 性质
◇ 短期/长期，持续时间
◇ 规模、组合
◇ 聚会频率
◇ 聚会的时间（上午/下午）
5. 明确的目的
6. 初拟的程序计划和日程
◇ 每次聚会的计划草案（可以按小组组员的需要修改）
◇ 程序活动
◇ 日期、时间、每次聚会的地点
◇ 活动的具体目的
◇ 社会工作者的责任
◇ 活动的准备
◇ 所需器材
◇ 每次聚会所需的资金
7. 招募计划
◇ 按照机构的规则定下小组建立的程序
◇ 小组组员的来源
◇ 宣传、招募方法
◇ 允许的招募时间
◇ 招收方法
8. 需要的资源（除资金外）
◇ 器材
◇ 地点和设备
◇ 人力资源，例如是否需要志愿者等
◇ 特别项目
◇ 有关人员

9. 预料中的问题和应变计划

◇ 小组组员的问题

◇ 小组社会工作者或机构的问题

◇ 其他来源的问题

10. 预算

◇程序、器材、交通等费用的总和

◇费用或小组组员会费

11. 评估方法

◇评估的范围

◇评估的方法

二、小组计划书范例

下面是香港理工大学应用社会科学系的老师指导学生开设小组的一个规范的计划书，我们将其全文转用，希望能够为读者提供一个明确的指导和范本。

小组计划书

小组名称：亲子小天地

导师：陈宝剑

咨询人：莫汉辉

组员：YAN Chee Man，Joey

CHAN Hoi Yan

理念

在中心内观察，发现不少儿童会员都来自中产的核心家庭，即只与父母同住，而兄弟姊妹的数目较少。此外，他们的父母一般都要外出工作，所以平日起居都会交由菲佣（来自菲律宾的佣人）照顾，故他们与父母的相处及沟通时间较少，彼此的了解亦相对肤浅，而沟通内容也会因时间少而限于表面，难以深入。

另外，从一些大型的活动（如万圣节派对和圣诞节活动）中，观察到各家长对其子女是非常紧张的。例如，在派对中，看到不少家长都会替子女们悉心打扮，而且还会贴身跟随，当小朋友不慎跌倒或大哭时，其父母必会匆匆跑来，将小朋友拥入怀中。以上种种表现，我觉得家长均十分重视子女。

不过，由于大部分的父母都要外出工作，与子女接触时间少，所以他们往往未能彻底了解对方的期望。由于香港是一个成就取向的社会，弥漫着“学业好才有前途”的风气，父母往往十分注重子女的学业成绩。再加上他们望子成龙的心态，觉得子女除学业外，还要懂得更多技能（如弹钢琴、用电脑和唱歌等）才算有才能，所以每每课余时候，都会为子女安排一连串的“兴趣班”。可惜，家长的主观意愿并不一定与子女吻合，结果不但为子女添加沉重压力，还可能会引起他们的不满情绪（如不开心、发脾气）。家长为了使子女服从自己的要求，因此会用命令、训话和责备的语气与孩子说话，但孩子不一定会就范，并往往会由于觉得自己“被责”或“爸妈不爱我”等，而沉不住气作出反驳、还击，子女此等态度，很易使家长觉得子女对自己不尊重，令自己失望、愤慨，更可能辱骂子女，并痛斥其所为或进行体罚以作惩戒。最终子女虽然通常会无奈地或不情愿地听从旨意，但在过程中他们可能会爆发脾气或不合作之态度，同时也可能觉得家长专横，不了解他们的需要，而且责难得不合理，结果可能引起他们对家长的反感，并可能因为要避免挨打挨骂，而隐瞒自己真正的感觉，令情绪受压抑，影响心理健康。

同时，不断的冲突，久而久之会构成恶性循环：由于家长和子女双方经冲突后，对对方有了负面的印象，使大家相处往往不自觉地剑拔弩张，严重破坏亲子关系。所以，社工应该开办一些服务帮他们改善此情况。此外，对于一些尚未遇到亲子冲突的家庭，其实亦应学习多一些技巧，以作预防性工作，而他们亦可将学习到的沟通模式融入原有的模式中，令亲子关系锦上添花。

其实，很多时候人的愤怒（纠缠烦恼）、脾气都是源于个人的需要和关注得不到满足，例如：当小明看到班中各同学都有四驱车而自己没有，亦与同学少了许多话题，因而令其关系疏远了不少，所以，他希望父母能买一架四驱车，而父母在其多番请求下亦不买时，小明便大发雷霆，并怨恨父母，觉得他们不爱自己，在此例中，小明关注的是要得到同伴的认同，故需要买四驱车来满足，但由于遭父母拒绝，所以他的需要及关注得不到满足，因而令他发脾气。

因此，若要终止亲子不断冲突的恶性循环，家长和子女都应先认识自己的情绪背后所隐藏的需要和关注，然后寻求妥善方法去处理、表达和疏导情绪，而家长要改善与子女之间沟通的模式——由单向训导式改为双向讨论式，并且协助子女表达情绪、需要及关注，更重要的是要学会耐心聆听，然后适当地表达自己情绪背后的各种关注和需要。此外，双方要对对方包容及体恤。

这个小组会先让组员认识情绪，然后使他们意识或开始留意自己的情绪；之后，会引导他们发掘情绪背后所隐藏的需要及关注；跟着会引导他们如何妥善处理情绪；最后，会教导他们如何表达情绪，以及一些沟通技巧，例如：如何聆听子女的说话和如何善用赞赏，并教双方找出共同的关注。

此外，使用小组方法介入可帮助面对类似问题或有共同需要的组员，得以建立支援网络，并从组员间的互相支持中，得到更大的信心去改善，而且在组员的互动过程中，大家可以互相监督，更能利用其他组员的回馈作改善的参考。此外，安排家长与子女一同在小组内，可帮助他们透过一同学习及实践沟通技巧而加深对对方的了解，澄清彼此的期望及责任，同时亦能帮助他们重建适当的沟通模式。

另外，工作员又可以通过小组中的互助，观察到亲子间实质的沟通情况，这比个案工作来得直接，实际，便于工作员给予更适当和实质的意见和帮忙。还有，组员间亦可互相发生“模仿作用”，从别人身上学习，而若有家长和其子女有摩擦时，其他组员可作调和者，不需工作员事事介入。这样，小组气氛更自然舒适。

理论架构

这个小组的对象，是6～9岁的儿童及其家长。首先，因为皮亚杰认为这个年龄的儿童已踏入具体运算期，能明白一些具体的道理，所以，可以利用小组形式帮助他们，而且工作员参考过一些书籍，提到6岁后的孩子会由母亲是自己的世界中心，变成自己才是世界中心，他们会产生嫉妒心，所以常会欺负弟妹，若妈妈偏心弟妹，他们更会恼恨和反叛。此外，他们的情感也是十分强烈和矛盾的，他们既会紧抱和痛惜妈妈，当他被责备时，又会怨恨她。所以这段时期的小孩子最易受情绪支配，故一些能帮助他们控制情绪和表达情绪的小组，对他们有帮助。

此外，他们会尊重爱护讲理的母亲，但会抗拒和憎恨发恶的母亲，所以在小组内，需要同时训练父母子女间的双向讨论式沟通。另外，以往有不少报告表示香港的孩子偏向性早熟，即较早进入青春期，有些女孩子会早在10岁便开始，由于儿童踏入青春期后，会有摆脱父母约束的倾向，所以这种形式的小组会不太适合他们参与，所以将年龄上限定为9岁。

此外，在小组的沟通技巧训练中，会较多使用行为治疗法，因为假设人的行为是学习得来的，并且是有规律可以预测的。因此，要透过准确的观察。加上此理论觉得行为是由环境和外界刺激而决定，故此，如果一种行为出现后而能导致一种满足的后果，那种行为在日后继续出现的可能性便很高。正因为小组希望能改善亲子间的沟通模式，而在学习这些技巧的过程中，行为理论指出透过模仿学习、回馈及正面鼓励，是能逐步帮助学习和运用的。

在小组内，工作员会较多用正面增强和模仿。在正面增强方面，在提供沟通技巧训练后，若组员能在组中适当地运用，工作员便会当众给予该组员口头上的称赞，来加强这行为再次出现的可能性。此外，工作员会教导及鼓励他们用这方法来管教子女。

至于模仿示范，工作员会以角色扮演的方法，示范如何表达自己的情绪，这是供组员观察的模型，然后引导组员模仿，从而学习表达情绪的方式。此外，组员间亦会互相观察，对别人身上值得学习的加以仿效，这也同样的引起模仿作用。

目标及目的

目标：改善组员（家长及其子女）的沟通模式，以提升亲子关系。

目的：

1. 让组员认识情绪，从而引导他们留意自己的情绪变化及对亲子关系的影响。

2. 学习聆听技巧，令孩子在沟通的过程中，更有被尊重的感觉。

3. 在活动过程中,增加双方的沟通机会及了解,从而澄清双方的期望。

服务对象

1. 资格:6～9 岁会员及其家长
2. 特点:希望改善或加强亲子关系的家长

小组特征

1. 性质:身心教育小组(psychoeducational group)
2. 节数:八节
3. 日期:1999 年 7 月 11 日至 8 月 29 日
4. 时间:下午三时至四时半
5. 地点:中心×××室(地点可能因活动性质而改变)
6. 人数:六对亲子(共十二人)

招募方法

1. 于中心内张贴海报。
2. 于中心的自修室及询问处和康乐室放置宣传单,并邀请当值同事发放给招募对象。
3. 于中心四月至六月的会员通讯内宣传。
4. 工作员在中心当值时亲自邀请招募对象参加。
5. 若人数不足,会亲自致电招募对象宣传并邀请参加。

每节活动计划

第一节 活动内容

日期及整节活动时间:7 月 11 日 15:00 至 16:30

个别活动时间	地点	目标	内容	所需物资
ⅰ)5 分钟	205 室	让组员及工作员间互相认识	ⅰ) 工作员及义工自我介绍(包括姓名及在组中的角色等)	
ⅱ)15 分钟		让组员之间有初步认识	ⅱ) 组员自我介绍(包括姓名或称呼及对小组的期望等)	
ⅲ)12 分钟		·深化组员间之认识 ·鼓励小孩更主动参与活动	ⅲ)游戏——“小记者大新闻”玩法:每个小孩子将获派采访卡及纸一张,他们需依着采访卡上的问题,访问组内的家长(自己的家长除外),限时 5 分钟,之后小孩需要报告访问结果	纸 6 张 笔 6 支 采访卡 6 张

续表

个别活动时间	地点	目标	内容	所需物资
ⅳ）5 分钟		让组员更清楚小组目的及内容，并澄清他们的疑问	ⅳ）介绍小组目的及内容	
ⅴ）13 分钟		·与组员一起订立小组规范，使他们对小组更有归属感及承担责任 ·特别在小孩子方面，希望能更有秩序地参与小组聚会	ⅴ）与组员一起订立小组规范。另，澄清小组内应有秩序及告知孩子均设有“最乖乖组员”奖，并会与他们一同订立遴选规则	大画纸 1 张 笔 13 支
ⅵ）30 分钟		鼓励亲子间互相表达心意	ⅵ）“真情卡创作大赛” 希望组员能亲自画一张卡给同来的家长/子女，并在内页写上一个心愿或一句希望告诉对方的话。随后，工作员会邀请他们解说其构思，并即席赠送“真情卡”。然后，工作员会表示各作品都各有心思及值得欣赏的地方而难于分高下，然后每人都会获一份小礼物	画纸 12 张 颜色笔 6 盒 剪刀 6 把 胶水 6 支 巧克力 12 粒
ⅶ）10 分钟		让组员表达对这次聚会的感觉，令工作员明白他们对小组的看法和意见，使工作员从中改善的同时，令各组员了解到别人的感受	ⅶ）邀请组员简单地说出对这次聚会的感受及意见	

第二节 活动内容

日期及整节活动时间:7 月 18 日 15:00 至 16:30

个别活动时间	地点	目标	内容	所需物资
ⅰ)5 分钟	205 室	·提供机会让亲子合作,增加默契 ·让孩子尝试多些表达自己 ·澄清亲子间的期望	ⅰ)工作员及义工自我介绍(包括姓名及在组中的角色等)先将六幅图画分派给小孩,但不让父/母看到,之后小孩要用口描述图画的模样,要求父/母单靠这些提示,画出图画,看谁画的和原画最相似	大画纸 6 张 白板笔 6 支 图画 6 幅
ⅱ)25 分钟			ⅱ)游戏:理想爸妈/宝贝 将组员分成孩子和父母两组,然后给予五分钟,要他们在彩色纸上写上对父母亲(孩子组)或对孩子(父母组)的期望。之后将所有纸条贴在适当的画旁边(父母组贴在孩子图画边,孩子组相反)。在贴完之后,工作员会要求每组逐一解释所写的期望,并请他们猜想一下自己是否能够做到	父母画图 1 张 孩子画图 1 张 彩色纸条大量 胶带 颜色笔 12 支
ⅲ)20 分钟			ⅲ)游戏:"纸飞机大赛" 玩法:每个家庭会获得两张画纸,并需要在十分钟内叠好一支飞得最远的飞机,最好加上装饰。比赛会分"飞得最远奖"及"最靓靓飞机奖"。(注:飞机一定要孩子飞出,两个奖会由工作员及义工评分)	画纸 12 张 颜色笔 6 支 礼物 2 份 尺 1 把
ⅳ)25 分钟			ⅳ)游戏:"心声话你知" 玩法:每个人获得心声纸一张,然后要填上对对方的愿望(不写名)之后再交给工作员,经工作员写下记号后便将纸分派给其他组员,由他们朗读出来,最后工作员将纸交还原主,并安排他们与一同来的父母/子女再分享纸上的心事	
ⅴ)5 分钟			ⅴ)让组员分享对这次聚会的感受以及颁发"最乖乖组员"奖	礼品 1 份

第三节 活动内容

日期及整节活动时间:7 月 25 日 15:00 至 16:30

个别活动时间	地点	目标	内容	所需物资
ⅰ)25 分钟	205 室	让成员体会到在不同角色(命令者/跟从者)的感受	ⅰ)游戏:“瞎子走路” 玩法:在房中乱放八张椅子,而每张椅子均为一个 Checkpoint。游戏先要家长带着蒙眼的孩子路过每个 Checkpoint,然后在那里签下带领者的名字;当完成一程后,需交换角色再完成另一程。然后组员分享经验及感受。	椅 8 张 眼罩 6 个 纸 8 张 笔 16 支
ⅱ)50 分钟		·让孩子尝试与其他家长合作,使其能够独立一些,同时可以体会到做父母的难处 ·让家长尝试从子女的角度去看事物	ⅱ)游戏:“家庭小剧场” 玩法:工作员将以抽签形式将亲子重新配对,然后派一张情境卡给他们,要求他们将卡中情境演出来(限时 3 分钟);然后工作员会与组员讨论处理此情境的方法及分析经验	情境卡 6 对(有关情境详见附录)
ⅲ)15 分钟		·让组员表达对这次聚会的感受 ·透过奖励,鼓励组员遵守组内秩序以使小组程序能畅顺进行	ⅲ)要求成员简单说出这次聚会的感受以及颁发“最乖乖组员”奖	礼品 1 份

附录:“家庭小剧场”情境

—测验成绩差,父/母不满。

—子/女经常要求父/母买玩具,故遭拒绝。

—子/女抢着看电视,不肯做功课。

—子/女与兄/弟/姐/妹吵架。

—子/女不肯吃饭,只吃零食。

—父/母因为工作忙而没时间带子/女出外玩。

第四节 活动内容

整节活动时间:13:00至16:00

个别活动时间	地点	目标	内容	所需物资
ⅰ)45分钟	205室及厨房	由于工作员希望能找到一些时间与家长作分享,所以希望在这时安排孩子参加其他活动	ⅰ)做蛋糕 (只限孩子参加。但事前不会告知父母他们会参加什么活动。主要希望其父/母在见到制成品时有惊喜,并觉得孩子是有能力的)	蛋糕/材料 容器 蛋糕纸
三项活动同时进行		进一步了解组员对亲子关系的看法和困难,并用集思广益的方法去想应如何处理	ⅱ)分享(家长) 小组是否帮助组员改善亲子关系 日常与子女相处的情况、对策及建议	
ⅱ)30分钟		利用亲子合作带领游戏,增进他们的沟通及互相支持	ⅲ)自由游戏时间 每个小孩均要想一个游戏,并带领组员玩。期间,父母可予以辅助	
ⅲ)15分钟		·让组员表达对这次聚会的感受,及他们对小组的看法和意见 ·透过奖励,鼓励组员遵守组内秩序以使小组程序能畅顺进行	ⅳ)吃蛋糕及表扬孩子的能力。另外,邀请组员简单地说出这次聚会的感受以及颁发“最乖乖组员”奖	礼品1份 蛋糕托盘 适量塑料叉及纸碟

第五节　活动内容

日期及整节活动时间:8 月 8 日 15:00 至 16:30

个别活动时间	地点	目标	内容	所需物资
ⅰ）30 分钟	205 室	利用亲子合作带领游戏,增进他们的沟通及互相支持	ⅰ）自由游戏时间 每个父/母均要想一个游戏,并带领组员玩。期间,子女可予以辅助	
ⅱ）45 分钟		·让组员有合作机会,借以建立更深的关系,以便建立互助的根基 ·使组员能在画中反映出对家庭的期望,并能与现实对照,令他们察觉理想与现实是有距离的,并想想有何方法可将距离拉近	ⅱ）游戏:“Home Sweet Home” 玩法:工作员将 6 张大画纸贴在一起,然后请组员任意在纸上绘出心目中的理想家庭。完成后便成一幅大的集体创作画。	大画纸 6 张 颜色笔 6 盒
ⅲ）15 分钟		让组员表达对这次聚会的感受。通过奖励,鼓励组员遵守组内秩序以使小组秩序能畅顺进行	ⅲ）邀请组员简单地说出这次聚会的感受以及颁发“最乖乖组员”奖	礼品 1 份

第六节 活动内容

日期及整节活动时间:8月15日15:00至16:30

个别活动时间	地点	目标	内容	所需物资
ⅰ)25分钟	205室	让组员学会阅读非语音信息	ⅰ)游戏:"有口难言" 玩法:工作员先准备8张情绪卡,然后将组员分成两派,每组每次要派一位组员抽一张卡,然后扮演该情绪让邻组的组员猜	情绪卡8张
ⅱ)30分钟		让家长们尝试学习聆听,另一方面让孩子有机会表达自己	ⅱ)游戏:"在乎你的感受" 玩法:工作员将一名孩子与一名家长配对,然后分给每个孩子一张情绪卡,并要求他们说出近来一件有牵涉该情绪的事,期间不可说出该情绪。家长组员只可听,不可出声;在孩子说完后,要猜孩子抽了哪一张情绪卡	情绪卡8张
ⅲ)20分钟		让组员分享表达情绪的方法及困难	ⅲ)组员一起讨论刚才的经验并联系日常生活作出分享及讨论	
ⅳ)15分钟		让组员表达对这次聚会的感受,透过奖励,鼓励组员遵守组内秩序以使小组秩序能畅顺进行	ⅳ)邀请组员简要表达参加这次聚会的感受以及颁发"最乖乖组员"奖	礼品1份

第七节 活动内容

日期及整节活动时间:8月22日15:00至16:30

个别活动时间	地点	目标	内容	所需物资
ⅰ)25分钟	205室	让成员知道家人如何理解自己，从而觉察自己对家人的影响	ⅰ)请组员分享上周一件令家人有情绪反应的事	
ⅱ)20分钟		透过游戏增进亲子沟通及令他们知道良好的亲子关系的主要元素	ⅱ)游戏:“心意步步通” 玩法:与飞行棋大同小异的游戏	已放大的棋盘1个 磁石若干 骰子2枚
ⅲ)10分钟		为下节的大食会做准备	ⅲ)商讨大食会事宜	
ⅳ)15分钟		让组员表达对这次聚会的感受，透过奖励，鼓励组员遵守组内秩序以使小组秩序能畅顺进行	ⅳ)邀请组员简单地说出这次聚会的感受以及颁发“最乖乖组员”奖	礼品1份

第八节 活动内容

日期及整节活动时间:8月29日15:00至16:30

个别活动时间	地点	目标	内容	所需物资
ⅰ)30分钟	205室	让亲子互相回馈,在小组中彼此的改变或新发现，增进彼此的沟通及期望	父/母及子/女分别在纸卡上写上对方的改变,或新发现,也可写上鼓励或期望,写完后互相交换,并在小组中分享	纸卡12张 颜色笔12支
ⅱ)10分钟		让组员重温小组内容	与组员总结分享小组内容	
ⅲ)10分钟		让工作员了解组员对小组的感受	请组员分享参与小组的感受	
ⅳ)30分钟		评估小组成效	做组后问卷	问卷
ⅴ)30分钟		让工作员与所有组员同欢	大食会	纸杯、纸碟及塑料叉若干 食物(须先与组员一起准备)

所需资源

1. 人手：工作员一名

义工：两名(将邀请中心内的义工小组的两名组员担任。其中一名协助工作员作小组活动并负责杂务；另一名则负责在小组活动进行时，在康乐室看管参加者带来的年幼子女，但要视情况而决定人手是否需要增加或取消这项工作)

2. 财政预算

3. 物资

	收入		支出	
	1) 组员缴交的费用($40×6)	$240	1) 游戏物资	$30
	2) 中心津贴	$260	2) 手工材料费	$70
			3) 食物材料费	$70
			4) 大食会	$280
			5) 礼物	$50
合计		$500		$500

请参考"每节活动计划"中所列。

工作日程

日期	任务
3月	制作海报及有关宣传的预备工作
4月至6月	于会讯刊登广告
6月1日至6月15日	接受报名
6月16日至7月10日	约见参加者，进行组前聚会及筹备开组工作
7月11日至8月29日	开组
8月21日至9月10日	检讨及跟进工作

应变计划

预计困难	应付办法
1) 招募不到足够的参加者	亲自致电招募对象并进行宣传 要求同事帮助，找寻一些他们相熟而又是招募对象的会员参加
2) 工作员未能同时兼顾到组内家长与孩子	邀请义工从旁协助，并在事前与他们作详细指示及分工，以便互相配合 在组前面谈及小组初段尽快掌握各组员的性格及所关注的事物，以便工作员在构思小组及运作小组时，能

续表

预计困难	应付办法
2）工作员未能同时兼顾到组内家长与孩子	更针对他们的需要提供适量的看顾 在每节之前仔细构思小组流程及安排，在小组进行时工作员需敏锐一些，并留意他们的言行并作适当回应
3）孩子跟不上进度	教材尽量精简及吸引 经常关注他们，并鼓励他们发问 鼓励家长从旁协助

评估方法

1. 在小组活动前面谈及小组活动最后一节时，组员将被安排完成同一份问卷，以比较他们在参加小组活动前后对对方的沟通模式及技巧有否改变。

2. 在小组活动最后一节，各组的分享及意见。

3. 依工作员及义工在小组活动进行时的观察及分析（如沟通模式）。

4. 从出席率及参与、投入程度作评估。

5. 透过与组员的倾谈来知道他们对小组的感受及意见。

参考书目

游达裕、朱志强，1994，《青少年中心服务：活动理论与案例》，香港：香港基督教服务处。

邓继强，1992，《儿童心理的辅导》，香港：田园书屋。

曾嫦嫦、苏淑珍，刘琼琼、施欣欣、张秀如、温世真，1996，《亲职教育》，台湾：历华图书出版有限公司。

（引自何洁云主编，2001，《小组工作程序计划簿》，香港：香港理工大学应用社会科学系）

本章要点

• 要清楚地认识和寻找组员的真实需求的意义，需要工作者能够对组员的需求进行系统评估，在评估的基础上，确定目标，真正做到与组员同行。

• 在制定小组计划书时，需要将下列因素放进去：小组的理念，小组的目标，小组组员的构成，小组的特征，明确的目的，初拟的程序计划和日程，组员的招募计划，需要的资源（除资金外），预料中的问题和应变计划，预算和小组的评估方法。

推荐阅读书目

吴梦珍等，1992，“小组工作模式”，载吴梦珍等主编：《小组工作》，香港：香港社会工作人员协会。

Toseland R W. & Rivas R F. 1995. *An Introduction to Group Work Practice*. Boston: Allyn & Bacon.

第九章

小 组 初 期

本章重点问题：

1. 小组阶段的划分方法有哪几种？

2. 如何把握小组初期的特征和工作？

3. 结合中国人的特点，分析小组初期工作者主要担当哪几种角色？

4. 在给定的一个具体案例中，分析小组所处的阶段和组员的特征，并阐述工作者应该如何介入。

小组完成筹备工作就要开组了，对于小组的进程理论上可以用阶段进行划分，从本章开始连续三章系统介绍小组发展历程。

小组的运作和发展是十分复杂的。小组内组员之间关系的状况、组员的相互沟通、小组的领导与决策方式都会对小组的发展产生重要影响。除此以外，小组发展过程中的不同阶段组员所具有的不同的心理和行为特征，同样会对小组的发展构成影响。当然个人也会受小组发展的影响而促使其行为的改变。因此工作者应全面掌握小组发展各阶段的特点，才能更好地协助小组和组员在各阶段获得成长。

关于小组工作发展阶段的划分，不同的学者有不同的划分方法。塔克曼从经验小组、自然小组和治疗小组的分析中提出小组发展的四阶段：形成期、风暴期、规范期、成就期；米尔斯认为小组的生命历程有五个时期：邂逅、试探小组中的界限及塑造角色、协调出小组中规范性的系统、生产、分离；崔克尔将小组过程划分为六个阶段，如下图（图 9.1）：

亨利（Henry）也提出了六阶段说，即：发起、召集、形成、冲突/失衡、维持、结束。

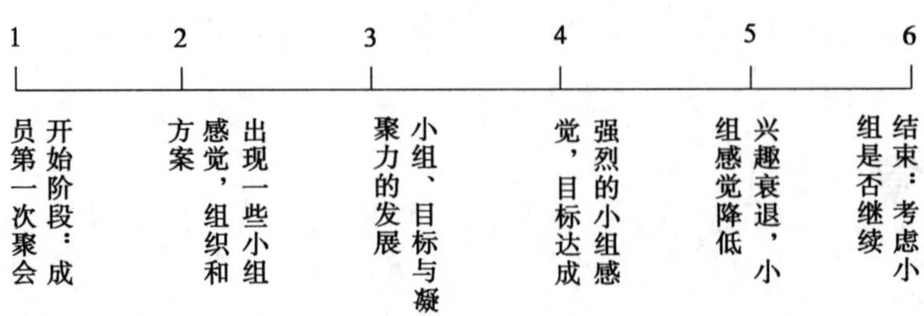

图 9.1 小组的阶段

沙瑞和加林斯基(Sarri & Galinsky)从小组对组员的治疗程度进行划分，将小组发展阶段分为七个：

1. 原始期(初期)：分析小组组员个性与个人问题，工作者按组员的背景与成分来策划活动；

2. 形成期：小组组员一起探讨共同点和兴趣，培养小组情感及责任，对小组目标初步关注，小组结构初步成型；

3. 中前期：中度小组凝聚力出现，小组目标较为清晰，可以观察到组员朝向目标的行动；

4. 重整期：组员对开始形成的观念及结构产生挑战，对小组目标及运作程序进行再修订；

5. 中后期：小组已日渐成熟，中前期出现的小组结构和目标更为明显，小组的整合性和稳定性均已加强；

6. 成熟期：小组结构、目标、规范及文化均已稳定且为组员熟悉，并逐渐将小组文化向外扩展，组员能有效地应对内部及外部的各种压力和刺激；

7. 结束期：小组可能由于目标已经达成或未能完成使命而解散。

直至葛兰·琼斯和库罗迪提出了五阶段发展模式才具有了一定的权威性。这五个阶段为：

第一阶段：组合前期。特点是组员之间的接近与逃避，即对小组既想接近，又想逃离。行动上迟疑不决，态度上有投入多与少的矛盾，组员间彼此不够亲近，可以用一些活动来增进彼此的了解和熟悉。

第二阶段：权力与控制期。当组员感到小组有潜能满足自身的要求时，会考验工作者或相互之间进行试探，界定我、你、他之间的关系，开始在小组内的权力纷争。

第三阶段：亲密期。组员开始相互了解，相互依赖，有情感交流，加深小组投入，愿意敞开个人心扉；希望获得与他人之间的依赖与满足感；组员这时表现得相当有能力来计划小组的事情，彼此间开始感受小组经验的意义，并认识到个人在其中的成长与改变。

第四阶段:分辨(差异)期。组员意识并接受自己在小组中是独一无二的,对小组及其组员间的关系和需要都更现实,组员之间可自由发表意见,沟通最为融洽,小组凝聚力增强,权力关系得以澄清,彼此都拥有自主和亲密的自由,互相接纳,形成良好的小组氛围。

第五阶段:分离期。小组经验已经完成,组员面临分离,需要发现新的资源以适应组员交往、娱乐及职业性的要求。终止过程中会出现以下一些现象。如否定、退化、过去经验的概括、评价过高、不愿意离开小组。

七阶段分法的不足:未能对每个时期小组组员受到的影响进行详细论述,工作者难以把握组员的特点。五阶段则比较详细地表现了小组及组员在不同阶段的活动规范及标准,较易于为工作者掌握。

20 世纪 90 年代以后,许多社会工作理论家则开始以三阶段来划分小组工作的过程,使技巧的分析更为明确。香港 1991 年出版的《小组工作》便采用了这种划分方法。即:

1. 开始期:本阶段小组组员开始聚集,相互熟悉和探索了解小组功能、共同兴趣及目标,彼此吸引或逃避。

2. 中期:组员开始关注自己在小组中的权力和地位,关心自己被小组和他人接纳的状况,因此会出现较多的权力争夺和意见冲突的情况,以巩固在小组中的位置,称为小组重整与归纳阶段。

3. 后期:小组目标已经达到或小组不能顺利进入成熟阶段而中途解散。

本书中我们拟采用三阶段的划分方法。需要指出的是,实际的小组过程是十分复杂的,也很难用这样僵硬的阶段说来阐释小组工作的现实处境,我们始终认为阶段划分方法只是理论上的提升或课堂讲授的需要,所以,在学习小组工作时一定要灵活处置,千万不要对号入座。所谓小组的发展阶段,无论如何划分都是人为的,每个小组的发展都有其特殊性,没有一个完全统一的路径,小组发展阶段的划分也只提供给工作者一个小组发展的可能方向。

一般而言,在小组初期大家首先有机会聚会并相识,其次通过几次小组活动形成了彼此认同的小组目标和规范,而且小组动力开始形成。我们认为小组初期的重点应该包括小组第一次聚会和小组规范形成的过程。

第一节　小组第一次聚会时的特点和工作

案例一:为受虐妇女组织的小组的第一次活动。工作者宣布活动正式开始后,首先进行自我介绍,说明活动的内容、形式及对参加者的基本要求。此时七个成员或低头，或注视着工作者，表情严肃，室内十分安静。为了活跃一下气氛，工作者建议采用邻近成员互相介绍自己，然后将自己的伙伴介绍给小组的方法令成员互相熟悉。很快气氛活跃起来，在工作者宣布结束两两介绍时，有一对成员还在兴致勃勃地交谈着。此时小组成员的面部表情丰富了许多，在"介绍伙伴"这个环节中，没结束交流的这对成员中的一位，抢先发言。接着大家分别进行了介绍和补充。一个成员提到，原来觉得自己是世界上最倒霉的人，没想到还有比自己的境遇更糟糕的姐妹，说这话时被提及的成员有些激动，大家对她投以同情的目光。于是工作者建议大家谈谈各自遇到的麻烦和处理的方法，希望到小组来获得什么帮助。此时，小组安静了几秒钟，大家的表情又都严肃起来。在工作者的启发下，一个年纪稍长的成员开始介绍自己被丈夫和婆家虐待，自己从无助、躲避到逐渐"适应"，后来到法律援助中心求助的过程，希望工作者对她进行法律援助，帮助她申领低保。她的介绍引起了大家的共鸣，其他人也开始讲述自己的遭遇，有的说到动情处抑制不住自己的眼泪伤心地哭了起来。工作者一方面安慰该成员，另一方面趁机进一步说明小组的目标是希望在精神上给予组员支持，帮助大家澄清对自我的认识，重新树立信心开始新生活，由此可以澄清组员对小组目标的认识，调整期望值。

由上面的例子可以看出小组初期，小组成员聚集起来后，首先要相互熟悉，探寻小组目标和规范，其结果组员或彼此吸引或相互逃避。有人曾形象地描绘此阶段组员的关系为"趋避困境"、"捕捉情境"或"试探水流"。这个阶段成员彼此尚未熟悉，成员的情绪起伏较大，经常呈现出焦虑、恐惧、封闭、伪装的甚至是不很友好的态度，成员对小组缺乏信任，所以工作者要协助组员澄清期待和理想，认识个人需要。同时也得面对组员的抗拒和过度的依赖，要尽快打开局面，促成小组成员之间的沟通，发现和培养小组领袖，使小组顺利地过渡到成熟阶段。这一阶段小组结构开始形成，成员渐渐熟悉以后，找到了自己在小组中的位置，但领袖地位尚未巩固。小组确定了目标后，相应的规范也已开始产生。

一、小组第一次聚会时的特点

第一次聚会也是小组的开始，此时小组只能算做一群人的集合，工作者仍然是初级基本角色，处于中心位置，而小组成员只注意自己，与他人很少发生互动，小组有很大的不确定性，也很少有规范可循。此时的成员有以下明显的特征：

1. 充满了两极情感

关于成员的矛盾心情，主要表现为：

(1) 无论成员对于预期的聚会做了多么充分的准备，第一次聚会还是会处于内心充满兴奋和焦虑的两难境地。一旦关起门来，聚会开始，小组成员会直接向工作者这边看。在这种状态下，成员为了减缓压力，他们很紧张而不自然地笑，小声而有礼貌地说话，充满犹豫，行为显得很笨拙，先前问过的问题会重复询问。这时的案主只关心他们自己，他们很少注意其他成员，与他人的接触也很有限，虽然他们很想与其他成员互动和分享。

（2）此阶段成员一方面拥有独立性，另一方面又渴望与他人互动和交流，这种心情是矛盾的、冲突的。主要表现在成员的“趋避”（就是趋求和避免 approach-avoidance）心理和行为。所谓“趋求”是成员对新经验的好奇，希望从小组中获得满足，期待与他人和工作者建立良好的关系，自己以开放的心胸进入小组，同意他人的看法，尽量去包容他人。因此在小组中过多地表现出揭露自己，包容他人的情况。相反，成员也在极力“避免”一些什么。例如，要小心地对别人，对他人感到陌生和害羞，不敢正面接触和交谈，盼望别人先提及自己，不敢主动发言，避开别人的注目，担心会被小组控制，恐惧他人的敌意，不相信自己会被喜欢，思考参加小组的代价，怀疑小组达成目标的能力等。总之，太多的顾及、犹豫与害怕会涌向心头[①]。

正因如此，这时小组成员非常需要工作者的引导，帮助他们摆脱困惑，顺利地与他人建立良好的人际关系。如果此时工作者方法得当、积极工作、成员的情感得到满足，小组就会顺利进入下一个阶段。否则，一开始成员就会产生离心倾向，可能导致小组名存实亡或夭折。

2. 成员过去的经验（包括经历）会影响其在小组中的分享

例如儿时的经历、曾经参加过小组的经验、曾经到过的地点、曾经做过重大事情的经验和教训等，都会影响成员在小组中的分享与合作。

3. 试探

此时成员由于焦虑会提出下列问题：

◇ 我在小组中需要做什么？

◇ 我会不会喜欢其他成员？

◇ 其他成员会不会喜欢我？

◇ 其他成员会不会嘲笑我？

◇ 小组会不会强迫我做一些我不喜欢的事？

◇ 我会不会认识一些人？

此时成员还会试探性地向其他成员提出下列问题：

◇ 你叫什么名字？

◇ 你住在哪里？

◇ 你的工作是什么？

◇ 你认不认识某某？

---

① 林万亿，1995，《小组工作》，台北：三民书局。

此时成员非常依赖工作者，成员会向工作者探询以下问题：

◇ 工作者有什么期待？

◇ 小组有什么规范？

◇ 小组角色有什么限制？

◇ 小组会如何进行工作？

◇ 小组对成员的保密工作怎样？

◇ 小组中要讨论什么问题？

二、小组第一次聚会时的工作

基于上述认识，在这一阶段工作者应该注意以下几点：

1. 寻找相似性

小组刚开始时，成员会以外表特征和经验基础来互动。例如相同的年龄、民族、性别、教育状况、宗教信仰、政治立场、爱好特长等因素都可以促进相互之间的了解。

此时工作者可以通过认真阅读成员的背景资料或向成员询问“谈谈你为什么参加这个小组”等方式来了解成员的相似性，以便制定工作目标和介入方法等。相似性是成员互动的基础。

案例二：在第一次小组聚会时，当工作者首先提到自己第一次辅导小组时，内心非常紧张，生怕不能胜任工作。有一位成员说：“我最大的困扰和恐惧是第一次参加高考。”另一位成员接着说：“我最大的担忧是自己的初婚。”第三位成员是担心如何进入今晚的小组聚会。此时，工作者与其他成员都体会到大家共同关心的问题，这就是：万事开头难。

在现实生活中我们明显地感觉到“似曾相识”和“同病相怜”是最容易产生互动的。所以，在小组聚会阶段，寻找相似性至关重要。

有的成员在小组一开始就表现出异常的积极，其目的经常是为了奠定自己在小组中的地位。他们一方面可能是为了突出自己，同时也追求与别人打成一片，因为这样可以给别人一种领袖和楷模的印象，也可以展示自己的自信。不过，工作者必须明白，并非最早出现的领袖就是最有能力和影响力的人物，在中国人的小组中，仍然保持着谦虚和“真人不露相”的传统观念。这就要求工作者在确定小组领袖时，应该非常谨慎。

2. 彼此交谈

在交谈中应注意两点：

◇ 在这一时期成员倾向与工作者谈话，所以工作者要试图转移话题，引导成员彼此之间增进交流。例如，可以让成员自我介绍，给一个话题，让大家轮流发言等。

◇ 成员此时只想听别人谈，而自己羞于启齿，工作者应该帮助成员梳理思路，鼓励他们大胆地开口说话。

3. 消除顾虑

成员在交谈中总有小组成员不能真实地了解自己的意图的顾虑。事实上，这是很容易发生的，因为我们每一个人很难仔细听别人诉说，对他人的意图难免误解，加之有些成员的口头表达能力有限，这样就更容易引起别人的误解。这时工作者应该积极与成员沟通，仔细倾听，引导成员之间最大限度地沟通。对表达能力欠缺的成员应该给予特殊的关注，积极引导他们发言，帮助成员梳理思路，鼓励他们大胆地开口说话。

4. 仔细聆听

在第一次聚会时，有些成员急于表达自己的观点，而有些又沉默不语。有的成员为了准备自己的发言而无法注意别人的表达，甚至有些人漫不经心，造成小组只是各个成员的表达会，而缺乏彼此互动。工作者应该要求成员注意他人的表达内容，学习聆听他人的心声。工作者本身也应该用聆听的技术来协助成员沟通。

训练成员倾听的方法：工作者可以询问是否听懂他人所说的意思，或要求成员轮流做段落总结；工作者还可以问成员当别人不注意听你谈话时，你有何感想等。由此可以加强成员对别人谈话的回馈。对儿童来说，用奖赏来换取成员的注意力是较为可行的方式。

5. 同理、真诚和接纳

(1) 同理就是工作者应该站在案主的角度考虑问题，即国外许多学者所说的“同理心”。善于倾听也是同理心的表现。倾听和有效回应是一对孪生兄弟，在认真倾听的基础上能够给予有效的回应，让对方感到贴心、被理解了，这种状态是人际互动的最高境界。在小组中一个很重要的要素就是成员间彼此的同理心。工作者要使成员的同理心增强，一方面可以通过自己表达同理心达到；另一方面也可以通过训练提高。训练可以用“注意对别人言行的反应”、“角色扮演”、“给予及时回馈”等方式进行。对工作者而言，同理心不应作为一种技术训练，而应作为一种价值观或行为规范，随时进行培养，把它内化为自己生活的一部分，这样才能在适当的场合真实地表达出来。

(2) 工作者必须是真诚（坦白）的，并且会对小组成员做出诚实的回馈，使组员愿意说出自己的真实想法和感受。真诚包括诚实与开放的心胸。真诚要靠自我了解来实现。真诚的态度就是将自己的满意与不满统统说出，为了成员拥有开放的态度，愿意将自己“皮袍下的小秘密”揭露出来。真诚也应该包括工作者对成员不掺杂任何偏见，对成员和小组的意见及时指出。

案例三：一个由青年人组成的社会化小组，在小组聚会初期，成员由于面子一直不触及彼此的关系。这时工作者及时向他们指出，这种一再避免讨论彼此的关系是一种浪费时间的行为。

真诚的态度有助于消除成员之间的猜疑与增加成员之间的相互信赖。

(3) 工作者必须学会接纳。接纳就是接受，工作者应该抱有谦虚的态度，对组员的行为、语言和想法等努力了解和接受，然后加以仔细分析，据此制订一套有效的援助、治疗、辅导方案，以便有效地工作。

6. 向成员解释清楚工作者扮演的角色

虽然在小组筹备的会谈中工作者已经向组员说明了小组的目的、工作者的角色、成员的角色等问题，但聚会一开始成员通常还是非常关心这些问题，工作者在这一阶段有必要说明自己扮演的角色。

小组成员对工作者的角色应该有清楚的认识，不论工作者的角色是促成者还是治疗师、援助者等，让成员清楚工作者的角色是非常重要的。

案例四：一个工作者在第一次聚会时对成员说："在我们做更深入讨论之前，让我向你们解释我作为催化者的角色。我的工作是帮助你们达到小组目标，帮助你们更好地适应离婚后的生活。我将鼓励你们每个人分享彼此的想法、感觉和关心的事等。我要求你们用你们的言行在小组内外很好地影响别人。当然，我应该告诉你们，我不会离婚，我已经与许多离过婚的人在一起工作过。我不会给你们许多建议，而希望你们在互动过程中共同进步。"

案例五：一个工作者在聚会时对成员说："作为这个小组的治疗师，我要求你们讨论当你还是一个小孩时，你第一次吸毒的经验。我知道这不是很容易，但我也知道，你想要解决问题，你必须将它说出来。我们将讨论这些与过去、现在和将来有关的问题。我也会用诚实、开放、接纳、同理的态度与你探讨。如果在某些时候你觉得我不诚实，请你一定告诉我。"

以上两个事例充分说明了工作者澄清自己的角色，对于小组有一个良好的开端至关重要，因为中国人有句俗话："良好的开端等于成功的一半"。

7. 向成员解释清楚成员自己的角色

许多没有小组经验的成员，在第一次聚会时往往不知道小组对自己有什么作用，他们对下列问题非常关心和疑惑：

◇ 我需要自我表露吗？如果表露我该怎么对别人说？

◇ 我可以对工作者提出反对吗？

◇ 如果我不喜欢说话，别人非要我说怎么办？

◇ 聚会将是怎样的情形？

◇ 我可以在聚会时大胆说出自己的感受吗？

对于这些问题工作者应该提前向成员说明小组的目标、规则、表达方式、自己所拥有的权利等内容，鼓励成员大胆互动、表露、倾听、支持和对质等。

8. 掌握几种相互认识的活动并加以灵活运用

(1) 游戏

◇ 自我介绍

工作者要求成员轮流介绍自己的基本情况，包括“我的姓名”、“我从哪里来”、“我的年龄”、“我就读的学校”、“我的工作”、“我的故乡”、“我的兴趣”、“我的愿望”等内容。

◇ 相互介绍

自我介绍有时会显得比较刻板和紧张，工作者应该协助成员用其他方式彼此介绍，相互介绍就是一种很好的方式。相互介绍是指将小组分成两人一组，可以找同性别、同年出生或穿同样衣服的，要求他们相互介绍，几分钟后回到小组中将刚才得到的资料再介绍给大家。介绍的方式可以多种多样，只要能使成员彼此认识、了解都可以采用，而且灵活热闹的介绍活动也是小组组员“破冰”(打破僵局)的开始。

◇ 寻找相似点

给每一个成员发一张卡片，要求每一位成员去寻找至少两位成员，他们有六种特征与自己的爱好大致相同，然后将他们的名字写在卡片上。这六个问题可以是：来自或祖籍是相同的地方；家庭出身基本相似(工人、农民、干部、知识分子等)；对老鼠、蛇等动物的反应相似；喜欢的休闲和运动方式基本相同(旅游、看电影、跳舞等)；不喜欢的休闲和运动方式相似(逛街、爬山等)；专长(外语、音乐、舞蹈、计算机等)相似。也可以根据小组目标和构成情况灵活确定问题。

当每一个人对照六个问题找遍小组成员以后，工作者把大家召集在一起讨论刚才寻找的过程、方式、策略等内容。实际上从寻找相似特点开始，小组的“僵局”就被打破了，组员的互动也已经开始。

(2) 缓解紧张气氛的活动

◇ 多说问候语，如“你好”、“很高兴见到你”、“吃过饭了吗”等。

◇ 唱一些流行的歌。建议一定要唱大家都会唱的，也可以同时放一些轻音乐等，减少紧张气氛。

◇ 利用聚餐、郊游、舞会、劳动等多种形式促进共识的达成。

第二节 小组规范形成时的特点和工作

小组经过第一次聚会，成员彼此认识并有了初步了解，在以后的几次活动中小组组员开始扮演小组角色、形成小组规范和结构、确定共同目标等，这在小组初期我们称为小组规范形成时期。下面我们就具体讨论此时的特点和工作者的角色与技巧等问题。

一、小组规范形成时的特点

在这一时期成员之间互动日益频繁，小组动力开始形成，主要特点表现在下列几个方面：

1. 小组规范产生

小组规范是指小组成员之间语言与非语言的沟通规则与影响他人行为的方式，包括：保守秘密、彼此负责、参与原则、开放和诚恳的态度、批评与自我批评的态度、对小组和成员不满的表现方式等内容。

规范是小组成员之间的互相认同和默契，它是在成员内部自发形成的，而不是工作者附加的。俗话说：没有规矩难以成方圆。规范有利于小组凝聚力形成，也是治疗的有利工具，规矩使小组保持一种动态平衡和活力，使个人的需求（给予的需求、获得情感的需求、控制与被控制的需求，以及包容与被包容的需求等）得到最大限度的满足。如"当大家给予我积极的鞭策而不是消极指责时，我总是表现得更好"（情感的需求）。

规范引导小组的行为、安排小组的经验、制约小组的互动。当小组发展出规范时，成员已经能彼此分享，相互之间已经可以通过语言与非语言规范进行接触。

2. 小组结构的形成

这时小组出现了明显的结构特征：

（1）沟通结构。小组第一次聚会时，沟通主要是在工作者与成员之间进行，而成员与成员很少沟通。到了小组规范形成时，组员之间的沟通基本达到理想状态，小组结构与刚开始时相比发生了很大的变化，工作者慢慢转变自己在小组中的中心位置和领导角色，组员之间的沟通明显增加，而且形成了大家认可的小组领袖。工作者在此时应该巧妙地运用一些技巧促使成员之间互动。如，当你看到一个成员对其他成员点头、做鬼脸、向别人使眼神时，你可以适时地对她说："小姐，当你做这些动作时，我看到好几个成员在微笑，好像他们有答案，你能不能去和他们谈谈，没准他们会给你很多帮助。"

（2）自然结构。此时由于年龄、性别、种族、民族等因素导致小组分化和次小组的出现。

（3）权力结构。谁用何种方式来影响他人。有些人在小组中有较多的权力，主要原因可能是依靠他人的力量或握有重要的资源或者身强力壮等。工作者可以鼓励成员运用权力达成目标，但是绝不可伤及他人；工作者应该协助弱者使用权力，可以通过角色安排、自我肯定训练，以及权力赋予来增强弱者的权力。

(4) 领导结构。谁对小组决策贡献最多，谁完成小组目标最有力，谁在减缓小组的紧张，谁在增强小组的凝聚力，谁在维护小组的规范等。小组在初期产生的领导者通常是善于表现自己、有强烈的自信心、比较外露、给人第一印象较好的人，但工作者必须明白，并非最早出现的领袖就是最有能力和影响力的人物。在中国人的小组中，仍然保持着谦虚和“真人不露相”的传统观念。这就要求工作者在确定小组领导时，应该非常谨慎。工作者应该强调领导体系的任期制和流动制。在小组初期领导者并不稳定，权力争夺还是存在的，工作者应该十分注意。

(5) 角色结构。角色结构是人们在正式和非正式的小组中所具有的位置。在聚会时工作者已经帮助成员澄清自己在小组中的角色。一般而言，成员的角色可以由自己创造，也可以由工作者安排，还可以在活动中(角色扮演)临时创造。工作者在安排角色时要根据目标、任务以及成员的性格、特长等恰当安排。角色安排可以帮助成员处理“两极感情”，也可以帮助成员发现问题。

3. 小组角色分化

关于小组角色分化应从两个方面掌握：

一是成员的角色分化。人类成长与社会环境是紧密相关的，在小组中由于环境的关系，人的角色是多样的，并且随着环境的改变角色会分化。小组中成员的角色可以分为内在和外在两种，内在角色倾向于处理使自己纳入小组的角色扮演，而外在角色是属于任务的完成。这就是说每一个成员都要扮演内在和外在的多种角色。一般来说，小组越成熟，自我维持能力越强，对于不同行为表现方式和角色的使用就越熟练。所以，工作者应该鼓励成员扮演好内在和外在的角色，随着环境的变化，工作者应该促进成员角色分化，也可以进行一些干预。例如，在小组第二次聚会时，工作者为了促使成员尝试主人角色，要求每一个人使用轮流总结的方式来进行讨论。

二是小组中的沉默逐渐减少，成员开始接受其他成员的影响和支持。工作者的角色开始隐退，甚至在向成员提出建议时也充当配角，从基本角色变为可变角色，也就是协调者。

4. 小组有了公认的目标

此时由于规范和契约的达成，小组已经有了公认的目标。所有的成员都能遵循一定的规范，朝着共同的目标前进。

二、小组规范形成时的工作

有关工作者的职能和技巧可以做如下概括：在这一阶段工作者的地位是轴承的位置，角色是可变的角色。轴承位置是指根据小组的需求，工作者有时居于中心位置,有时居于“边缘地位”,这要视小组的过程而定;而可变的角色是指工作者有时是一个“催化者”,像一座不可或缺的桥梁,有时又是一个“多余者”,像一个让人觉得碍事的“第三者”。这完全要视小组的情况而定。

1. 评估和管理小组规范

规范的产生不是由工作者制定的,成员才是规范的决定者,同时也是执行者。如果成员违反规范,工作者应该要求成员按照规范执行,但决不能强制命令,应该根据当时的情景加以疏导。

对于小组行为偏差者,工作者可以直接对不规范的成员说:“王瑞,我们刚刚才说过当别人在发表看法的时候,最好能注意听,不要在底下窃窃私语”;“力明,还记得上次我们决定在小组中有些话可以不说,刚才永进不想再谈下去,你不应该强人所难。”

工作者可以用间接的方式点拨成员如:“你想知道当你发表看法时,有人不在乎的样子,你的感受如何吗?”;“当有人谈话占用大家太多的时间,你的反应如何呢?”;“说说当你讲话时被别人打岔的感受可以吗?”等。

工作者还可以透过顺水推舟来增强小组规范的履行。例如,工作者可以说:“我觉得他说得很有道理,大家觉得怎么样呢?”

工作者还可以利用其他小组规范的执行经验,以加强自身规范的执行。

最后,需要说明的是小组规范不是一成不变的,随着环境的变化,小组规范也会发生变化,不过,小组规范的修改应该由成员自己决定。

2. 支持和鼓励成员参与互动

工作者的支持和鼓励有两层含义:

一是鼓励小组自我管理、自我约束。特别是对不善于表达的成员,应该给予特殊的注意。例如,可以鼓励他们即兴发言,用下列话题刺激成员表达:

“如果你想说些什么,我们很乐意听。”

“继续说下去,我们很愿意听你说完。”

“我认为你说出来会对别人更有帮助,别人也会非常乐意听到你的意见。”

二是工作者要对成员的行为负责任,不仅应该帮助他们解决后顾之忧,而且要鼓励成员参与干预、保护、修正和引导,鼓励成员遵循规范,努力扮演好自己的角色。

3. 需要考虑的几个问题

(1) 成员的生理、心理、情绪、社会以及智力方面的需求是什么?他们共同和个别的需求是什么?他们从生理、心理、智力和社会等方面能做什么?不能做什么?

(2) 节目是什么?活动投入的时间、方式、财力等有多大?

(3) 关于角色分化和小组规范问题,如下所示:

◇ 小组节目由谁领导?

◇ 领导者是否由成员轮流担任?

◇ 成员角色如何分配?

◇ 小组期待的行为是什么?

◇ 成员对活动有何反映?

◇ 每个人都愿意参加小组活动吗?

◇ 小组运行和沟通的模式是什么?

◇ 小组成员如何彼此分享?

◇ 成员有表达自己感受的机会吗? 将如何表达?

4. 恰当地运用几种游戏

(1) 同心协力。同心协力游戏很多,这里仅介绍广西壮族和海南黎族的“竹竿舞”游戏。一组人蹲下,手持竹竿,竹竿高不过膝,开合必须一致,在“开合、开合、开开合”的节奏下,开合竹竿;站着的一组随着“开——脚踩地”,“合——脚抬起”而翩翩起舞;若竹竿夹脚即为失败,应该换人。

这个游戏告诉人们,在小组中每个人都有个别目标,但是若不经过集体合作,每个人很难如愿以偿,这样,非但自己的目标达不成,小组目标也得不到进展,而且使大家明白遵守小组规范是非常重要的。

(2) 集体作画,提高成员的合作精神。这个活动的目的在于增加成员的合作经验,同时也可以训练成员的联想力与创造能力。图画的题材可以自选或由小组规定,小组可以共同完成一张图或分成若干小组分别作画。成员们轮流在图画纸上循着他人的笔调或追随、或自创,以丰富作品的内容。在作画过程中,其他成员可以提供意见,但不能越俎代庖,以符合普遍参与与合作的精神。作画完成后,成员分别就整幅画的内容与个人所画的部分说出自己的感受与动机。

图画接力的成果在于展现个人的能量和小组整体的力量,同时也表现出每个成员有其独到的思考与创造力。在画中也可以显示出如果成员缺乏对整体画面的共识,必然会产生格格不入的笔调与色彩,如此将破坏画面的整体性与和谐。如同一个小组应有的规范与共同目标,若不在分工与共识之下来运作,必然很难达到小组的目标。

图画完成游戏还可以改为共同完成故事,借着共同思考来完成一个完整的故事,如果现场有录音机,还可以透过录音使情境重现,以增加活动的效果。

(3) 突围与闯关,使成员感受到凝聚力与压力。这组活动是让成员感受到小组的凝聚力与压力。小组固然是解决问题的有效方式,同时也是形成压力与构成障碍的来源。一个成员如果自己的想法与小组中大多数人的想法相悖,他将受到小组规范的制约,而不得自由;相反地,如果小组有高度的凝聚力或团队感觉,则小组外的人要介入本小组也是非常困难的。

突围的活动是由一名成员志愿站在小组中间，其余成员拉手围成一圈，站在中间的成员可用任何方法（除了粗暴动作之外）试图突破圆圈，活动时间可规定以 3～5 分钟为一次，如果突围不成，则换另外一人，如此循环操作，每人逐次尝试。最后，讨论个人突围的经验。透过此活动使每位成员感受到被小组限制的痛苦与无奈，也觉察到小组的力量比个人的力量大得多。

介入则是一名成员被指派或志愿先行离开小组，而其余的小组成员试图使凝聚力增强，譬如找寻一个共同有兴趣的话题，聚精会神地谈论，或手拉手、肩并肩进行暖身活动。几分钟之后，请该小组外的成员尝试介入小组，时间亦可限制为五或十分钟，之后，要求小组及个人分别表达排斥他人或被排斥的滋味。通常一位小组外的介入者会遭到小组强烈的排斥，表达小组排斥外人的方式，有时是漠视，或是冷眼怒视，更强烈的情形是公然侮辱或推挤之。而小组遭到介入时，如果小组的凝聚力不够，很可能会被分化或遭侵犯，这个活动同时也可以让成员体会到包容力的可贵，一个小组能真正地包容别人，也反映出小组的成熟与发展。

（4）赠送礼物。举办一次小组聚会，事前让每一个人都准备一件有意义的礼物，并可以写上一两句自己最想说的话。活动开始后，主持人将所有成员的名字写在纸条上折叠好，放在一个箱子里，然后让每一个人抽取一张纸条，抽到谁的名字谁就把礼物送给他，依次类推。

这个游戏的目的是建立小组信任与和谐。

（5）描述我们的小组。要求每一个成员用最简短的话，真切而动情地描述小组，看谁表达得最准确。旨在使成员建立起从“这个小组”到“我们的小组”的意识。

总之，小组规范形成时期的游戏一定要围绕着增强凝聚力和包容别人进行，可以创造性地玩各种有趣的游戏，但游戏结束后一定要有深入的分享，让组员感受到团队的力量，同时也要组员有足够的开放和包容心态。

在小组第一次聚会和规范逐步形成过程中，还要订立小组规则。规则是大家充分讨论后的共识，有一定的约束性，在制定规则时，需要特别说明的是，小组规则是大家共同制定的，需要大家自觉遵守。但规则也应该有充分的弹性，在具体处境下只要组员同意也可以修改。下面两例小组中是一些大家制定的规则：

案例六：一个教育成长性小组开组前，由工作者提出了小组的活动规则，大家进行讨论，达成共识，并严格遵守。

A. 开放：每个人都敞开胸襟吸纳多方观点。

B. 平等参与：每个人都应最大限度地参与每项活动。

C. 尽情表达：鼓励用自己的观点来阐述自己的价值观和喜好。

D. 团结合作：成员与工作人员平等地营造一个舒适和自由发表意见的

环境。

E. 非评判:欢迎不同意见,但不评判正确与错误或批驳别人的观点。

F. 保密:在小组内讨论的私人问题只保留在本小组之内。

G. 尊重:每个人的观点都有价值,应得到尊重。

H. 分享:在活动结束后,向其他同龄人传递所学到的信息。

案例七:要开展一个青年成长小组,以促进组员对自我的了解,增加沟通技巧,工作者提出了一些小组的基本规则:

1. 组员要坦诚、开放、互相尊重。

2. 要准时出席聚会,若因事不能出席,应先通知工作员。

3. 要将聚会有关个人资料保密。

这些规则成为其初次聚会时讨论的基础,其组员一致认为要增加下列几项:

A. 在小组期间,即使有其他组员成为领导,个别组员仍有自由约见工作员或任何组员谈论有关小组及个人事情。

B. 在小组聚会三次以后,不再招收新组员。

C. 小组在下次聚会时互选主席、文书各一名。

D. 增加小组活动对社区参与的训练,为实际服务对象提供服务。

本章要点

• 在小组阶段的划分上存在不同的观点,总体说来,我们通常采用三分法。

• 工作员要充分理解组员在进入小组初期时的心理状态,分析小组所处的阶段和组员的特征,制定一个完整的工作计划。

• 小组第一次聚会是小组能否顺利开展的关键阶段,因此,工作员要做好充分的准备和安排,为组员创造一个完全、可信赖的环境,促进组员之间的相互了解,为建立一个信任的工作关系奠定基础。

• 在制定小组规范时,需要遵循下列原则:开放、平等、尊重、保密、非批评和团结合作等。

推荐阅读书目

何洁云等,2002,《社会工作实践——小组工作》,香港:香港理工大学应用社会科学系。

林万亿,1995,《小组工作》,台北:三民书局。

第十章

小组中期

本章重点问题：

1. 如何把握小组中期的特征和工作？

2. 结合中国人的特点，分析小组中期工作者主要担当哪几种角色？

3. 在给定的一个具体案例中，分析小组所处的阶段和组员的特征，并阐述工作者应该如何介入。

案例：受虐妇女小组第三次活动。一个被婆婆和丈夫逐出家门的小组成员，特意化了淡妆很早就来到中心，她说自己觉得到中心来心情才会好些。其他组员陆续到来，不用工作者组织，她们就坐在一起很自然地就近来的生活状况进行交流，还特别对第二次因病未出席的成员给予了特别的关心，使之很受感动。活动开始后由于个人的经历基本被小组了解，工作者带领大家开始从自己个性中的弱点方面寻找问题的症结，大多数成员都能很诚恳地结合自己的境遇剖析自己，对个别成员出现的认识上的偏差，也能表达个人的看法。年轻的小丽快人快语，讲述她和丈夫间的矛盾，她说自己不能容忍丈夫及其家人对自己的轻视，常常与丈夫争辩导致丈夫被激怒后对她施加暴力，虽然丈夫现在表示会改过，但她还是要与他离婚。于是女性在家庭中应该保持什么样的性格，如何保持良好夫妻关系成了大家议论的主题。有人认为她很勇敢、很自主、令人羡慕；也有人认为女性应该保持传统美德，应维护男性的尊严，要能容忍或者是策略地与丈夫评理。在整个讨论中，大家在给小丽出主意的同时其实也在对照反思自己，工作者不断启发和引导，小组成员的认识逐渐统一起来。

可以看出，小组中期为小组重整与归纳阶段。成员开始关注自己在小组中的权力和地位，关心自己被小组和他人接纳的状况，成员个人“本我”暴露有所增加，可能会导致意见分歧甚至是权力地位的争夺，来争取自己在小组中的位置。成员在此阶段会具有负面情绪：不安、焦躁、迷惑、挣扎、有超越他人的意愿，但又有强烈的分离欲望，其根源在于对自主权丧失的恐惧和对环境的抗拒。但受到前一段活动的影响，成员还会不断地确定小组对他们的意义，再度选择投入和承诺，形成所谓“钟摆效应”，使分化之后再出现整合。在小组中后期出现相互信任，小组凝聚力和归属感增强，彼此坦诚地交流、相互分享，此阶段小组内领袖地位确定，规范已被大家遵守，小组已经能够有效地处理各种突发事件。

在小组中期，随着组员的沟通和互动增强，组员之间会在价值观、权力位置等方面产生冲突和矛盾，如果小组能够顺利地解决这些冲突和矛盾，小组就会进入凝聚与和谐阶段。

第一节　小组冲突时的特点和工作

大部分学者都认为小组形成后即刻会发生“重整”，这就是小组冲突。一般来说，冲突是无法避免的，而且冲突对于小组而言，既有建设性，也可能有破坏性的作用。冲突并不可怕，关键是要循循善诱，及时解决，就像“蜜月期”结束一样，会产生许多矛盾，诸如权力分配不均，产生权力差异，对论题立场不同，在观念、价值、爱好等方面也存在着分歧等，因而极有可能产生冲突。这种情况下，如果处理得好，小组就会健康发展，否则就会分裂。这一时期的总体特点是小组结构受到成员的挑战，权力分化和争夺，有些成员因为恐惧而想从小组撤退，成员之间以及与工作者之间产生分歧和争吵、价值对立等。

一、小组冲突时的特点

1. 成员的自我意识和权力控制意识增强

此时成员都开始想办法用自己的权威来影响他人，有人对小组在前一阶段产生的领导者表示不满，总认为自己比他人高明，总想用自己的权力控制他人。他们会提出“如果是我，绝对比他干得好”。如此会产生两种结果：一是有些成员权力欲不能得到满足，自己内心就会产生心理冲突和失落感，甚至是嫉妒感；二是有些成员把目标对准其他成员，寻找“替罪羔羊”，促使成员之间产生冲突。例如：有的成员总是爱说：“你难道没有发觉小钟总是出错吗？这件事如果由我决定和领导，肯定比他做得好。他就是会走上层路线，其实并没有多少真才实学。”有的成员还会迁怒于小组中的弱者，他们总爱埋怨道：“这种局面就是由于你的软弱造成的”,“天啊！你怎么这么肥呀？看到就烦。”

作为工作者此时一定要非常注意,对小组中权力和控制欲强的人要给予特别的注意和分析,有时必要的对质是非常重要的。

对于小组中如下一些特殊组员要给予关注：

(1) 有攻击性的组员。攻击性行为包括:贬低他人、否定其他组员的意见、挑战质疑小组目标、讥笑对方、争夺权力等等。攻击的方式有直接的,如与其他组员直接的对质;有时是间接的,如讽刺、开玩笑、尖刻的言辞;有时是一些非语言行为,如皱眉、不耐烦的神情、不友善的态度等等。这些攻击行为会对小组气氛产生负面影响。无论是否其本身的性格因素使然,都会引起组员间关系的紧张,引起冲突或危机。

(2) 沉默的组员。小组中还会出现不发言、不表态的沉默者。这类组员往往不利于小组气氛的活跃,给工作者的工作带来困难,也会对其他组员造成压力。

沉默的原因很多,有的是性格被动、内向;有的组员表现沉默往往也与小组的过程和气氛有关,如他们正在思考或整理自己的思绪时;有的可能用沉默表示不满等等。不过,沉默不完全是一种破坏性的行为,它有时也具有建设性的作用。尤其是中国人的性格特点比较含蓄和“慢热”,在小组活动中由于对自己的意见有保留,也会表现出沉默,这一现象比较普遍。

因此,工作者应有足够的敏感度小心地处理小组中较沉默、退缩的成员,尊重组员选择沉默的自由,应避免组内其他成员对他们的“逼迫”,直到他们已有心理准备才适宜进行深度“挖掘”。

(3) 垄断、说大话者。在小组中,与沉默者相对的,还有特别活跃的人,他们相当主动积极,有时甚至会形成喧宾夺主的局面。这种成员往往会占去小组的大部分分享的时间,“霸占”了大家倾诉、表达的机会,使自己成为小组的中心。这种局面的持续,会造成其他成员的不满,也会增加工作者开展小组工作的难度,阻挠小组的正常进程。

对此工作者一方面要保护这些“积极分子”的参与热情,另一方面要从实现小组目标的大局考虑,策略地暗示或阻止他们在组内有过分的表现,可利用小组规则来约束其行为,或将他们的注意力和积极性转移到有利于小组发展的轨道上。

(4) 替罪羔羊——牺牲者、发泄对象。替罪羔羊是指那些自己选择或他人选择为小组内不良情绪的发泄对象的组员。

小组中有的成员把自己的愤恨、不如意推卸到别人身上,从而减轻自己的负担和压力,把注意力从自己身上转移到他人身上。尤其是当小组遇到紧张情况、小组与外在社区发生冲突、成员与工作者产生冲突、小组凝聚力不高或小组目标不能达成时，替罪羔羊便成为小组减少压力、化解冲突的办法。

而在小组中，有些人由于个人的不自信，也喜欢扮演小组中受虐者的角色，以此来获得众人的接纳使其留在组内。研究表明，“替罪羔羊”的形成往往和当事人的人格特点、行为特性、潜意识情绪以及社会觉醒等许多复杂因素有关。

所以，对于小组成员诿过于人、宣泄及逃避责任的现象，工作者要小心处理。

2. 有些成员向工作者提出对质

经过小组前期，此时成员对自己在小组中的角色感到自满，他们开始表现自我。他们会提出“这是谁的小组”等话题，向工作者提出对质。

瑞德指出：经过六次小组聚会，成员向领导者提出“你现在认为小组的未来会如何，你的期待又如何”来对质工作者。这个问题不仅代表成员开始关心小组的过程，也代表成员对小组的参与。成员对小组工作者的态度也由一个“领导我们的权威象征”的观点，转变成“小组需要你，但是当我们需要你的引导时，我们会向你提出请求”①。

由此可见，冲突期就像人生命历程的青少年期，是一个充满感情而缺乏理智的时期，如果处理得好就会向成熟阶段发展；如果处理不妥，小组有可能提前结束。所以，工作者必须积极努力，促使小组健康发展。

3. 小组冲突的形式和小组中的次小组问题

(1) 小组冲突的形式。一般而言，小组冲突可以有三种形式：

◇ 个人内在心理冲突。是指有的成员面对小组冲突，内心非常矛盾和痛苦。

◇ 成员之间的冲突。成员之间由于权力争夺和对问题的看法不一致，而导致的矛盾和冲突。

◇ 成员与工作者之间的冲突。成员对工作者的角色不满，认为此时工作者成为“多余的人”而产生矛盾；工作者对有的成员提出对质可能导致的冲突。

香港吴梦珍所著《小组工作》中，按冲突性质也将小组冲突分成了三种不同的类型：

◇ “理性及秩序式”冲突

它的重心是环绕小组目标的达成，而表达方面以理性为基础。例如两位组员争论最有效的小组活动方案。这种争论对小组影响有限，但当其演变得越来越情绪化或权力化时，其结果就难以估计了。若解决得好，理性冲突能演化为小组进步的动力。

◇ “心理及情感式”冲突

---

① Reid K E 1997. *Social Work Practice with Group*: *A clinical perspective*. 2nd ed. Pacific Grove CA: Brooks & Cole.

它主要指因组员性格差别或行为不协调而产生的摩擦、不快，或是组员间因感情不和、意见相左而演变成的意气之争等现象，由于不能很好地控制自己的情绪而产生的冲突。此时，情绪因素控制了冲突的双方，小组的气氛也会显得紧张。

◇“权力及控制式”冲突

它主要指小组成员间为了争夺小组的权力或影响力而产生的冲突。它的表现可以是正式的，如竞争小组领袖；也可以是非正式的，如想通过自身影响小组的决策。此种冲突成因复杂，影响深远。

小组冲突是小组工作中的正常现象，也是重要现象，对之不能漠视不理。而且，小组冲突的性质和表达往往因小组性质、组员的特性和小组的成熟程度不同而不同，这就需要运用不同的小组动力去化解。

这时还会发生小组对抗工作者的情况。随着小组活动的深入，工作者在引导小组实现目标的过程中，常常被视为引起矛盾和挫折的重要人物，有时会使成员感到压力和威胁，甚至引起成员对工作者的敌意和挑战，进而怀疑工作者的资格和能力。

这种现象在小组中出现有时是很明显的，有时不明显、或不完全。一般来说，在工作者比较权威的小组中，这种敌意和挑战的负面影响不太明显。这样的小组可能拥有表面的和谐，并压抑和隐藏着一些不良的情绪直到小组结束。但对小组本身发展来说，没有经历过“挣扎后的成长”，却未必是一件好事。

(2) 小组中的次小组问题。大部分小组都会产生次小组，这是小组发展过程中的自然现象。次小组产生的主要原因是由于在一个小组中成员的社会关系、个人性格、心理倾向、特殊嗜好等都不相同。

次小组一般由两三个人组成，它可以诊断一个小组的现状，也可以使一个人在次小组中获得情感的归属。当次小组意识到自己是小组中的一员时，小组的凝聚力就增强了。当次小组遭受反对时，可能会导致小组解散。所以工作者应该正确对待次小组，加以正确的引导。

一个健康的小组都会有若干次小组产生，但健康的小组发展是每一个次小组都认同小组共同目标，而且整个小组虽然有次小组“领袖”，但大家也有一个共同的小组领袖。次小组向坏的方面发展时，就可能出现“派系”。所谓派系就是次小组只认同自己的目标和“领袖”，整个小组四分五裂成若干个次小组，既没有共同的目标，也没有共同的领袖，这对小组工作是一个危险的信号。作为工作者应防止派系出现，因此对次小组进行正确引导和控制是非常必要的。

二、小组冲突时的工作

在这一阶段工作者的角色和小组规范形成阶段基本相同，在这一阶段工作者的地位是轴承的位置，角色是可变的角色。关于工作者解决冲突的方法和技巧，现提出以下几种。

1. 包容

工作者应该认为冲突是很正常的现象，是小组的自然整合过程，不一定是坏事，绝大部分小组都会经过这一阶段，处理得当，坏事会变成好事的。千万不要一有冲突就如临大敌，好像“眼睛里揉不得沙子”，非要把矛盾公开化，迅速解决不可，这其实是不明智的做法，原因有两点：其一，没有冲突的小组是不存在的，冲突是小组的正常现象；其二，许多矛盾是可以自生自灭的，有时矛盾不公开化，反而有利于矛盾的解决，若不加思考就将冲突公开化甚至上纲上线，可能不利于矛盾的解决。当然，有些冲突是要解决在萌芽状态的。所以，工作者的包容心态非常重要。

2. 冷静

所谓冷静就是不做冲动的反应。应该让冲突在自然的过程中逐步化解，许多冲突随着时间的推移是会自生自灭的。应该善于利用冲突，冷静分析，循循善诱。遇到冲突时，工作员应该冷静和敏锐地觉察出问题症结所在，不宜有威胁、指责、挑衅或惩罚的行为。工作员对于冲突的处理，有人认为应加以干预，以使小组结构不受损坏，但是有些人则持相反的看法，他们认为冲突有益于自我再认知，成员可以通过与别人的回馈了解冲突的本质，工作者可以引导成员从冲突过程中获得同理的能力，何况说，冲突本应由小组成员来处理。通常在小组发展过程中，冲突是有意义的，工作者不一定即时干预，但是一定要去面对它。面对冲突的方式可以是直接干预，也可以采取旁观的态度。

冲突既然有其积极的意义，工作者必须协助成员使用冲突，其方法是澄清冲突的本质，支持和协助成员去解决冲突所带来的紧张情绪。

关于工作者是否协助成员去了解小组的经验，有些学者主张不必去解释或协助成员认知他们所面临的社会过程，也就是说工作者站在“不必去运作过程”的立场，让小组过程自然发展。另一种说法主张，工作者的伦理守则中有一项是关于案主的自决，案主有权要求在非控制下达到目标。所以，工作者不可自行预控所有小组的发展过程，而是应当告之小组可能的发展过程。

工作者协助成员澄清小组的过程时，他可以将论题提升到意识的层面或使之语言化。如“有没有人想谈一谈现在小组发生了什么?”或是“谈一谈现在的感受，如何”。这些话题都有助于使冲突趋向理性的对质而避免冲突被压抑而流入潜伏性的危机层次。

工作者干预冲突时不可太早封闭冲突，也就是工作者不能为了及早跨过冲突的障碍而粉饰太平，刻意地使小组表现牵强的和谐。工作员应该牢记小组是属于所有成员共同拥有的，如果有任何冲突，应由成员共同来面对。而且，许多时候冲突是有益于小组的发展的。譬如，为了避免小组成员表现出一厢情愿的服从，或是制定早熟的决策，以及避免小组失去活力，谨慎地挑起冲突并无大碍，反而有益。工作者应切记要去除“不忍心看到小组冲突的窘态”的想法。

总之，工作者应协助成员澄清与确认引起冲突的话题，而且去直面它。如果冲突被及早地稀释掉，则只是代表冲突转入地下，或是换个时间爆发而已，重要的是工作者应协助成员掌握解决冲突的技巧。

3. 理性

所谓理性就是无偏见，就是用客观公正的态度对待冲突。这种冲突无论是成员之间的，还是成员对工作者的，都应该持有“公心”。

4. 分享

工作者应该对冲突负责任，敢于面对冲突，决不回避矛盾。分享的含义很广，包括工作者能够体验他人的感受和情绪，分享他人的痛苦、快乐等。工作者只有懂得分享，才会认真关注每一个组员的实际困难和他们的思想、情绪，也才会对他们提供实质性的援助。

5. 稳定

面对冲突，工作者为了整个小组的稳定，应该尽可能协调各种矛盾。在冲突阶段工作者应该以大局为重，表现出高超的协调能力，因为此时成员把工作者放在了“矛盾的焦点”位置，他们会把各种不满、指责、攻击等情感莫名其妙地发泄到工作者身上，这时工作者应该表现出高度的同理、诚恳和接纳的态度，只有这样才能使小组渡过危机期，顺利进入成熟期。

6. 焦点回归

就是把问题抛回给小组成员，让他们自我解决。工作者把论题抛回给小组是表现其轴承位置与可变角色的实质功能。所谓把论题抛回小组是指工作者不担任最终的决策者，而是一位提醒者和鼓励思考的媒介，他用启发性与示范性的表达鼓励成员发表不同的看法，让任何引起争议的话题能透过共同的参与达成共识，也就是创造一个以小组为焦点的问题解决情境。工作者将论题抛回小组的方式可以表达为，“大家觉得这样是否恰当”，“别人有没有进一步的想法”，“有没有不同的意见呢”，“要看这个建议对大家的影响如何，不妨让我们仔细地思考它”，“大家觉得怎样”等。但是，把论题抛回小组的用意并非要工作者完全放弃主张或权力，他仍然可以有介入的行动，只是比以前的各个阶段的介入程度更低，而表现更少的引导与活动角色罢了。因为，工作者相信成员自己能把握小组事务，不再需要全力去引导小组过程。工作员可以用自己的知识和经验来验定小组自主性的能量有多高，从而决定自身角色涉入的深浅程度。

7. 充分运用下面两种游戏

这一阶段要充分运用建立价值、信念和角色扮演的游戏，帮助成员澄清价值两难困境，解决冲突，使小组顺利进入成熟和谐过程。

(1) 认清价值观、修正信念的游戏

◇ 价值拍卖

工作者将一份列有拍卖品(亦即价值)的海报或是印制好的小纸片公开，要求成员用自己所拥有的总金额，购买上列的价值。每个人所拥有的金额原则上统一规定，如一千元或一百元。领导者开始叫卖每一项价值，由开价较高的成员得标，叫价所支出的金额应从个人可支配的金额中剔除。拍卖完成后，小组进行讨论，以分享成员间价值选择的偏好或对价值选择的不同和相同的原因与感受。

价值拍卖的内容通常是包括友情、健康、工作保证、理想婚姻、出国旅游、服饰、洋房汽车、爱情、高学位、子女、人类和平、升官、发财、领导能力等。

这个游戏旨在帮助成员澄清自己的价值偏好和价值反差，从而认同彼此的价值选择。

◇ 鳄鱼河

这个故事是说有一位女士想渡过鳄鱼河去与情人相会，而她自己没有能力安全渡河，为了免于鳄鱼的攻击，很快与情人相见，于是她请求船夫协助，船夫的代价是要求以一次性交作为渡船资费，她在两难之下，选择了与船夫性交而渡河。当她过了河会见情人，她的情人知道她与船夫发生性关系，就此遗弃了她。这位女士将此事告知另一位朋友，这位朋友就数落这位情人的不是。

工作者可以询问成员对故事中四位角色(女士、船夫、情人和女士的朋友)人格的评价，再逐一讨论个人偏好的原因。这个故事结合了“性”与“忠诚”的价值抉择。

除了以上所举鳄鱼河的故事之外，也可以将故事改变成荒山中的飞机失事事件，将故事的角色增加为理性、罗曼蒂克、自私、实用主义、道德等，使故事的情节因素更为复杂，让成员作出判断。

由于工作者对成员的情绪影响很大，所以，价值判断的影响也会很大，工作者应避开自己的价值判断，不要让成员觉得是在诱导他。工作者“非评判”可以促使成员自我暴露，工作者要告诉成员他们所说的一切必须是真诚的，如此，价值澄清的活动才有意义。

◇ 冰海沉船

就是模仿“泰坦尼克沉船”过程，鼓励人们学会互相帮助，勇于献身，同时也可以显示爱心和小组的力量。

(2) 角色扮演游戏

利用角色扮演来增进自我了解与设身处地的态度是直接而有效的。如果小组中冲突现象难以化解时，不妨使用几种角色扮演的活动来复制冲突的情境。

◇ 角色互换

对于引起冲突或沟通不良的成员利用扮演对方的角色方式，使原来的冲突情境或沟通情境再现。之后，小组一起来讨论角色互换的结果。最重要的是，角色扮演者应坦诚地表达自己扮演他人角色的感受，以及从他人扮演自己的角色履行中得到的印象来增进自我了解。

角色扮演有助于增加同理心，使人们能够站在他人的角度考虑问题，从而增强设身处地的态度。

◇ 角色冲突

由领导者先编好一个剧本，以配合小组情境发展为原则，其中必须要有试图引起若干冲突的情境。演员可由成员志愿或由工作者视小组目标的需要而挑选。例如：主角是一位职业妇女，在晚饭后先生期待陪伴；孩子中有人喊着要妈妈放水洗澡，有人要吃水果，有人要妈妈听他谈今天学校所发生的事；另外公司的同事打电话来要她去参加公务应酬宴会……

演完之后，领导者可以要求演员与观众共同讨论现场的观感，包括对角色的偏爱程度，角色扮演的感觉，对相对立角色的看法，以及如何才能解除这种冲突情境。

除了以上所介绍的活动外，凡是有助于人际沟通的活动都可用于此阶段，如沟通训练、人生历程的回顾、谣言传播、深度自我描绘等。

8. 其他

◇ 退却。一部分成员放弃争执，如儿童放弃游戏、夫妻由于情感破裂而离婚等。

◇ 压制。小组领导通过强制手段解决矛盾，主要有命令、暴力、强制解散等手段。

◇ 多数原则。即多数压制少数，只不过不像前面的方法那么武断。

◇ 少数服从多数原则。经表决，少数服从多数。

◇ 妥协。双方各自让步，达成妥协，以求取协调。

◇ 团体整合。经双方努力和磋商，达成共识，这是解决冲突的最好方式。

第二节 小组成熟时的特点和工作

小组顺利渡过冲突期后，就进入大家期待的成熟过程，这是每一个组员的理想，也是大家共同努力的结果。

一、小组成熟时的特点

1. 成员达到最理想的沟通状态

此时由于成员彼此交流密切，产生互惠。小组成员知道其他成员会说些什么，以及对某些问题的态度和反应；当有些成员说了或做了一些错误的话和事时，其他成员会抱以宽容和理解的态度；此时成员讨论的内容也变得比较宽泛，大部分成员在每一次聚会时都能分享别人的问题、感受和想法，受到启发。互动、治疗和援助的效果此时最明显。

2. 小组形成最有效的管理模式和解决冲突的方法，组员之间有充分的默契

在这一阶段，小组的规范已经制度化，例如，座次的安排、说话的方式、出席缺席的处理、分享的层次、对质的方式、表达的态度等。此时，几乎所有的一切都有一个固定的管理模式，管理工作健康而有序地开展。最可贵的是组员之间有很多默契，因为彼此有了充分的理解和尊重。

3. 小组有足够的能量达成目标

这时会出现两种情况：一种情况是小组的目的和目标变得十分清晰，比如在互惠模式小组中别人的经验对自己显然立竿见影，在治疗小组中成员开始处理更深入的个人和人际关系问题，这些问题包括成员的自主性、害怕被伤害的感觉、沮丧、敌意、亲密感等问题，在小组成熟过程，成员会放弃他们的面具，而使小组的自我表露达到高峰；另一种情况是成员对小组感觉很好，但希望有更新、更好的目标，以利大家发展，所以此时可能会重新修订目标。

4. 小组的概念更加深入

随着成员在一起的时间增加，小组的界限被打破，凝聚力增强。这时成员会把“这个小组”变成“我们的小组”，成员有“家庭一分子的感觉”。

5. 权力结构趋于稳定

此时小组的领导、次小组的“头”已被成员所认同，不会再有权力和控制之争。

6. 成员会比以前拥有更大的自主性，但彼此之间的依赖性更强

成员在小组中分担更多的责任，彼此之间的了解更多。由于成员彼此的兴趣和关心，小组会出现“配对”和产生“次小组”，成员会表现出更多的同理心、真诚和理解，成员不仅期待工作者协助，更需要其他成员协助。

7. 成员与工作者的关系更加和谐

此时工作者的角色和位置发生了变化，工作者已经找到一种最恰当的工作方法。

二、小组成熟时的工作

在这个凝聚力强、大家非常和谐的时期，工作者的角色和位置已经发生变化，此时工作者处于催化促进的角色和边缘位置。此时工作者对成员之间的关系和活动节目的开展起到促进作用，就像一个协调师。而且由于成员自立、自

理、自我管理能力的增强以及自我意识的觉醒,工作者的地位从中心位置转变为边缘位置。整个小组再也不是围绕工作者而开展工作,小组此时完全被成员认同,成为他们自己的小组。

根据以上分析,工作者应该做好下面几项工作:

1. 引导

引导的技巧主要表现在两方面:一是忠告;二是咨询。

所谓忠告就是在活动开展前,工作者向成员提出原则性的建议和要求以及工作者根据以往的经验向成员告诫可能出现的问题及其注意事项等。

所谓咨询就是工作者随时解答来自成员的询问,帮助他们揭开困惑和疑问,最大限度地提供信息。

总之,此时工作者处于边缘位置,绝不能像前面的阶段,凡事都事必躬亲,亲自过问和管理,而应该相对比较“超脱”,像一座灯塔,起到导航的作用。

2. 支持

工作者对小组的支持有两层含义:一是鼓励小组自我管理、自我约束。特别是对不善于表达的成员,应该给予特殊的注意,如可以鼓励他们即兴发言。二是工作者要对成员的行为负责任,不仅鼓励他们去做,而且应该帮助他们解决后顾之忧。

3. 充分运用下面两种游戏

(1) 信赖游戏。这种游戏主要是通过成员身体的接触,训练成员之间彼此的信赖度,以培养团队的安全感。

◇ 扶倒练习

由成员轮流到团体中央,其他成员谨慎地围成一个圈,随时准备迎接倒下来的成员,站在中央的成员闭上眼睛,放松自己,缓缓地倒向任何一个方向,在外圈的成员见到成员倒向自己的方向,应该迅速接住他,再将他推回到原位。在最初的接扶动作上,可以让成员的倒地动作不要过大,渐渐尝试几次后,才适合做较大的倒地动作。这种游戏可以多人做,也可以两人一组进行。进行中务必循序渐进,才能培养信任感。警告成员绝不能有疏忽和开玩笑的举动,以免发生危险。

◇ 老鹰捉小鸡(大家都会,此不赘述)

(2) 探索自我游戏。这类活动主要是教会成员面对自我、肯定自我。它主要是透过别人对自己的评价,树立自我新形象。

◇ 谁是我

这是考验小组成员经过了数次聚会之后,是否相互了解并借此反映自己在别人心目中的印象。首先由每一位成员用小卡片写上四句或五句有关自我形象的描述,包括嗜好、个性、过去、未来、优点、缺点等。然后,由主持人将卡片收回重新抄写一份所有成员的自我描述，复印发给各位（或由主持人当场念出每一位成员的自我描述），由成员们来猜各个纸片上描述和刻画的是谁，不论猜对与否，答案先不公布，到所有描述都被猜过后，再公布答案。最后，讨论被了解与不被了解的感受。

◇ 重点轰炸

就是让每一位成员轮流到小组中央接受别人的评价，回馈的焦点可以放在成员的优点和缺点上，回馈的范围是团体几次聚会时发生在个人身上的行为，被回馈者只能聆听，不能回话，每一个人的回馈应该将语言和非语言的反映集中在被回馈的人身上。如此轮流轰炸完毕后，由工作者带领成员讨论，内容是在被回馈前和回馈中自己的真实感觉、被轰炸时的感觉以及现在的感受等。

（3）自我表达游戏。这类活动重要的是让成员有机会表达对小组、成员和工作者的看法，了解成员的真实感受，同时，具有自我肯定的训练效果。

◇ 我在想什么？

为了让成员真实地反映自己目前的心理感受，小组可以使用这个游戏。先让每一位成员用纸笔写出或画出自己目前的真实感受和心理状态，可以实写亦可抽象地写。然后，将画或文字交回给主持人，每个人在作画或写的时候，可以离开现场，互不窥视。主持人将所有的画或文字置于小组中央，请大家发表对每一幅作品的看法和所表现出来的意义。最后，由原作者发表自己的真实意图。如此轮流，直到所有的作品都被欣赏完为止。

◇ 我的感受是什么？

为了使成员真实表达出自己喜怒哀乐的情绪，工作者可以尝试运用这个游戏。先将成员分成单数和双数，然后让成员按照单双交叉的顺序围成一个圈，由单数号轮流向左邻的成员说出一句心里话，如“我很欣赏你的才华”或“你很美”，接着由被表达者给予回馈。工作者可以要求第一次回馈可以用礼貌和交际的客套话，如“谢谢你”或“我很高兴听到这句话”；第二轮仍然由单数表达，但对象是右邻的成员，表达的问题是一样的，但回答的表示则尽可能是自己的真实感受，如“我不觉得有多好”、“你太高估我了”等。接着换由双数成员向单数成员表达，做法相同。这个训练可以使成员区别社交表达和真实表达的差异，使他们分清表达的场合和对象，同时也使成员能够学会理性地表达自己的感受与坦然地接受对自己的真实反馈。

最后让我们以一个实例进一步说明这一阶段的工作。

案例：在一个单亲母亲小组中，阿红从进入小组起一直沉默寡言，不愿意说话。据介绍她入组的街道干部说，她不会在人前说话，每年街道送慰问品给她，她连一声谢谢也不会说。在前几次小组活动中，每次轮到阿红发言时，她都低着头，红着脸不肯说话。自我介绍时，阿红用只有她自己听得到的声音说出了自己的名字。组员们纷纷劝她发言,都没奏效。在第四次小组活动的家庭作业分享时,轮到阿红发言时,她令人意外地站了起来,怯怯地问道:"我可以说几句吗?"然后,她掏出了一张纸,大胆地念出自己写的一封信。阿红的行动得到了社工和组员的热烈欢迎和鼓励。

从以上例子可以看出,这个小组是一个分享的成长小组,成员是因离婚而成为单亲的妇女,经过三次小组活动,组员之间有了进一步的了解,小组处于凝聚与和谐时期。经历了小组的冲突过程,小组在磨合中逐步整合,进入"成人期或成熟阶段"。此时小组的凝聚力与和谐达到高潮,小组工作在这一时期有序而高效地进行着。这时小组的特点是成员之间达到最理想的沟通状态;小组有足够的能量达成小组的目标;小组的概念更加深入,随着成员在一起的时间的增加,小组的界限被打破,凝聚力日益增强。这时成员会把"这个小组"变成"我们的小组",成员有"家庭一分子的感觉"。此时工作者的角色和位置发生了变化,工作者已经找到一种最恰当的工作方法。在这个成熟时期,工作者处于催化角色和边缘位置,工作者就像一个协调师,而且由于成员自立、自理、自我管理能力的增强以及自我意识的觉醒,工作者的地位从中心位置转变为边缘位置。整个小组再也不是围绕工作者而开展工作,小组此时完全被成员认同,成为他们自己的小组。成员(珍妮)在彼此互动中达到了治疗的目的。

本章要点

• 小组中期是开展工作的最佳时间,需要抓住时机,带领小组开展工作,以实现小组目标。

• 小组进入中期后,组员间的冲突是不可避免的,工作员要学习如何面对和处理小组的冲突。

• 在小组后期阶段,工作员不仅需要充当工作者、辅导师等角色,还需要充当调解人、支持者等角色,应当关照不同组员的需要,处理组员在工作过程中的不同表现,以实现组员最大限度的改变和成长。

推荐阅读书目

吴梦珍,1992,《小组工作》,香港:香港社会工作人员协会出版。

Reid K E. 1997. *Social Work Practice with Group: A clinical perspective*. 2nd ed. Pacific Grove CA: Brooks & Cole.

第十一章

小组后期

本章重点问题：

1. 小组进入后期的最主要的标志是什么？
2. 后期的小组成员有哪些特点？（试着通过比较不同性质的小组进行说明）
3. 如何巩固成员在小组中的改变成果？
4. 工作人员如何做好跟进工作？如何看待组外资源对成员的影响？

案例：这是小组的第六次活动，也是最后一次。第五次活动结束时，工作者已经告诉成员活动到了尾声，所以组员们都十分准时地到达了。活动中，工作者带领大家就前几次活动进行了回顾，引导小组成员反思自己的收获和变化，大家表达了自己参加小组后思想认识上的收获，小组成员彼此交流心得和感受，还互相提出了许多建议和对今后的打算，对工作者的工作、特别是给予她们在婚姻及家庭认识方面和法律知识的提供表示了由衷的感谢。但是也有个别成员表示不想离开，希望再有类似的活动还想参加，不为别的，只是在小组内感到安全、舒服，回到家心情压抑，没有安全感。大家提议小组结束了但彼此可以成为好姐妹，今后可以互相鼓励和支持，通过电话联系或找机会重聚，最后还编印了组员通讯录，并合影留念，希望有机会与工作者再见面。

整个活动的气氛十分融洽，最后更是依依不舍。与第一次活动时比较，大部分成员无论是仪表还是神态都更加自信和爽朗，更可贵的是大家都不再怨天尤人、自暴自弃，已经开始规划自己今后的生活，小组成员彼此建立了关系，而且已经开始了互相的关注与支持。

俗话说“天下没有不散的宴席”，正如人生历程的发展是一个周期一样，小组的历程也有开始和完结。小组结束可能带给人失落感，因此，处理失落感，利用小组结束帮助组员了解失落的意义十分重要。在结构性的小组工作中，小组活动的次数是提前确定了的，没有特殊情况都会按照事先的计划结束小组。所以，工作者甚至是从一开始就为小组结束做准备，要让成员尽早了解小组结束的时间，这样才不至于使成员对突如其来的结束感到无法接受。

小组后期目标已达到或由于不能顺利进入成熟阶段而涣散，都会导致小组结束。从积极的方面来说，成员个人的需要已经在小组内得到满足，成员间也获得了彼此的了解，小组目标基本实现；消极地说，组员在小组中已经不会有新的收获而对小组产生倦意等，这些都会导致小组结束。小组结束，组员要分开，所以产生恐惧、矛盾心理。结束期间，成员常出现的便是两极情感的宣泄，否定、失落甚至痛苦情绪的滋生与流露，同时也会积极回忆群体生活经验，准备纪念性活动以结束小组。

小组的后期作为即将收尾的阶段，有其特殊性和重要的功能，同样是小组工作不可忽视的环节。此时工作者应帮助组员进行工作的总结、评估，使大家了解自己的收获、发现新的目标和需求、寻找新的小组、克服不良心态和消极行为的发生。

第一节 小组后期的特点和工作

一、特点

1. 小组后期的界定

前面已经提到，小组的过程是连贯的，阶段与阶段之间的界限也没那么分明，在此书中，我们将小组分成不同阶段来讨论和总结，从而分析不同阶段的特征，也是为了便于大家在头脑中建立一个相对清晰的框架，以便深入认识小组过程和工作技巧。

一般而言，小组后期不单是指小组的最后一次聚会，它包括小组和组员达到预期的目标，准备结束小组的一个动态过程，同时还应该包括小组结束后，一些相关的跟进工作的安排。

2. 小组后期的主要特点

(1) 正面的、积极的情绪。由于小组大部分组员的需要在某种程度上得到满足，目标也已经实现，组员彼此间建立了互相接纳和愉快的合作关系，甚至成为朋友和伙伴。

小组组员在小组中具有正面、积极的情绪体验。他们通过参加小组活动，进一步增强了对自身的认识和了解，自我不断完善，组员的自我形象和社会功能也有所提高，有能力去面对和支配自己的生活，也会热切期待在未来的生活中可以实践在小组中学到的东西，对自己的将来有一份美好的憧憬。而且，部分组员已经能在组外获得满意的经验，并能与他人建立良好的人际关系，这一切使组员的自我能力明显增强。

(2) 负面的、消极的情绪。此时组员也有明显的负面、消极情绪。

◇ 担忧、失落

经过一段时间的相处，组员之间已建立起密切的、支持性的组内人际关系，面对即将分离，组员难免有些悲伤和失落，部分组员亦会对将来能否建立一个互相信任与接纳的社会关系产生担忧，进而会产生一种被小组遗弃的感觉，初期加入小组的落寞感再度升起，拒绝分离。

◇ 否认、逃避、行为倒退

小组的即将终结，一方面会对组员产生一种压迫感，另一方面也会提升起他们对小组经历的眷恋，为了使小组能延续下去，他们会采取逃避的态度，否认小组即将结束的事实。例如，通过引入一些新话题、新任务，或是用缺席等方式来避免结束小组。

此外，成员亦会用一些倒退性的行为来对抗小组的分离。例如，组员间关系松散，或是已解决的问题再度出现等等，这些都是组员对分离的恐惧、抗拒等心理的反映。

◇ 对外面世界的担心

参加小组的组员中，很多都是对外面世界状况适应不良者。在小组活动过程中，组员经过波折，与小组建立起接纳、肯定、相互支持的关系，这种愉快的体验反过来又使其对外界的人和事产生忧虑和担心，害怕自己适应不良，对自己的能力产生质疑。小组的解散意味着他们要独立面对许多新的情况，于是产生无所适从和莫名的忧虑感等。

(3) 组员之间的联结呈现松散状态。小组后期，小组的影响力和小组规范的约束力都逐渐减弱，组员间的联系也比较松散，互动频率和强度相对降低。同时，小组成员开始将部分精力转向对外界的联系，为适应实际生活做准备，也有人由于害怕小组结束带给自己伤感，采取“自卫”行为，及早离组或对小组投入的感情减少，从而降低由于小组分离对自身的伤害。

二、目标和任务

总体而言，小组后期的目标和任务就是巩固组员正面的、积极的情绪体验，尽力消除组员负面的、消极的情绪体验，巩固小组工作的成果。

1. 小组后期的目标

简单来说,小组后期的目标就是巩固小组工作的成果,帮助小组成员独立地、有成就感地离开小组,并且巩固其在小组中的学习经验,使其能运用于日常生活中,从而进一步发展和成长。同时,还要尽可能增进组员对小组经验的良好印象,从而吸引小组成员日后参加类似的小组活动。

应该指出,小组成员是否真正实现了小组目标,真正领会和吸收了小组所提供的有益经验,熟练地应用于实践,在很大程度上取决于工作者对小组的运作尤其是小组后期的介入方法和技巧。我们必须善始善终。

2. 小组后期的任务

(1) 评估小组目标的实现情况。评估小组工作的效果和效率,评估目标达成情况,小组动力情况,有何特殊事件,处理情况如何等,不仅是对本次小组工作的总结,也是为下次小组工作提供参考。

通常结束时大家关注的焦点,与当初参加小组时所选择的议题有关,成员会结合在小组过程中获得的信息加以讨论,重点在这些信息对个别成员的意义,以及成员对参加小组的经验是成功或是失败的原因的探讨,这是很难通过问卷和工具加以了解的,必须通过讨论获得。

另外一个重点就是让成员自由地讨论自己的改变,特别是分享自己对小组活动过程中喜欢和不喜欢部分的讨论,这对工作者来说更为宝贵。这些信息可以作为工作者今后改进小组活动的重要依据。

一个有责任的工作者首先不应害怕接受成员对自己的评价(批评),而且这种评价不应等到小组结束时才进行,可以随时给成员一些机会反馈对工作者带领小组的感受。工作者首先要建立起与成员之间的信任关系,才能让小组成员自由而真诚地提出自己的意见和建议。工作者可以询问以下问题来了解成员对自己的看法和建议[①]:

在小组的过程中,你觉得对你最有帮助和最没帮助的行为有哪些?

你希望我能表现出来但却没有表现出来的行为有哪些?

有关我个人的特性方面,如:说话的方式、介入的时间、幽默感、自我表达的方法等,对工作有帮助或没有帮助的有哪些?

你觉得我了解你的能力和感受如何?我表达了解和不了解的方式如何?

你觉得我在你面前有多真实?

你能感受到我所表达的支持和关怀吗?

你觉得我面对与自己不同性别和文化水平的成员的方式如何?

(2) 了解和处理成员有关小组结束的情绪和感受。正如我们前面指出的那

---

① 曾华源,2000,《社会团体工作》,台北:红叶文化事业发展公司。

样，成员在小组结束前会有许多情绪，而且通常会觉得这些情绪难于处理，但是成员又必须学会如何处理。因为一方面，每一次面对结束的经验本身都会增强下一次面对结束的能力；另一方面，对小组工作来说，没有处理好的情绪体验会阻碍成员记住和应用本次小组中学到的经验和技能。

在小组后期，即将到来的离别时刻常常将小组笼罩在由领导者和组员造成的一种“非理性伤感”的气氛之中，作为工作者首先要处理好自己的情绪，同时要帮助小组成员接受离别的事实，做好结束小组的心理准备。一方面要调动小组成员的情绪，鼓励他们将内心的感受充分表达出来；另一方面要让成员认识到小组结束的正面的、积极的意义，从而引导其对离组后的生活做出妥善的安排，将视线投向对未来生活的美好憧憬。

(3) 保持成员的变化，巩固其已经习得的技巧。如何在助人过程结束之后，协助案主维持过程中所获得的改变，是助人者最关心的事。研究表明，造成成员无法有效维持改变的主要原因，并不在于协助成员达成改变的技术，或是成员本身掌握的改变能力，而在于组员所处环境中的负面因素，对成员学习的新行为或方法造成了反向影响。所以工作者在面临小组结束时，必须和成员一起讨论维持新行为的技巧，使小组成员能够保持其已改变的行为，并能应用到日常生活中，从而使小组成员能将已经习得的新行为运用到现实生活中。具体的方法有：

◇ 模拟练习。将小组作为实验室，设定模拟情境，使成员在小组结束前，有机会尝试新行为，或留家庭作业让成员演练所学习的社交技巧，使新的行为得到巩固。

◇ 肯定正面感受，加强组员的自信。由于小组更多地将注意力集中在成员不足的方面，容易导致成员对自身能力的否定，工作者要通过随时随地地鼓励和肯定成员的进步，排除或减少其负面感受，使之对离组后自身的能力更有信心。

◇ 寻求外部资源支持，做好跟进工作。为了帮助组员更好地融入现实生活，工作者可寻求组员家人、朋友、社区等支持网络的协助，以维持和巩固成员已有的进步和变化。如果成员有兴趣继续学习提高，工作者可提供有关资源，如：可以转介到其他小组，或提供个别心理咨询和家庭治疗等。

◇ 鼓励组员独立。小组后期，工作者要鼓励组员运用其自身的能力、资源去处理现实生活中的问题，逐渐降低小组对他们的吸引力，保证小组平稳过渡到结束。工作者要引导组员对离组后的生活做出妥善的安排，将视线投向未来的美好生活中。

(4) 协助成员制订将来的计划，适应外部的情境。工作者可带领大家讨论将来可能会遇到的各种事件，释放组员对未来的担忧情绪，通过制定切实可行的行动计划,成员间相互的鼓励与支持,增加彼此的信心和适应能力,完成由组内到组外的有效过渡,让他们勇敢地面对未来。

(5) 处理未完成的工作。对组内规定完成而未完成的事项,做出及时的总结和处理。此类事务要视情况而灵活处理。

(6) 转介。了解特殊组员的需要,对那些要给予进一步关注的组员,可安排转介服务,鼓励其转向其他机构寻求帮助。

第二节 小组后期的工作技巧

一、离别的准备和情绪处理

1. 后期开始的离组准备

(1) 告知小组成员离组的日期,协助组员回顾在组中的收获,检验组员目标达成的状况。在小组后期,工作者要在小组活动结束前一两次告知组员小组结束的大致时间,让成员有心理准备,接受即将分离的事实。工作者应表明自己对离别时组员的情绪变化的理解和接受,鼓励组员将自己的小组经历和离别时的感受表达出来。

工作者也可先谈自己所观察到的初步感受,还可用现身说法,与组员分享自己在某项工作完结时的体验,来引导组员表达自己的感受。

这种表达和分享主要是令工作者更明确自己在结束期的任务,及时帮助组员妥善处理一些问题,并给予适当的支持和鼓励,与组员共同总结在小组中学到了什么,经历了什么,近而增加组员对自身能力的了解、肯定自我、树立信心,并在必要时为一些组员提供组外协助,以减低组员面对离组产生的焦躁不安与彷徨。

对小组目标达成状况的认识上,可以由工作者对各个组员做出初步的评价,帮助组员回顾个人在小组中的成长历程,工作者也要对组员的小组表现给予评价。通过与开组前状况的对比,肯定组员圆满达到的个人目标,同时指出未完成的目标,鼓励组员在小组后期积极参与活动,努力完成既定目标。

与此同时,也可由小组成员自行评估,总结自身目标的达成情况,组员通过回顾学习过程,总结成长经验。组员也可以给自己“打分”,做出自评,以便充分利用小组结束前的时间弥补和改进。

达成目标是小组工作的核心。因此,在后期离组准备上,应将部分精力放在对目标达成情况的评估上。

(2) 鼓励成员提高独立解决问题的能力,减少他们对小组的依赖。在小组工作结束之前，工作者应该关注并培养小组成员的独立意识，创造条件使其学会面对不具支持性的环境，使组员学会运用在小组内培养起来的自信和学到的技巧与方法，面对困境，解决问题；还要有意识地培养组员理智地分析、判断所遇到的难题及其相关因素的能力，使成员摆脱对小组的依赖，真正实现小组目标。

此时应逐渐淡化小组对成员的吸引力和影响力，如果小组此时仍对其成员具有很强的吸引力，小组的结束对小组成员来说就不是一件容易的事。小组成员间，经历小组发展过程后会有强烈的正面感情，当他们面对分离时会有强烈的负面感受，工作者必须注意此时小组成员的情感变化，巧妙地降低小组的吸引力，以便使组员能适应分离，避免产生负面的情感体验。

当然，如果在小组后期，组员已经将注意力转移到组外，小组对其不再有意义，也不再具有强烈的吸引力，那么，工作者只需关注余下未完成的工作即可。

通常情况下，工作者可采取以下方法来降低小组吸引力：

◇ 引导小组成员总结他们在组内的收获，指出他们已经得到其期望在小组中获得的成长。

◇ 与成员讨论为什么不再需要小组。

◇ 鼓励小组成员运用学到的方法与技巧解决实际问题，以使他们不再依赖工作者和其他组员的支持。

◇ 减少小组聚会的频率。

◇ 鼓励小组成员参与小组以外的活动，以获得外部资源来满足自身需求。

(3) 了解组外的社会资源。小组工作结束后，小组成员将投入到组外的社会生活中，离组前对组外社会资源的了解和认识，对于小组工作的后续跟进及小组工作成果的巩固，有着举足轻重的意义。

一般而言，首先要了解组员们已有的社会支持网络的状况，积极寻求可能的社会资源支持小组成员，或是让小组成员清晰认识到自己周围存在的可利用的资源，在有需要时主动寻求外力援助。

所以，在小组结束前，工作者应对组员的家人、朋友、社区、单位等进行联络和沟通，同时，还应关注与小组成员需要相关的各种机构的信息收集。最后，将所掌握的信息反馈给小组成员，建立良好的社会支持网络，尽可能拓宽小组成员的发展途径。

2. 后期的离别情绪的处理

小组结束期，成员有可能同时有正面和负面两种感觉。正面感觉往往来自于小组成员自身成长的经历、进步、变化的喜悦；负面感受通常是小组结束带来的分离的悲伤和失落的情绪。

工作者可以通过强调组员的正面成功的感受，来增强小组成员的信心和成长的力量；但对负面情绪的处理，则要小心谨慎。要帮助小组成员做好结束小组的心理准备,逐步接受分离的现实,从而淡化、弱化分离引起的小组成员内心的焦虑不安,增强小组成员处理离别情绪的能力,促进小组后期任务的完成。

在处理组员离别情绪方面,目的并非是消除组员所有的负面情绪,而是协助组员认识及面对客观现实,建立对事实和即将面对的新环境的正面和积极的态度,运用自己的能力和资源去适应新环境。

针对小组成员几种不同的情绪反应,我们可以采取不同的介入方法:

(1) 逃避、否定的离组情绪。面对即将分离解散的小组,一些组员会对小组的终结采取回避态度,用缺席、不愿讨论有关小组终结的问题来掩盖负面感受,以开展一些新计划、新话题等行为表现来对抗小组的分离。

此时工作人员可适当地肯定和揭露组员的情绪。如:"到了快分别的时候了,大家似乎都有些恋恋不舍,小组过程中有过许多难忘的经历,此时大家可能会有一种失落感,也许谈一谈比闷在心里好过一些。"另外工作者可以通过自我表露对分离的体验,来抒发其面对小组完结时的感受。通过示范,主动表露他(她)观察到的组员的感受,同时分享他(她)此刻的情绪,从而协助组员进一步表达。在组员的表达过程中,工作者可给组员支持,协助其合理地疏导自身情绪。

(2) 沮丧失落的离组情绪。在一些关系比较亲密的小组中,面对小组即将终结,一些感性的组员会表现出忧伤、流泪,或对小组活动的反应呆滞、提不起兴趣或保持沉默的现象。

遇到这种情况,工作者的介入方法可以是与组员一起表达彼此对小组完结的感受。工作者可以率先分享自己的感受,从而引发组员对分离感受的表达。在分享过程中首先肯定组员在小组中的成长、小组中良好亲密的关系、愉快的小组经验等,鼓励组员离组后与他人建立密切及愉快的关系,将目光投向未来,为离组后独立面对生活做准备。

(3) 不满愤怒的离组情绪。一些比较情绪化的小组成员,在小组即将分离时,会产生一种被遗弃与排斥的感觉,因而会对机构、工作者产生不满,甚至会将不满的情绪投射到小组成员身上。愤怒的情绪有时是对目标的达成、小组进展状况表示不满,例如当面挑战工作者、故意与工作者意见相左、对工作者采取不合作不友善的态度,或是抨击其他组员的观点等等。

遇到组员的此类情绪,工作者应当表现出谅解、宽容的态度,并让组员明白工作者了解与理解他们的感受。工作员对有不满情绪的组员采取接纳的态度,而非直接的回击,可避免矛盾激化。用以退为进的方法让组员有个缓解自身情绪的余地,让组员能静下心来,对自己的表现做出恰当的自我评估。

与此同时,工作者还应明确小组本身的限制,避免组员对自己及小组产生过分苛刻和不切实际的要求。

此外工作者应尽力为组员提供组外资源的支持，协助其对未来做出计划和准备，缓解其离组后独自面对生活的惶恐和压力。

(4) 行为倒退。行为倒退，是组员抗拒小组终结的一种情绪表达方式。组员想以此来提醒工作者小组目标仍未达到、任务仍未完成、解散小组是不明智的和不适宜的。

此时工作者可适当指出此类组员行为背后的含义，协助其客观地认识、评价不可避免要出现的小组分别的事实。同时，尽可能地带领成员讨论对外部世界的认识、准备及可能获得的支持，通过激励、支持来增强组员提高适应能力的信心，从而减轻失落与不安全的感觉。

二、小组的结束

1. 处理最后的离别

(1) 讨论分享愉快的经验感受。工作者说明这是最后一次聚会，大家一起分享小组走过的心路历程。重新体会和感受大家由陌生到相知、相熟悉，再到依依不舍的情感变化过程，回顾小组过程中所经历的愉快经验和感受。

(2) 协助组员回顾他们在小组中取得的成果。协助组员回忆他们在小组中学了些什么及在学习中经历的过程，邀请成员总结整理自己的学习收获和发生的改变，尤其是比较参加小组前后在观念、情绪及行为上的具体差异。通过组员互相回馈的方式，来确定组员已经克服的心理障碍和实际困难，从交流宝贵的成长经验中获得信心和勇气。

回馈可通过不同的形式进行：开放式问题、小组分享、讨论和游戏等等。当然，工作者也可鼓励组员就其不足之处做建设性的批评，而不是简单笼统的正面性回馈。

(3) 以欢送会等形式终结。小组结束形式要视小组的情形而定。对一个短期的任务小组来说，最后的离别相对来说简单一些。但对于一个关系亲密的长期小组来说，最后的离别内容则会丰富一些。为了缓解小组成员离组的负面情绪，最后一次离别时工作者可发动小组成员来组织小组送别活动，活动程序、内容由组员自己参与设计。在轻松融洽的气氛中，对比那种正式的、笼罩着分别"愁云"的小组整体所经历的感觉，会给组员一种持久的温馨与惬意，对小组成员日后参加小组活动来说也会形成正面的感受。

(4) 祝福与道别。面对即将的分别，成员之间可以互送提前准备的小礼物，也可以互相说句祝福的话，留下几句临别赠言和寄语，还可以借助一些回馈活动或游戏，提供更充分的交流机会，使组员之间彼此祝福、告别。

(5) 提醒保密。保密是小组活动自始至终都要遵守的规范，小组过程中工作者随时在提醒大家贯彻执行，但到了小组快结束时，工作者仍需再次提醒成员尊重他人，维护他人和自身的权益。

(6) 收集意见。活动最后，请成员填写团体意见反馈表，为小组评估做准备。

2. 为走进现实生活做准备

(1) 共同计划离组后的安排。要让成员的小组生活与现实的日常生活间有一个理想的衔接，就需要工作者与组员一起计划离开小组后的安排。一方面是协助组员巩固在小组获得的经验并能将之运用到日常生活之中，从而更有效地应付小组以外的生活挑战；另一方面，也会为一些希望进一步发展的组员计划和安排另一种成长途径。

工作者与组员一起制定计划必须考虑组员的能力与需要，同时也要考虑组员的意愿和自身所处的环境。工作者须同小组组员一起，探讨他们的兴趣与意愿，从而制定适合此小组成员今后发展的成长计划，让组员有一个现实的、合理的期望值，并付诸行动。

(2) 寻找适当的资源。工作者可以寻求小组成员的家人或周围其他人的支持，帮助维持在小组成员身上已发生的变化。同时，工作者还可针对组员的需要，寻找适当的资源，甚至替组员做一些直接的转介工作，尽可能掌握其社区资源的情况，提供给组员寻求帮助的资源线索。让组员尽可能地掌握其身边的支持网络，从而拓宽其可运用的资源，协助其离组后的成长与发展。

(3) 提供继续学习或进一步接受服务的资源。有些成员有兴趣或有必要继续学习，或想接受进一步的咨询、培训等服务，工作者可充分根据自身所掌握的资源提供给组员，从而促使其进一步学习、巩固和提高。

(4) 协助组员面对不支持的环境。组外的环境未必与组内的环境一致，工作者可以针对组员的表现给予特别的关注和支持。很多时候组员面对的将是一个封闭的、排斥的或不支持的环境，导致组员在小组外应用其所学时感到受挫。当然，在对支持性环境的争取上，工作者可尝试做一些工作，例如去争取组员家庭、社区环境的支持等等，但最直接、有效的解决方法，仍是锻炼组员自身面对不支持环境的适应能力，或者鼓励组员逐步改变不支持的环境。

此时，工作者应与组员在一起，设想并设置一些外在环境可能存在的障碍，从而设计调整和应变的行为和技巧，使其在心理上、适应策略上有初步的准备和积淀，逐渐适应外部环境的挑战。

工作者可通过角色扮演、模拟练习、行为预想等简单的模式化的方法来协助成员学习应变行为。

(5) 协助组员锻炼独立解决问题的能力。从组内到组外，适应外界的社会生活，要求成员具有独立应对问题的能力，这是最根本的也是最稳固的解决途径。

在小组历程中，无论曾针对多少情景做过行为的模拟实践，组员都不可能预想到现实生活中所有可能遇到的问题，所以最理想的当然是让组员具有独立解决问题的能力。要让组员掌握一些解决问题的方法及更有信心地使用这些方法，让组员懂得分析自身所遭遇的情境，并了解人们在特定情况下会出现的态度和行为反应，使组员对人的需要、特征以及人类行为的法则有所认识。不过，这些方面的培训会受到组员的素质、对小组的期望及问题的复杂程度的限制。

总之，不间断的、有针对性的训练是重要的，工作者不仅在小组过程中要对组员进行相应的训练，而且在小组的后期，要使成员进一步消化所学到的东西并加以内化，才能使他们今后有能力将在组内所获得的学习成果及经验进行更广泛的运用。

3. 小组评估

对小组的过程和效能进行评估，在小组工作中是非常重要的。小组评估不仅可以让工作者知道小组目标达成的情况，组员改变的状况，还可以帮助工作者了解自己工作的状况，为今后小组工作提供借鉴。对组员的评估，在小组活动中一直都在进行，只是在小组结束时需要对小组工作做一个整体的评估。有关小组评估的内容，我们将在下一章进行详细介绍，这里我们只介绍在小组过程中对组员的改变和小组进行的过程进行评估的方法和知识。

(1) 评估方式。在小组过程中，评估方式主要包括：工作者自评、成员自评、观察人员或督导的评估三个方面。

◇ 工作者自评。这种方式重在两方面的评估：一是工作内容，即目标是否达成；二是工作表现，即小组工作员在领导小组中的技巧运用和与组员之间的互动过程是怎样的。

在针对工作内容的评估上，可有以下相关问题：

小组的活动方案或计划是否有效？

能否准确评估小组形成等与成员相关的行为？

对成员的了解程度如何？

是否有效地协助成员获得了改变？

成员新行为的习得、巩固情况如何？

小组发展过程中，相关专业知识和技巧的运用情况如何？

能否有效运用了社会资源？

在针对工作过程的评估上，可有以下相关问题：

小组成员间的关系如何？

小组的气氛如何？

处理小组事件的效果如何？

能否催化小组，形成小组凝聚力？

能否建立与成员的良好的互动关系？

能否在小组过程中贯穿小组规范、运用小组动力？

能否自我反省、自我察觉？

◇ 成员自评。这种评估主要包括三个方面内容：一是参与小组的目标是否达成；二是参加小组过程的感受如何；三是小组效能如何。

在参与目标是否达成上，会涉及：参加小组之初的期望是什么；参加小组后最大的收获是什么；小组过程带来了哪些个人改善；收获是否符合我们的期望，能否达到我们的期望值；个人的目标是否达成，小组的目标是否达成，二者之间是否有差异。

在参与过程的感受上，会涉及：在小组活动的参与情况如何；小组对自我探索的程度如何；自己在小组中的定位状况如何；小组中自身的努力程度如何；活动中与他人的互动状况如何；自身对小组的融入程度如何。

在对小组效能的评估方面，主要涉及：小组是否协助自己达成了目标；小组活动是否有效；小组过程是否有意义，有价值；小组气氛如何；小组凝聚力如何；工作者的工作是否有效，是否符合自己的期望；小组成员的情感维系情况如何；小组成员的目标、进步状况如何；对小组满意的（或失望的）地方有哪些。

◇ 观察人员或督导的评估。这种评估分为两方面：一是对成员的观察和评估，二是对小组效能的评估。

在对成员的观察评估上，主要会涉及：倾听的状况；自我表露的状况；成员间的同理、尊重的状况；成员间沟通的状况；有哪些破坏性的行为；有哪些抗拒、掩饰行为；有哪些防卫行为。

对小组效能的评估上，会涉及：小组计划的可行性和有效性如何；工作者的工作行为如何；小组的结果如何。

总之，在对小组做评估时，一般会采取多角度、多主体的评估。

(2) 评估方法。评估方法很多，在小组评估中常用的方法有面谈方式、记录方式、精确的测量工具、问卷或评估表。

◇ 面谈方式

面谈法是一种非正式的评估方法，是由工作者或专门的观察人员以小组或个人的方式与成员进行面谈，从而对小组工作进行了解，做出评估。

◇ 记录方式

此方法包括文字记录和视听记录。

文字记录指在小组进行的过程中，由专门记录人员将小组过程做摘要记录或逐字记录。视听记录就是用录音或录影的方式将小组过程记录下来，然后再由工作者或评估人员根据这些记录对小组做出评估。见表 11.1 至表 11.4 所示：

表 11.1　台北市某社会福利中心团体工作过程记录表[①]

(1) 团体名称:青苹果俱乐部 (2) 团体会期:第　　次会期 (3) 聚会日期:　　年　　月　　日　　时　　分 (4) 聚会地点: (5) 出席成员: (6) 缺席成员: (7) 团体目标: (8) 阶段目标: (9) 记录时间: (10) 工作者:
团体过程:(请详细描述本次活动的程序、讨论话题、沟通、角色分工、互助、凝聚力、士气、决策、领导形态等)
团体过程评估:(请分析本次聚会达成阶段目标的情况,其有利因素与不利之障碍,并拟定下一次活动的目标与工作纲要)

表 11.2　团体活动记录表[②]

团体名称:　　　　年　　月　　日　　记录者:
第　　次聚会　　　　工作者姓名:
聚会时间:　　午　　时　　分——　　午　　时　　分
其他参加及到场的工作者:
聚会地点:　　　　天气:
出席者: 共计:　　名
缺席者及理由:
列席者(包括成员的朋友或家人):
主要的活动内容:
下次预定节目及其内容:
上次聚会迄今为止的个人接触情况:
聚会概况:

① 林万亿,1998,《团体工作:理论与技术》,台北:五南图书出版公司。

② 李建兴,1993,《社会团体工作》,台北:五南图书出版公司。

表 11.3 台北市某社会福利中心团体工作总结记录表(林万亿,1998)

(1) 机构名称: (2) 团体成员: (3) 团体进行时间: (4) 团体聚会地点: (5) 团体目标: (6) 团体成员特征: (7) 记录时间: (8) 社会工作者:
组成:(请摘录本团体组成缘起、问题特性、组成经过,以及选定标准等)
团体过程摘述:(请摘述每一个团体活动的过程,并加以串连)
团体工作评估:(请依据团体工作评估的方法进行自我评估,并拟定下一个团体工作的目标)

表 11.4 小组摘要记录卡(第　　号)(李建兴,1993)

所属机构名称	
工作者名称	
团体名称	
成立时间	年　　月　　日
成立时成员数	
现在成员数	
集会的名称	
集会的场所	
集会时间	开始:　　月　　日　　午　　时　　分 结束:　　月　　日　　午　　时　　分
集会次数	

续表

主办者	
指导者	
职员名称	
出席成员名单(注明性别、年龄)	
节目内容	
特殊记载	

◇ 问卷或评估表

这是最常用的评估方法,通过设计相关的问卷或评估表收集各方面的意见反馈,进行小组评估(见表 11.5 至表 11.7)。

表 11.5　团体气氛自我评估表①

说明:回想团体其他成员互动的情形,在每一项目前的括号内写下适当的字母。

A. 他们总是这样　B. 他们时常这样　C. 他们偶尔这样

D. 他们很少这样　E. 他们从不会这样

我觉得和我同组的人:

1.(　)诚实对待我。

2.(　)掌握到我说话的重点。

3.(　)打断或不理会我提出的意见。

4.(　)接受我。

5.(　)当我干扰他们的时候,他们很自然地让我知道。

6.(　)误解我所说的和所做的。

7.(　)对我感兴趣。

8.(　)提供一种气氛使我能表现真实的我。

9.(　)有事藏在心里不让我知道。

10.(　)能洞悉我是怎么样的一个人。

11.(　)无论什么事都会考虑我一份。

12.(　)对我采取判断式的反应。

13.(　)对我完全坦白。

① 徐西森,1997,《小组动力与小组辅导》,台北:心理出版社。

续表

14.(　)能觉察我的困扰。
15.(　)不论我的技术、能力或地位如何,都能充分尊重我。
16.(　)如果我表现特异的话,就嘲笑我或不表赞同。
其他意见:(请注明)

表 11.6　团体满意度自我评估表(徐西森,1997)

请在所选择的与您情况相符的数字下面画圈。

极不符合 1 2 3 4 5 6 7 8 9 10 **极符合**

1. 我能在这次团体活动中向别人表达我的看法。

1 2 3 4 5 6 7 8 9 10

2. 我喜欢这次团体活动。

1 2 3 4 5 6 7 8 9 10

3. 我觉得在这次团体活动中学会了如何关怀别人。

1 2 3 4 5 6 7 8 9 10

4. 我对自己越来越了解。

1 2 3 4 5 6 7 8 9 10

5. 参加团体活动使我对自己越来越有信心。

1 2 3 4 5 6 7 8 9 10

6. 在这次团体活动中我乐于和其他人分享我的经验。

1 2 3 4 5 6 7 8 9 10

7. 我觉得这次的团体经验很有意义。

1 2 3 4 5 6 7 8 9 10

8. 我觉得这次聚会大家互相信任而且坦诚。

1 2 3 4 5 6 7 8 9 10

续表

9. 我喜欢工作者的带领方式。 1　2　3　4　5　6　7　8　9　10
10. 我认为下一次可以改进的是：

（说明：此表用于每次团体活动结束后，成员针对团体感受与意见的评估）

表 11.7　团体成员人际关系评估表（徐西森，1997）

先生（女士）：您好！

为了协助　　　同学自我成长与适应发展，希望您在百忙中完成这份问卷，以协助我们了解其日常生活表现资料，作为我们对其进行辅导时的参考。您所填写的资料我们绝对保密。谢谢您的合作！

谨祝：工作愉快，身体健康！

＊＊＊＊＊＊　中心

年　　月　　日

填写说明：

(1) 为使评估客观，当事人的表现行为指在各种情况下（如校内、家庭）的观察。

(2) 评估分数时，请不要过于宽容或苛刻，依照当事人的实际表现即可。

(3) 评估时首先了解数字所代表的意义，即："4"表示程度明显；"3"表示平均以上的程度；"2"表示平均程度；"1"表示平均以下的程度。

(4) 如果您已经明白了我们的指引，请在适合当事人行为程度的点数后打"√"

＊＊＊＊＊＊＊＊＊＊＊＊＊＊＊＊＊＊＊＊＊＊＊＊＊＊＊＊＊＊＊＊＊＊

1. 他是否诚实、真诚、值得信任	4( )3( )2( )1( )
2. 他是否对自己的行为负责	4( )3( )2( )1( )
3. 他是否完成老师、家长指定的工作	4( )3( )2( )1( )
4. 在紧张的情况下，他是否能保持身心的平衡与自在	4( )3( )2( )1( )
5. 他是否对人有礼貌	4( )3( )2( )1( )
6. 他学习是否努力	4( )3( )2( )1( )
7. 他平时是否能认真、虚心地学习每件事情	4( )3( )2( )1( )
8. 他对自己是否有信心	4( )3( )2( )1( )
9. 他是否主动帮助别人	4( )3( )2( )1( )
10. 他是否办事严谨、考虑周到	4( )3( )2( )1( )
11. 他是否尊重别人	4( )3( )2( )1( )
12. 他是否能与他人愉快相处	4( )3( )2( )1( )
13. 他对现实生活是否满意	4( )3( )2( )1( )
14. 他是否能准时上下学（班）	4( )3( )2( )1( )
15. 他是否遵守与他人的约定	4( )3( )2( )1( )

另外，请您就三个月来，对当事人的了解（包括他的学习表现、生活情况、交友情况等）加以补充说明：

◇ 精确的测量工具

为了使评估更具科学性、客观性，许多学者都进行了尝试并制定了多种测量工具，以确保收集的数据具有可比性、说服力。依据评估内容较常用的测量工具包括下列几项：

对个人行为改变的测量：行为计量、目标达成测量、情绪状况自我测量、价值澄清测量、自我了解与情绪了解测量、心理测量、婚姻沟通测量、人际能力测量、精神症状测量、自我概念测量、情绪测量、子女态度测量等；

小组改变测量：行为计量、小组结构测量、小组过程测量、分享特点测量、社会心理工具测量等；

环境改变测量：人际关系量表、关系变迁量表等。

总之，评估时采取的测量方法很多，要根据小组的性质、组员的状况、小组的目标等多方面因素来选择，才能发挥测量在评估中的最大效用。

三、小组结束后的跟进

跟进服务是帮助小组成员使其技能和行为进一步巩固和持久化的必要方法，包括转介、建立自助网络、安排探访等。

1. 转介

转介是跟进工作中的一种，工作者首先要清楚地知道某些服务是否适合组员的需求才可做出转介。

为此，工作者需要了解有关转介的程序和准则，了解其他机构的相关资源，并且同其他机构建立服务联系网络。在转介前，要使小组成员对此转介机构有所了解和准备，从而最大限度地适应该机构的服务。在工作者与小组成员对转介的需要达成一致的认识之后，才可进行转介服务。转介完成后，社工与小组成员之间最好保持相应的联系，以进一步把握转介后的状况和成效。如果转介失败，或成员不能从新的服务机构中得到所需，他们应告知工作者以尽快采取措施。

2. 建立自助网络

与求助其他服务机构不同的是，工作者还可转向寻找组员社会支持网络的协助，或者教会组员运用自身资源，去应对生活中可能会遇到的问题与事件。

首先是帮助组员了解其自身的社会资源状况。例如：在一个即将结束的戒毒人员小组活动中，组员甲要离组而投入到社会生活中去，谈话的过程中，我们了解到他出去后的资源：他的爱人和家人、不错的经济背景、一大群热心的教会中的朋友，他说他会先去教堂中帮忙，让大家看到自己已经获得改变的行为，巩固家人的信心之后，再去找其他的适合自己的工作。他将家庭、教堂、朋友作为自身投入社会后的自助网络，从而来密切同社会的联系，慢慢适应外界生活。

当然,自助网络的建立要视小组的性质、个人的情况而定。自助资源的发现、了解也是在小组的过程中一步一步清晰、明朗起来的。只是在最后的分离阶段,对组员自身社会资源的再认识和重申,可以为组员带来启发和鼓励。组员学会通过自己的能力,运用身边的资源获得个人的成长和发展,则是小组工作比较圆满的结果。

3. 安排探访

在小组结束后一段时间,如三个月后,对小组成员进行探访,是小组工作延续的重要内容,也是巩固小组成果的关键。工作者可以安排一对一的个别追踪面谈或电话交谈,了解其离组后的工作、学习、生活状况、遇到的问题及其解决状况、人际交往状况等,使成员感到工作者对自己的关心和重视,并且可以通过了解组员的近况,做出评估及指导,使其得到更切合的资源支持。

组后的探访还可以延伸到对组员家人的探访,从家人处了解组员的情况,并对从组员处了解的情况进行核实、印证,从而做到对组员离组后生活的客观把握。如组员确需继续帮助,工作者可在个人和机构双方能力允许的情况下,给予其适当的协助。

同时,对离组成员的探访,也会给正在举行的小组活动以启示和借鉴,将一些实际的问题及状况带回到组内来分享,可以促进小组工作的开展,形成小组工作的良性循环。

本章要点

• 小组进入后期意味着小组目标的实现和小组的结束。这个时期的工作包括小组的评估、组员的离组情绪的处理和离开小组后的安排等。

• 由于组员离组时常伴有负面情绪,工作员需要从小组中后期开始,就不断提醒组员小组结束的时间,为其离组进行准备,同时在小组后期需要面对和处理组员的离组情绪。

• 小组结束后,工作员还需要对个别组员离组后的生活进行安排,并开展小组的跟进工作,从而巩固成员在小组中的改变成果。

推荐阅读书目

何洁云、谢万恒,2002,《社会工作实践——小组工作》,香港:香港理工大学出版社。

曾华源,2000,《社会团体工作》,台北:红叶文化事业发展公司。

第十二章

小组的评估

本章重点问题：

1. 如何证明小组工作的有效性？
2. 小组工作评估的主要类型有哪些？
3. 怎样选择小组评估的测量工具？
4. 如何撰写评估报告？

小组工作者经常要面对社会大众回答这样的问题：小组工作能够帮助人们有效解决问题吗？小组工作有意义吗？小组工作的方法值得推广吗？政府或出资方有必要继续支持小组服务吗？要很好地回答这些问题，进一步改进自己的工作方法，让社会大众接受并支持我们的工作，小组工作者有必要对小组工作进行评估。在本章中，我们将详细介绍小组评估的概念、类型、评估方法，以及如何开展评估、撰写评估报告。

第一节　小组评估概述

一、小组评估的目的

评估指就某个干预的效果或者整个小组工作的效果进行的信息收集的过程。小组评估指的是对小组的一次干预过程，或在整个小组过程中进行资料收集，从而监测干预过程是否有效地完成了既定目标，能够满足当事人的需要，是否对当事人产生任何有害的影响；干预过程中，哪些因素导致了预期的变化，哪些因素导致了意想不到的变化；干预过程中的投入与产出之间的比例是否合理。

小组评估在小组工作中发挥着重要作用，小组评估可以帮助我们了解工作过程的有效性、组员改变的状况，以及机构管理的有效性①。它不仅可以促进社工的个人成长，还对社会服务机构产生一定的影响。总的来看，小组评估的作用可以归纳为以下几点：

第一，评估可以指导干预方向，使得干预行动一直围绕小组目标和个人目标顺利进行。评估不仅是在组前和组后进行，更需要在小组过程中同步进行，这样，社工能够从组员那里不断得到信息反馈，保证干预计划能够有效进行。

第二，评估可以帮助社工和组员明白在小组过程中小组目标和个人目标实现的程度。通过评估，可以发现小组干预计划是否与组员的改变具有相关性和一致性。

第三，评估为组员提供了一个很好的机会来表达自己对小组的满意度和不满意度。

第四，评估可以帮助社工不断总结、提高自己的工作能力和水平，为以后的干预提供依据和改进方向。

第五，对机构而言，小组评估积累了大量的资料，为提高整个机构的服务质量提供了经验和资料，为机构的培训提供了重要的依据②。

第六，评估可以向机构、资助机构或者社会展现某种特别小组或者某种小组工作方法的有效性。

第七，评估可以检验小组工作服务的成本效益关系，为机构和政府决策提供支持。

二、小组评估的类型

根据小组的进程，小组评估一般分为这样几个方面：策划评估、过程评估、结果评估和效率评估。

1. 策划评估

小组策划评估通常是评估小组的设计和计划过程，它主要包括收集相关资料。在收集资料阶段，社工需要回顾检索与自己所开小组相关的文献、资料和记录，查阅有关论文和书籍，从而全面掌握与自己即将开办小组有关的一切资料，

---

① Rubin A & Babble E. 1997. *Research Methods for Social Work*. Balmont CA：Wadsworth.

② 陈永泰，1991，《社会服务评估法》，香港：香港基督教服务处。

做到全面了解，心中有数。

在进行组前计划评估时，社工需要掌握下列信息：组员是否自愿参与小组，他们参与小组的动机，每个组员的能力，组员是否能够帮助小组实现目标等。通常在明确了可能参加小组的人群后，社工要通过各种方式，例如：面谈、电话访谈等，直接与他们建立联系，以便全面了解组员的情况、问题和需求等。

2. 过程评估

过程评估，又叫形成性评估，指的是对小组的整个过程进行评估。评估的内容包括：组员的表现评估，社工的表现和技巧评估等。通过这类评估，可以发现小组中组员的变化情况、社工的工作技巧，以及哪些因素导致了组员的积极变化、哪些因素导致了组员的负面变化等。过程评估还有助于工作者总结经验，提高工作水平和质量，形成个人的工作风格，创造新的工作模式。

3. 结果评估

对小组结果的评估通常在小组结束时进行。通过收集组员对小组内容、工作方法、社工表现等方面的评价，以监测小组是否完成了其预定目标。在结果评估中，最常用的方法就是单一个案设计，在下一节中我们将详细介绍。

4. 效率评估

效率评估是将小组服务的成果与成本进行比较。它试图将小组的结果进行货币化，然后，将这个费用与小组中投入的成本进行比较。效率评估十分复杂，需要花费很多时间，但是，如果机构希望评估自己的服务是非常节约成本的服务，这样的评估就是非常有意义的。

三、评估研究的伦理考虑

美国社会工作者协会《伦理守则》中明确提出了有关评估和研究的伦理问题，主要内容如下：

(1) 社会工作者应监督和评估政策、方案的执行和实务工作的介入。

(2) 社会工作者应促进与催化对知识发展有益的评估和研究。

(3) 社会工作者应批判地检视与取得最新的社会工作有关知识，并且在专业的实务中充分地使用评估与研究所得到的证据。

(4) 社会工作者在从事评估或研究时应审慎地考虑可能产生的后果，而且应该遵循已有的保护评估和研究参与者的指引，并适时向机构的审查委员会提出咨询。

(5) 社会工作者在从事评估或研究时，应获得参与者的自愿参与和书面的告知后同意；对于拒绝参与的情况，应该没有任何潜藏的或实质的剥削和处罚；也不能不当地诱导参加。应对参与者的福祉、隐私权和尊严予以适当的尊重。告知后同意的信息应该包括：请求参与的性质、范围和时间以及阐明参与研究的危险性与利益。

(6) 当评估和研究的参与者没有能力给予告知后同意时，社会工作者应对参与者适当解释，获得参与者能力范围内的同意，并且取得适当代理人的书面同意。

(7) 社会工作者从不设计和执行未经参与者同意程序的评估和研究，例如：自然观察法和档案研究。除非以下的情况除外：对研究加以严格和负责任地审查而发现它对未来具有科学性、教育性、应用性的价值；同时除非同等效果的替代方案并不需要告知后同意和告知后同意并不易得到。

(8) 社会工作者应知会参与者，他们有权利在任何时间退出评估和研究而不会得到任何惩罚。

(9) 社会工作者应采取适当行动以确保评估和研究的参与者有权获得适当的支持性服务。

(10) 社会工作者在从事评估和研究时，应保护参与者避免不当的身体或精神的痛苦、伤害、危险或剥削。

(11) 社会工作者在从事服务工作的评估时，其讨论应仅限于专业的目的，而且只与从专业的角度关心此咨询的人讨论。

(12) 社会工作者在从事评估或研究时，应确保参与者和从他们身上所获得的资料的匿名性及保密性。社会工作者应告知参与者保密性的任何限制、为保障保密性所采取的行动、记载研究资料的记录何时将被销毁。

(13) 社会工作者在报告中评估和研究结果时，除非获得适当的同意授权揭露，否则应除去足以辨识身份的信息以保障参与者的隐私权。

(14) 社会工作者应准确地报告评估和研究的发现。他们不应该伪造或曲解结果，对于经标准发行程序出版的资料中若发现错误，应采取行动校正之。

(15) 社会工作者在从事评估或研究时，应留意并避免和参与者有利益冲突的双重关系。当有真实的或潜在的利益冲突发生时，应知会参与者并采取以参与者利益为优先的态度解决问题。

(16) 社会工作者应该教育自己、学生和同事有关研究实务的责任。

上述原则明确指出了社会工作者在从事评估研究时，应该遵循的原则和规范。具体到小组工作评估，鉴于中国当前没有相关的规则和规定，我们建议，这里需要特别强调以下几点：

第一，小组工作者在开展评估研究时，应该具备相关的研究能力和知识，要明确自己的评估工作肩负什么使命，实现什么目标，要把研究与实务推进密切联系起来。

第二，在评估过程中，小组工作者应该确保研究对象（组员）是知会同意的，在研究成果发表、公布时，要确保匿名性和保密性，以维护研究对象（组员）的权利。

第三，小组工作者在处理研究结果时，应该本着科学、客观和公正的态度，要明确自己对研究对象（组员）、机构和社会工作职业的责任。

第二节 小组评估的设计

一、实验设计

实验研究是检验因果关系最有效的方法，因为因果的三个条件（时间顺序、关联性、排他性的解释）在实验研究设计中得到清楚的体现[①]。一般来讲，实验指的是在某个特定情况下，对某些因素进行修正或者干预，然后将干预或修正后的结果与未作干预或修正的结果进行对比。下面我们来看几个基本概念。

1. 自变量与因变量

一般来讲，自变量是原因，而因变量则是结果。实验研究就是为了检测自变量对因变量的影响水平，在研究过程中，研究人员关注的就是干预或修正出现或者不出现某自变量所导致的不同结果。

2. 实验组与控制组

为了能够说明干预的有效性，在实验设计中，常常会选择两个小组进行对比，其中，一个进行干预的小组称为试验组（experimental group），而另一个不施加干预的小组就称为控制组（control group）。例如，使用了新的治疗方法的病人小组就是试验组，而另一个采用旧的治疗方法的小组就是控制组。如果实验组差分（的绝对值）比控制组差分（的绝对值）大且差异显著，则说明实验刺激对因变量有影响；如果实验组差分与控制组差分的差异不显著，则实验刺激的影响为零，即自变量对因变量不起任何作用；如果实验组差分比控制组差分小，且差异显著说明实验刺激对因变量的影响是负向的。

3. 前测与后测

为了准确说明自变量对因变量的影响程度，在实验开始的时候，将研究对象作为因变量进行测量，这就是前测（pretest），在接受了自变量干预之后，将研究对象作为因变量进行再次测量，这就是后测（posttest）。前测与后测之间的差异程度就反映了自变量对因变量的影响程度。

---

① 劳伦斯·纽曼著，郝大海译，2006，《社会研究方法（第五版）——定性和定量的取向》，北京：中国人民大学出版社。

4. 随机指派

随机指派指的是在实验设计过程中为了便于比较，随机指派个案（例如，个人、组织等）到不同实验组别的方法。根据概率理论，随机指的是一种过程，其中，每个个案被选取的机会都是相同的。

随机指派是某个研究中系统选择个案的过程，也就是抽样的过程。当研究人员随机进行指派时，他们会通过随机程序，将一系列个案分成两个组或更多的组。在随机抽样中，研究人员是从一组更大的个案中，抽取少量的个案。研究人员可以先抽样，再进行随机指派。他们先抽取一些个案（如从 20 000 人中抽取 120 人），然后再运用随机指派的方法，比如要求研究对象报数、投掷钱币或丢骰子等，将 120 人分成不同的组别（如将 120 人分成三个 40 人小组）。

5. 配对

运用随机指派的方法，能够得到两个（或更多个）完全相等的组别，但是，如何让两组的组员之间的某些特征（如性别与年龄）真正对应起来，就需要对每个小组中个案的特性进行配对。配对指的是，在实验过程中，选择一些研究对象的一个或者多个特征，将一对相似的研究对象分别放进实验组和控制组中的方法①。配对的目的就是帮助我们排除无关因素的影响，发现自变量的影响水平。

实验性计划评估设计是社会服务评估中最有说服力的评估设计，但是，它在社会服务机构中运用时困难重重。实验要求单个案主或者一组案主，例如住在庇护所中的家庭，或者接受社会服务计划的病人等，在接受正式的干预之前，要被随机指派参加一个或多个小组。在实际操作过程中，我们会遇到很多困难：我们一方面强调案主自决的原则，同时又鼓励案主参与决策过程，但与此同时，怎样指派部分案主接受 A 服务，而指派另一部分案主来接受 B 服务呢？作为社会工作者，我们不太可能从实验控制的角度，在干预 A 和 B 之间作出一个决定②。因此，在很多时候，我们需要采用其他的研究设计，在小组评估中，常用的是单一个案设计。

二、单一个案设计

单一个案设计又称为单一受试设计，它是以一个个案或一个群体作为实验或研究对象，不设对比组或控制组，研究者直接对同一个研究（干预）对象进行

① 艾尔·巴比著，邱泽奇译，2006，《社会研究方法》（第 10 版），北京：华夏出版社。

② Newman & Kreuker. 2003. *Social Work Research Methods*. Boston: Allyn & Bacon.

观察和研究[①]。单一个案设计的基本要素就是，将临床实务中的最好的思路与实验方法中的基本成分结合起来，发展出了一个研究—实务测量，从而使得临床实务工作者能够有效实施自己的干预计划。单一个案设计有四个目的：

（1）评估个案情况，监督当事人或事件发生的变化；

（2）评估在目标事件中，是否出现积极或消极的变化；

（3）评估实务者的干预是否与变化有关；

（4）帮助实务者比较各种干预的有效性。

单一个案研究利用时间顺序的方法，来评估干预的效果或政策对个人或个案的影响力。这类设计要求反复测量针对案主（或系统）某个特定问题的行为指标，在干预前后收集资料，然后进行比较，找出变化，其目的在于观察干预开始时，是否建立了对目标问题有所改善的支援模式。

在单一个案设计中，最常用的就是 AB 设计、ABA 设计和 ABAB 设计。

1. 几个相关概念

（1）基线数据。指组员在参加小组前目标行为的表现。由于在社会工作研究中，不采用实验组和对照组的方式，因此，为了说明社工干预的有效性，我们通常会采用基线数据作为对照资料，通过前后两组数据的对比，说明组员在小组中的变化水平。

（2）前测。前测指的是在组员进入小组前，对组员的目标行为或某一个特定状态进行测量，并将其记录下来，作为小组干预前后的对照资料。在前测中，测量的对象可能是一个心理状态，也可能是一些需要改变的行为。测量的方法既可以是一次性测量，也可以是某一段时间内（比如一周或数周）的跟踪测量。所用的测量工具基本上是根据各个小组的工作目标和性质，以及评估的类型来确定的。通常采用的方法是问卷、访谈、量表、自我报告等。

（3）后测。后测指的是小组结束时，用组员入组前的测量工具对组员进行再次测量，然后比较前测和后测的数据，显示组员的变化。

（4）跟进测量。跟进测量通常在小组结束后 3 至 6 个月或一年之内进行。其目的是了解组员在小组环境中学习的行为和理念在现实生活中运用的情况。跟进测量中获得的资料基本上能够反映组员真正改变的情况，因为经过一段时间的实践，如果组员还可以将小组中的改变带进真实生活中，我们就有信心地说小组工作是有效的。

（5）目标行为。小组工作的目标之一就是改变行为，因此，在小组设计中确定的小组干预需要改变的行为，就是目标行为。目标行为是根据组前的需求评

---

① Rubin A & Babble E. 1997. *Research Methods for Social Work*. Balmont CA: Wadsworth. 万育维，1994，《福利计划与评估》，台北：社区发展研究训练中心。

估和小组的性质来决定的。目标行为是可以测量的，通过目标行为的改变，才能推断出小组的有效性。

在选择目标行为时，首先，必须保证这个行为是在那些肯定会出现的行为中具有代表性的行为，并能够表明干预目标是成功的；其次，这个行为能够被观察和测量，比如，逃学行为，我们可以将其量化为次数、持续的时间、频率等进行测量，那些隐蔽的、难以测量的行为，不适合作为目标行为。目标行为必须进行多次测量，才可以找到稳定的趋势，否则很难认为目标行为与干预有关，因为在很多时候，目标行为本身也有一个起伏变化的过程，如成熟期、历史周期等。

2. AB设计

在AB设计中，A为基线期，B为干预期。在干预介入之前的重复测评阶段为“基线阶段”，这是一个控制阶段，它们的功能就像控制组的作用。在干预过程中收集的资料称为干预阶段。通过两个阶段的对比，相关变量的改变可以被看成是干预的结果。图12.1反映出单一个案设计结果支持了干预的有效性；而图12.2的结果就很难支持干预的有效性，因为目标行为正在出现缓和趋势。

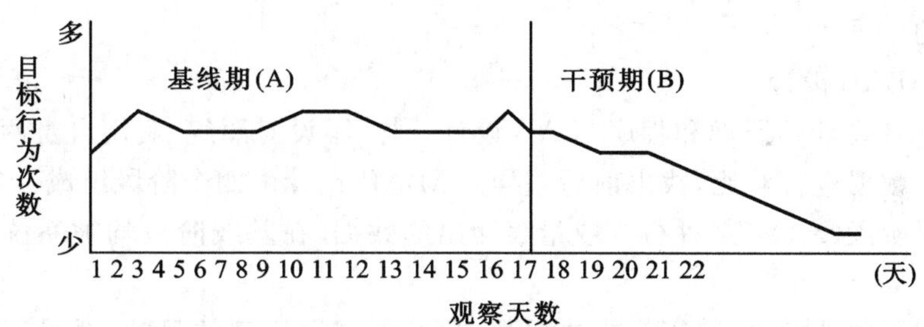

图12.1 单一个案设计前后测量数据的对比

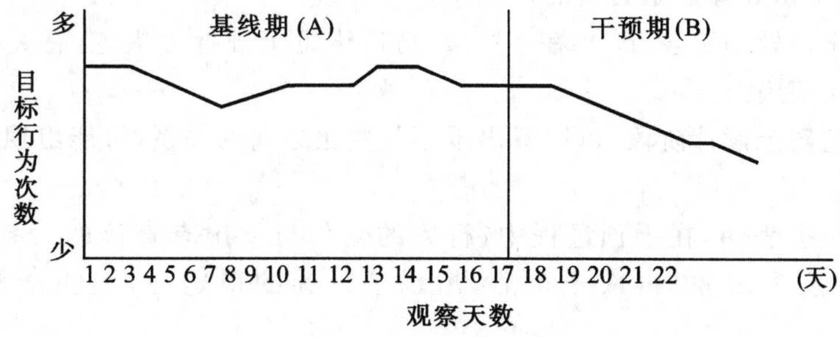

图12.2 不明显的前后测数据

在 AB 研究设计中，需要注意三角测量的原则。为了保证资料的客观性和可靠性，在资料收集过程中，需要采用三角测量的方式（ Rubin & Babble，1997 ）。

具体的做法是：

• 选择一种以上的测量方式。在测量目标行为时，要采用一种以上的测量工具。

• 有一个以上的人进行测量。为了保证测量的效度，需要有多人使用同一测量工具对目标行为进行测量。

• 选择一个以上的指标对目标行为进行测量。在目标行为的确定中，要选择超过一个以上的指标，这样才能全面说明干预给当事人目标行为带来的变化。

3. ABA 设计

在 ABA 设计中，先引进干预变量，然后再将其撤出。如果在 A1 阶段基线测量之后，在 B 阶段使用了干预，产生了改进效果，而在 A2 阶段撤出干预之后，又出现行为倒退，我们就可以坚定地说，干预变量就是目标行为改变的动因。ABA 设计可能遇到的一个问题就是，干预计划结束后，案主可能还需要进一步的干预。由于第一个 A 阶段之前没有干预，而在第二个 A 阶段又有干预，因此，A1 的测量结果与 A2 的测量结果是不同的，因此，我们很难严格区分这两种结果之间的差异。

4. ABAB 设计

ABAB 设计的原理和程序与 AB 设计一样，不设对照组，利用自身两次前测和后测的数据进行对比，找出前后差异。ABAB 设计由四个阶段组成：

基线阶段(A1)：某种行为或量表测出的数据，在基线阶段均被系统地记录下来。

最初干预处理阶段(B1)：在本阶段，研究者根据研究的目的，对受试采取某种训练或辅导。

追踪基线阶段(A2)：在本阶段，干预处理和辅导已停止，但如果某些行为再次出现时，干预处理还是必要的。

追踪干预处理阶段(B2)：在本阶段，再次恢复干预处理措施，有关的训练策略可以再次使用。

根据这四个设计阶段，可以看出干预与变化之间的关系，可能出现的结果见图 12.3。

这些数据表明，在干预过程中，行为的变化与干预有直接的关系，干预停止后，出现反弹现象，再次干预后，出现了行为的稳定，这表明干预发挥了作用。

ABAB 设计的局限性体现在两方面。第一，ABAB 设计在很大程度上取

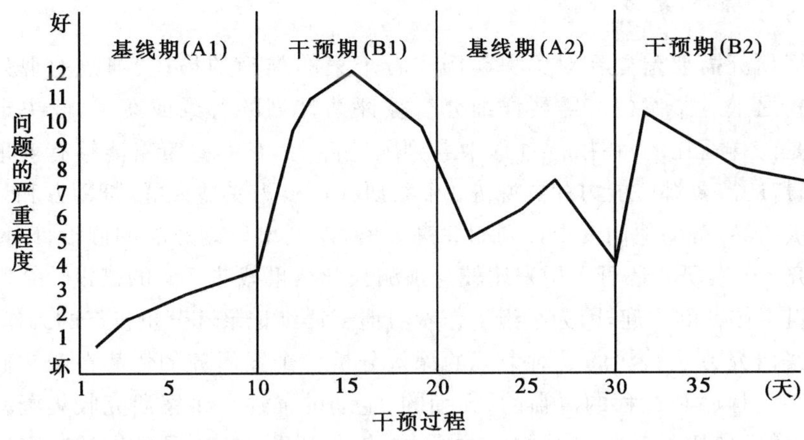

图 12.3　ABAB设计前后测数据变化

决于问题的变化方向，如果一个行为出现图 12.3 中的情况时，可以表明干预的效果，但是，如果行为变化的方向是保持平稳的话，我们就会发现图 12.4 的现象。

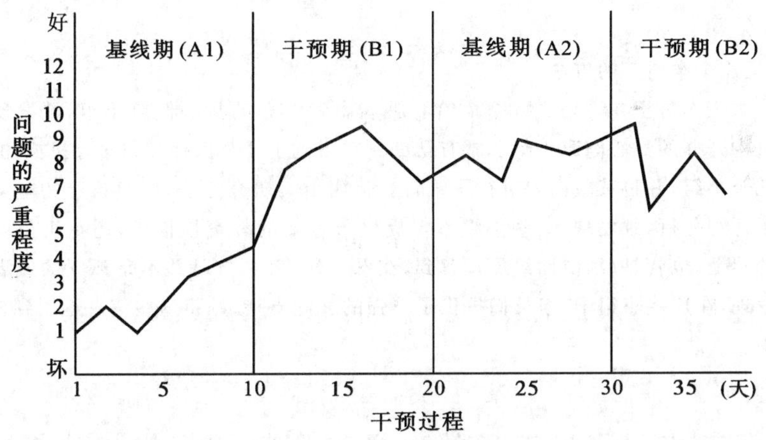

图 12.4　难以解释的前后测数据

在图 12.4 中，在后三个阶段，行为变化趋于平稳，可能的解释为：干预是无效的，或者说是别的因素导致了变化；干预非常有效，这种变化是持久性的，不会反弹。如果出现这种情况，很难说哪种解释是正确的。第二，这种设计不太容易实施，除非在干预实施之前就做好准备，否则不可能让干预停下来重新开始，以便获得基线资料。

三、个案研究方法

个案研究需要建立在对单一案例或者个案的准确的描述、细致的观察和认真的分析之上。个案研究需要详细分析被评估计划的背景或案主，以决定干预或计划是怎样运作的，在执行过程中遇到哪些障碍，有哪些策略能够有效地克服这些障碍，还需要哪些能力和资源等。个案研究可以为受益人群、赞助方和计划策划者提供指导，帮助他们发现计划的关键要素，发展出计划影响的假设，以便以后进行研究。个案研究还可以用来比较与预测服务结果截然不同的假设。个案研究深受小组工作者的欢迎，因为小组工作者习惯于详细记录和分析自己的工作。

个案研究方法关注的是对个案的深入分析。个案研究的优势在于它们能够提供对小组程序和过程的清晰的、详细的、生动的描述。个案研究收集资料的方式很多，最常使用的就是半结构式访谈、焦点小组和研究人员的实地观察。在开始进行资料收集之前，需要对研究的问题做一个整体设计，拟出一个详细的访谈提纲，以指导资料收集的范围和深度。此外，还需要通过对计划运作和执行的量化资料来补充和证实，这些量化资料可以从记录和报告中获得。另外，在访谈过程中，要充分运用访谈技巧，尽可能全面地掌握信息。

下面特斯兰等人（Toseland & Vitas）提供的案例向我们呈现了个案研究的过程。

案例：运用个案研究的方法

有位小组工作员正在策划主持一个给心脏病患者开办的身心健康小组，她发现参加社区内其他机构开办的身心健康小组非常有帮助。在得到了几个医疗和非医疗机构的许可后，她观察了几个小组，并将某些内容进行了录音。运用个案研究方法，她对自己的笔记和录像资料进行了详细分析，她发现，这些小组不仅提供了重要的教育性信息，还在组员间培养了“普遍性”的感受，也就是说，协助组员理解到，在忍受病痛时，自己并不是孤立的或者是唯一的。她还发现，在这些小组中，组员们提供了很强的彼此支持，她将这些信息运用到自己设计的新小组中。

第三节 测量工具的选择和资料的收集与分析

一、测量工具的选择

1. 常用的测量工具

在小组评估中，对小组过程诸要素的测量可以采用定量的方法，也可以采用质性的方法，常用的测量工具包括：

(1) 小组进度笔记:记录了小组的过程进度,是分析小组过程发展的重要手段。

(2) 个人自我报告,社工、组员和小组观察员的访谈记录:组前的访谈,是社工收集组员基线资料的重要途径。

(3) 问卷:最常用的方法之一。问卷可以帮助社工收集到基线资料,还可以看到小组给组员带来的变化和影响。问卷方法可以运用到组前、组后以及跟进测量中,可以比较全面地掌握组员的情况。

(4) 分析报告:对与小组有关的各类报告分析,提供与小组进程有关的资料。

(5) 小组过程录音和录像:在得到组员同意的情况下,可以对小组过程进行录音或录像,这些音像资料将成为分析小组过程、组员表现和社工表现的重要资料。

(6) 观察笔记:在小组过程中,社工和小组观察员的观察记录。

(7) 目标达成量表(GAS):用于测量在小组中个人和小组目标实现的程度和水平。

(8) 任务完成量表(TAS):用于测量社工与组员共同努力完成的工作任务水平。

(9) 心理测量量表等。

2. 测量工具的信度和效度

为了保证测量工具的信度,即测量结果的可靠性,我们建议在选择测量工具时,采用一些现成的得到人们认可的监测量表,再设计一些问卷,对其信度进行监测,同时,采用不同的测量方式进行测量。

测量工具的效度,就是指测量的现象是否准确。在小组评估中,效度是指我们提出的目标行为是否可以通过我们的测量工具得到全面有效的反映。由谁来进行测量也会影响效度。另外,也可通过三角测量的方式,来保证测量结果的效度。

二、资料收集

1. 资料收集的过程

在确定了测量工具后,就要进行资料收集,在收集过程中,要考虑以下几个因素:

(1) 资料来源。资料来源是多样的,或来自社工本人的观察和感受,或来自案主本人的报告,或来自案主周围的人的观察和感受等。

(2) 如何收集资料。收集资料主要有两种方法:定量的方法,即使用标准化测量工具,对目标行为进行量化;质性研究的方法,即通过访谈、直接和间接观察的方式来收集资料。

(3) 谁来做测量。由工作者或案主自己做测量来评估自己的工作,容易产生个人偏见,因为人人都希望自己的工作是有效的。工作者希望案主的改变是因为自己的工作成效;案主也渴望有积极的效果,这不仅是针对社工,也是针对自己。所以,可由主持小组的社工之外的人来进行测量,如老师、督导等,当然这样也很难避免主观性的影响,所以在进行资料收集时,应采用三角测量的方法,即由不同的人进行测量,然后将结果汇总,以减少误差,提高资料的效度。

2. 资料收集中的问题

(1) 案主与社工(研究者)之间的关系。在很多情况下,社会工作者自己充当研究者的角色,在资料收集过程中,很容易对当事人产生一种误导,因为组员们通过小组活动,能够逐步与工作员建立一种良好的关系,都希望对工作员的工作能够有一种回报,所以在填写问卷或量表的时候,他们会揣摩工作员的想法,容易给出最高分。这种感激的心态,往往会过高估计小组的效果。因此,在条件允许的情况下,我们主张主持小组的社工不要参与资料收集工作。

(2) 非干扰性观察与干扰性观察。在以观察的方式来收集资料时,常常会面临两种选择:非干扰性观察和干扰性观察。非干扰性观察指的是观察者融入观察群体之中,他的观察行为和记录完全不被观察者知道。干扰性观察指被观察者知道自己被观察,这种观察会对观察结果的信度产生一定的影响。选择何种方式进行观察,取决于小组的目标和性质、小组的工作员与组员的关系、小组的外在环境等因素。

三、资料分析

1. 分析的问题

在资料分析中,我们需要回答三个问题:

(1) 资料中是否具有视觉重要性?

(2) 目标行为的改变是否发生在干预过程中和干预撤除之后?

(3) 目标行为如果因为监测干预而改变,从实际和诊断的角度来看,这种改变是实质性的吗?图表上的数据表明案主状况的改变,但是,在实际中,案主的状况并没有很大的改变,或从诊断的角度来讲,这种改变的出现是没有理论基础支持的。

2. 分析方法

在评估研究中,资料的分析方法,取决于资料收集的方法和性质。一般说来,如果采用定量研究方法,资料的分析通常会借助计算机进行处理,将数据进行量化,并利用数据来反映变化和改进水平;如果采用质性研究方法,资料分析通常会采用归纳的方法进行处理,用文字来描述变化和改进水平。

第四节 评估报告的撰写

研究报告的撰写在小组评估中占据重要地位，本节将详细介绍评估报告的撰写及其注意事项。

一、撰写准备

1. 写作目的

研究或评估报告的主要目的是与别人交流自己的研究成果和知识，因此，有时报告的阅读者可能是同事，可能是资金赞助商，也可能是研究人员和上司。无论读者是谁，在撰写过程中，作者有必要在文章中清楚地介绍本研究的理念及相关的知识、研究问题等，介绍自己的研究设计、研究方法、研究发现以及结论等。

2. 文献回顾

作为一种研究结果，小组评估的文章也将成为社会科学知识创造过程的一部分，因此，在文章撰写中，作者有必要向读者指出，自己的研究在这个知识体系中占据的位置。这就是文献回顾的作用。在论文撰写准备阶段，作者需要对相关领域的研究作一个回顾总结，指出过去研究中的主要发现和争议点，让读者对相关领域以及你的研究的重要性有一个基本了解。

二、研究性评估报告的格式要求

1. 总体框架

瑞德对社会工作评估研究报告的结构提出了一个完整的框架，现引用如下(表 12.1)①：

表 12.1 研究报告框架

组成部分	主要内容
问题	研究背景，理念，研究重要性，相关文献和理论回顾，研究问题和变量
方法	研究设计，调查方法，研究对象和抽样方法，资料收集过程，测量工具描述
发现	主要发现的展示，包括图表、介绍相关的分析过程
讨论	对结果进行讨论，解释数据，对理论和实务的指导意义，研究的不足，与其他研究的关系，总结和结语

① Reid K. 1981 . Writing Research Reports . In R. M. Grinnell (ed.). *Social Work Research and Evaluation*. pp . 459 − 475 . Itasca: F . E . Peacock Publisher .

2. 具体结构

(1) 前言。介绍研究的目的、问题、研究意义,即回答下列问题:我的研究要解决什么问题?为什么要选择这些问题?对理论和实务有什么重要意义?

(2) 文献回顾。目的:指出本研究与过去研究的不同之处、相同之处;找出过去研究的不足和逻辑的错误;进一步说明本研究的重要性;将本研究与现在学术界知识创造的过程结合起来,成为科学知识创造的一部分。

(3) 研究方法。系统介绍研究方法的选用,解释为什么选择这个方法。研究的问题是什么?

概念名称是什么?如何选择测量工具?抽样方法是什么?本方法的不足之处是什么?本研究的局限性是什么?

(4) 评估对象的介绍和评估过程。系统介绍评估对象的情况,要用简单明了的语言来完成。介绍评估过程。

(5) 分析和解释。将研究结果呈现出来,并提供合理的、符合逻辑的解释,分析步骤要一项一项说明。用图表的方式展现研究结果:说明图表的目的;真实展现研究结果;解释结果。

(6) 结论。总结本研究的发现和建议未来研究方向,更要提出具体意见,以供社会福利政策、项目发展、社工实务、社工教育等做参考。

(7) 参考文献。采用参考文献,主要原因在于:第一,保护著作权、版权,防止抄袭和剽窃;第二,充分体现作者的知识水平,对该研究领域的熟悉程度,以及该研究在整个领域中的地位;第三,能够使读者清楚地了解到文章中哪些观点是现存的,哪些是作者的研究结果;第四,能够帮助读者查询作者文中所提到的观点和文章,能够对作者的研究领域有进一步的了解;第五,是学术规范的要求。

本章要点

- 小组评估方法是证明小组工作有效性的最科学的方法,通过评估,工作员不仅对服务对象负责、对自己的机构负责、对资助方负责,还可以对自己的工作进行科学的总结和回顾。
- 小组工作评估主要类型包括策划评估、过程评估、结果评估和效率评估。在实务中,我们更多地采用前三种评估方法。
- 在评估过程中,要坚持研究伦理,选择合适的研究设计和测量工作,保证研究的客观性和公正性。

推荐阅读书目

陈永泰,1991,《社会服务评估法》,香港:香港基督教服务处出版。

Rubin A&Babble E著,赵碧华、朱美珍译,1995,《研究方法——社会工作及人文科学领域的运用》,台北:双叶书廊有限公司。

刘梦译,2008,《社会工作研究方法——质性和定量方法的应用》,北京:中国人民大学出版社。

第十三章

小组工作在不同人群中的运用

本章重点问题：

1. 如何将小组工作基本价值观和原则运用到不同人群的服务中？
2. 在给不同人群提供小组服务时，需要关注什么？
3. 小组工作在中国的实践给我们什么启发？

从20世纪90年代后期开始，中国内地一些专业人员逐渐将小组工作运用到不同人群的服务之中。在本章，我们将分门别类地介绍在不同领域开展的小组工作实务原则、基本程序和要点，介绍小组工作在运用过程中的具体步骤、小组的设计和过程，期望给大家提供在这些领域开展服务的基本指引。

第一节　小组工作在妇女服务中的运用

一、实务原则

将小组工作运用到妇女群体中，并不是简单地将小组工作的价值观、原则和职业伦理运用到妇女群体的服务中，而是反映了一些特定的价值观和立场，这个立场就是，从妇女的经验出发，来分析和理解她们的处境和需要，提供专业服务，从而促进女性的全面发展和性别平等[①]。因此，将小组工作方法运用到女性群

① 刘梦，2008，《妇女儿童社会工作简明教程》，北京：中国妇女出版社。

体时，除了要坚持小组工作的价值观、原则、伦理和方法之外，还需要遵循相关的原则，我们综合了国外相关学者的研究①，将这些原则总结如下：

1. 了解有关女性研究的结果和事实，发展出有效的工作技巧、知识和相关资源。要充分了解妇女面临的问题，掌握最新的研究成果，加深对妇女问题的理论认识，根据具体情况，选择最合适的小组形式和方法，为女性组员提供量身打造的服务。

2. 明确现存的对女性发展不利的社会政策和法律，为妇女提供有意义的信息。要从社会政策的角度，了解哪些政策和法律对妇女发展有利，哪些不利，有选择地提供有利信息，帮助妇女寻求发展。

3. 承认女性是独立的个体，重视女性和女性经验。在给妇女提供服务过程中，始终牢记妇女是独立的人，她们除了要扮演母亲、女儿和妻子的角色，还是独立的个体，她们有自身的需要，不能用她们的其他角色来掩盖其做人的需要和权利。在小组工作过程中，要重视女性，尊重她们的个人和价值，重视女性经验的意义和价值。

4. 将妇女问题界定为社会问题，而非女性自身的问题，鼓励妇女学习和掌握自己的生活。推动女性团结，寻找个人问题的集体解决办法，强调团体的经验和互相支持的作用，培育她们的集体意识、普遍性意识、批判性思维和反思能力，逐步鼓励她们学习掌控自己的生活，提高其自尊和自我效能感，在学习解决个人问题的同时，推动社会问题的解决。

5. 运用社会性别分析来指导实践：肯定女性，不批评指责女性，不使用性别歧视和压迫的语言，接纳不同的声音，接纳不幸。要信任和接纳女性，要学会尊重差异、尊重多元性，不断反思自己的实践，避免对女性的二次伤害。

在实务过程中，需要将上述原则与小组工作专业原则有机结合起来，才能真正为广大妇女群体提供她们需要的服务，以满足她们全面、健康发展的需要。

二、服务领域

1. 下岗失业妇女服务

随着社会主义市场经济体制改革的不断深入和国有企业改革的进一步深化，下岗失业人员群体逐渐引起人们的关注。其中，年龄偏大、竞争能力弱的下岗失业妇女的生存和发展问题成为妇女工作面临的挑战之一。这些妇女面临的主要问题是：(1)家庭经济状况受到很大冲击，(2)家庭和谐关系受到破坏，(3)心

---

① Dominelli L. 2002. *Feminist Social Work Theory and Practice*. NY: PalGrave. Van Den Bergh. 1995. *Feminist Vision for Social Work*. Silver Spring MD: NASW.

理压力很大,会出现失落感、受伤害感、无助感等[①]。

要运用小组工作方式帮助下岗失业妇女,除了一些政策性的帮助措施,保障下岗失业妇女的生活,还可以根据具体情况,组建各种小组,一方面帮助组员学习技能,另一方面帮助她们处理心理层面的压力。在小组中,工作者要了解组员的需求,征求组员的建议,然后可以外请教师教授如家政服务、手工艺品制作、照顾老人等各个方面的技能。如果条件许可,由小组中具有某项技能特长的组员来教授其他组员,使组员意识到自己的价值,同时也促进小组中互相学习交流的良好氛围。除了技能分享外,重要的是,小组成员之间彼此提供心理支持。下岗所面对的压力可能来自社会、家人、朋友等各方面,因此,这时工作者可以让组员表达自己的感受、委屈甚至是不满,进行合理的情感宣泄后,工作者以真诚、尊重、接纳的态度,运用倾听、同理等技巧,鼓励组员之间的经验分享与支持理解,营造互助温暖的小组氛围。同时,也协助小组积极寻找组外资源,列出行动计划,大家一起为更好地生活努力。最后,在小组结束时,可以协助组员建立自己的自助小组,在未来的生活中,可以继续互相支持、互相帮扶。

2. 流动妇女服务

流动妇女是中国经济体制改革中出现的一个新的群体,她们随着民工潮离开了户籍地,进入了城市,成为一个双重边缘人群[②]。她们面临的主要问题是:(1)教育水平偏低;(2)收入水平低,就业不够充分[③];(3)子女在流入地教育困难[④];(4)流动妇女在生殖健康权益保护方面面临很多复杂的问题[⑤]。

要运用小组工作方法,给流动妇女开展服务,可把重点放在这样几个领域:第一,举办社会化小组,帮助新流入的妇女,尽快了解流入地社会生活状况,尽快能够融入社会生活中。第二,提供健康教育小组,提升她们的自我意识和健康意识,协助整合社会资源,给她们提供需要的健康指导和服务,提高生活质量。第三,提供法律意识教育培训,协助她们了解与自身权益相关的法律、政策和法规,培养她们自我保护和维权意识,并协助她们了解相关的社会资源,确保自身权益得到实现。第四,提供娱乐小组和自助小组,帮助她们建立自己的社交网络,扩大社会支持网规模。第五,建立社会目标小组,针对有关的政策,特别是与流动

---

① 张李玺,2008,《妇女社会工作》,北京:高等教育出版社。

② 姜秀花,2005,《社会转型期农村流动妇女的发展与限制》,《理论学刊》第3期。陆福兴、刘宁,2007,《边缘化生存:农村女性融入城市面临的困境》,《中共山西省委党校学报》第4期。

③ 叶文振等,2005,《流动妇女的职业发展及其影响因素——以厦门市流动人口为例》,《人口研究》第1期。

④ 毛京沭、尹勤、李晓铭,2010,《江苏省流动妇女生存现状研究》,《中国妇幼保健》第13期。

⑤ 姜秀花,2004,《社会性别视角在人口学领域的渗透——"中国现代化进程中的人口迁移流动与城市化学术研讨会"中"女性与人口迁移流动"专题论坛观点综述》,《妇女研究论丛》第7期。

人口相关的社会服务和保障方面的政策法规，提出相应的改革建议，并进行宣传倡导工作，为建立一个包容性的社会政策做出努力。

3. 受虐妇女服务

家庭暴力是近年来受到社会各界关注的一个问题，家庭暴力不再是一个私人问题，而是对个人人权的侵犯①。根据国内外的研究，家庭暴力受害者，特别是女性，会表现出很多特点：自卑、自责、孤独、担心、害怕、负罪感、内疚感、习得性无助、沮丧、极度悲观、抑郁等②，此外还会有身心表现，例如失眠、食欲下降、胃痛等③。

在给受虐妇女开设的小组中，小组的类型可以是支持性小组、特别需要的小组（治疗和教育小组）、社会倡导小组④。工作员可以通过鼓励妇女之间的心路历程的分享，减轻她们的宿命感，提升她们对家庭暴力问题普遍性的认识，通过安全、温暖和支持性氛围的营造，为她们提供一个情绪舒缓和压力宣泄的场所，激发小组中的互助元素，促使组员之间提供情感支持和抚慰；通过应对策略的发掘，逐步发现妇女的主观能动性和对生活的掌控感，提升自信心，并帮助她们建立互助网络。

在小组中，需要关注这样几个方面的问题：第一，认知层面，要帮助妇女厘清自己婚姻暴力出现的原因，重新认识暴力产生的社会文化原因，消除自责和内疚感。第二，心理层面，要运用专业技巧，处理妇女的各种负面情绪，帮助她们学会辨别情绪、处理情绪。第三，人际沟通技巧，要融入自我肯定训练，提升妇女的人际表达和沟通技巧。第四，注重培育妇女的团体意识，培育互助和自助意识，在小组结束后，妇女彼此之间可以继续互助。第五，建立安全意识，协助她们了解安全评估和安全计划的方法，对自身环境保持敏感，学会自我保护，同时了解社会资源并与之链接。

三、服务案例⑤

本案例是北京流动妇女健康生活项目的活动之一，项目由中华女子学院社工系与朝阳区妇联联合主持，参与者有中央民族大学、北京农学院和中华女子学院的师生。

1. 小组的背景

我国当前正经历着人类历史上最大规模的人口流动，据统计，现有流动人口

---

① 刘梦，2003，《中国婚姻暴力》，北京：商务印书馆。

② Walker L. 1980. *Battered Women*. NY：Haper Collins.

③ 周月清，1995，《婚姻暴力：理论与社会工作处置》，台北：巨流出版社。

④ 柯丽评、王佩玲、张锦丽，2011，《家庭暴力：理论政策与实务》，台北：巨流图书公司。

⑤ 本案例引自北京流动妇女健康家庭生活项目手册。

2.11亿人,其中女性约为1.05亿人。与城市户籍家庭相比,流动家庭在个人能力、家庭生活、子女教育、社区参与等方面都面临着许多问题或困境。

流动家庭在住房、教育、医疗、社会保障以及计划生育生殖健康等基本公共服务方面没有享受同等的权利。目前,在像北京这样的发达城市中,虽然一些社区成立了流动人口(家庭)服务中心,为流动人口提供相关服务,但是流动家庭对某些相关服务的认知和使用情况不尽如人意。流动家庭虽然在城市生活、工作,但却处在城市的边缘地带,长期处于不利的处境中。在婚姻家庭和子女教育方面,流动家庭也面临着一些问题。在很多家庭,由于流动妇女的就业层次低,或者一些妇女根本就没有就业,其经济地位很低,这在一定程度上影响了这些妇女的家庭地位。流动妇女对丈夫的依赖性比较强,这种不平等的夫妻关系造成了许多夫妻矛盾和冲突。另外,在子女教育方面,由于流动妇女的受教育层次普遍较低,其教育子女的态度、方式和方法在很多方面已经不适应在城市生活的孩子。

为了进一步了解流动妇女的问题和需求,本项目在北京市朝阳区某乡对近四百名流动妇女进行了问卷调查。调查结果显示,流动家庭,特别是流动妇女的需要主要有以下几个方面:

• 就业意愿比较强烈。在调查的样本中,有52.2%的妇女没有工作,其主要职责就是做家务和照看孩子。为了增加家庭收入,这些妇女也表达了就业的意愿。

• 夫妻关系的改善。调查显示,有一些妇女与丈夫经常发生矛盾或冲突,希望学习一些处理夫妻关系的方法和技巧。

• 子女教育方面的支持。调查结果发现,有90.1%的人认为自己不太胜任或不能胜任子女教育工作,希望获得此方面的支持和帮助。在子女养育方面,妇女们最希望获得的支持是学业辅导,其次是教育经费支持、育儿辅导和假期托管服务。

• 社区服务的提供。希望享受与户籍人口同等的社区服务。

我们看到,流动家庭面临的问题是多重的,其需要是多方面的。这一方面与我国现阶段特殊的社会背景及制度背景有关,另一方面也与妇女的个人素质和能力有关。社会工作强调“助人自助”和“优势视角”,因此,挖掘流动家庭和流动妇女自身的潜力和资源,增强其认识和解决问题的能力,是满足其需要的一个有效手段。

2. 小组的理念

从社会学的符号互动论角度看,个人面临的处境虽然是一个客观的事实,但是这个“客观事实”呈现什么样的意义和结果,在一定程度上取决于个体的主观建构。也许个体会受到环境的束缚,但个体的努力也许会突破这种束缚。对于流动妇女而言，摆脱其各种不利处境的可能性就掌握在自己手上，这就需要不断提升自己的各方面能力，这主要包括认识力和行动力。

所谓认识力，就是流动妇女正确认识自己及其外部环境的能力。对自己和所处环境的评价和认识，决定了其应对的态度和方式。受文化和制度影响，流动妇女对自己和自身处境的认识更多地倾向于被动的和消极的方面。

所谓行动力，就是流动妇女动用自身及社区资源摆脱其不利处境的能力。流动妇女不能被动地接受外部提供的服务，而应该积极地行动起来，调动一切可利用的人力、物力及社会资源，对自己的处境进行干预，从而发生改变。

流动妇女能力提升小组就是基于以上理念，通过开展一系列的小组活动，借助成员之间的互动和集体经验，提升组员的认识力，从而可以正确地认识自己和所处环境。在此基础之上，挖掘组员自身的潜能，增强其改变自己不利处境的行动力。

3. 小组的设计

在小组活动正式开始之前，工作员深入到流动妇女的生活背景中进行了实地观察和深入访谈。通过考察和访谈，对流动妇女的基本需要做了一个比较全面、深入的评估。同时，对妇女参加小组的意愿及其期望也进行了了解。

小组活动内容的设计主要包括三个方面：(1)协助组员正确地认识自己，树立积极的自我形象。(2)家庭管理能力提升，主要包括与丈夫进行良好的沟通、建立和谐的夫妻关系；建立良好的亲子关系，提升家庭教育的能力。(3)正确认识自己所处的社区环境，挖掘社区资源，建立流动妇女互助组织。

本小组一共设计了七节活动，每次 90 分钟。

第一节 我们是谁：帮助小组活动参与者之间彼此认识、有一定程度的熟悉；同时介绍小组开展情况以及认识小组工作者，为整个小组活动定下基调。

第二节 我们的力量：在大家有一定相互认识的基础上，帮助组员进一步深入了解，帮助参与的妇女了解她们在日常生活中扮演的角色，在承担这些角色的过程中，即使是从事家务、带孩子，她们也是有能力的，她们能发展出有效的沟通技巧，成熟的应对压力的方法和措施，使她们成功扮演角色，发挥社会功能，有效地对事务、他人施加影响。

第三节 我和我的家人：在妇女们有一定了解的基础上，引导组员讨论家庭生活、夫妻关系、子女教育以及人际沟通等内容。在帮助她们释放不良情绪的同时，挖掘她们生活经验中的成功经验，引导她们互相帮助，并培养她们的自信心。

第四节 我们的社区：帮助组员了解自己所生活的社区。培养组员的社区意识。

第五节 我们的组织：协助组员成立一个自助、互助性质的妇女社区组织。

协助刚成立的组织搞一次策划活动。

第六节 我们是一家人:针对流动妇女面临的社会交往问题,让组员自己组织一次流动妇女联谊活动。通过组织活动,进一步强化组员在小组活动中所学习到的知识和技巧。通过活动,增强流动妇女对自己生活的控制感和自信心,加强流动妇女之间的联系和互助。

第七节 走向明天:总结整个小组过程中的学习成果。建立一个成员支持网络,面向未来的生活。

4. 小组评估

通过对组员的访谈和最后的问卷调查可知,组员们通过七次小组活动所得到的收获主要有:组员的自我效能感有显著提升;掌握了一定的家庭管理知识和技巧;萌发了社区共同体意识,意识到组员之间团结、互助的重要性,并且采取行动改善自己的处境;组员们在组后成立了一个具有自治和互助性质的流动妇女社区组织:"同心阳关家庭互助会"。小组的目标基本得以达成。

第二节 小组工作在家庭服务中的运用

一般来讲,将小组工作运用到家庭服务中,很多时候指的就是家庭治疗,但是,从知识体系分类来讲,家庭治疗是个案工作的一个重要组成部分。因此,我们在这里着重讨论如何在家庭社会工作领域运用小组工作方法,来为有需要的家庭开展服务。

一、小组工作在家庭服务中的作用

家庭社会工作是一个比较宽泛的领域,它涉及的服务范围比较大,其"目的就是协助家庭学习如何更有效地发挥功能,以满足所有家庭成员不断增长的情感以及其他需要"[①]。家庭社会工作会涉及这样几个方面的内容:(1)家庭关系,包括夫妻、亲子和姻亲关系等;(2)家庭成员面临的功能性问题,例如单亲、离婚、病残等;(3)家庭成员的社会适应问题,包括青少年和老人问题等;(4)社会政策或社会资源缺乏所导致的问题,例如贫困、疾病、失业等[②]。

将小组工作运用到家庭服务中,可以发挥的作用和功能主要有:

---

① Collins D, Catheleen Jordan & Heather Coleman. 2010. *An Introduction to Family Social Work*. Itasca: F. E. Peacock Publisher.

② 谢秀芬,1997,《家庭与家庭服务》,台北:五南图书出版公司。谢秀芬,2011,《家庭社会工作:理论与实务》,台北:双叶书廊有限公司。

1. 预防和教育

运用小组工作的方法，可以帮助有潜在问题的家庭或成员，提前学习问题解决的方法，通过小组压力和小组动力关系，提高组员应对问题和压力的能力，从而预防问题的出现和发生。

2. 问题解决

小组可以将面临相同问题的组员组织起来，通过小组活动，帮助他们逐步学习改变感觉和行为，学会有效的沟通技巧和新的行为，并鼓励他们将这些技巧和新行为运用到现实生活中，从而逐步解决家庭结构的问题、沟通与互动的问题等。

3. 资源链接

面对社会资源缺乏的家庭，小组工作方法可以帮助他们在个人、家庭与社区之间建立联系，通过资源转接和链接，帮助家庭开展能力建设，培育家庭发掘资源、获取资源和利用资源的能力，从而帮助他们解决因此而出现的问题，提高整个家庭的社会资本。

二、小组工作在家庭服务中的实务原则和主要形式

1. 实务原则

有学者提出，在家庭服务中，应该遵循以下几项实务原则：

（1）优势视角。相信要建立家庭的优势，而不是关注家庭的缺陷和问题。在专业服务中，要强调对家庭的能力建设和赋权，促使家庭成员的参与和改变，提高家庭的独立性和自主性。

（2）早期干预。人们越来越多地开始关注早期干预，干预活动应该发生在问题严重或者失控之前，而不是等到问题日益严重或者具有破坏性时才进行干预。在一个成年人开始虐待儿童之前就能够协助他们学习育儿技巧，可能会比在虐待发生之后再向他们传授这些技巧更加有效，因此，小组工作在家庭服务中可以在预防和早期干预中发挥重要作用。

（3）生态视角与个性化服务。每个家庭都处在一个互相交错的社会系统的不同层面中，并受到不同层面的影响。家庭的社会环境是复杂的，处在不断变化之中的。认识到家庭与其社会环境之间的互动的复杂性，就能给家庭社会工作者提供一套新的概念性视角，来指导他们描述、分析和干预家庭。社会工作者要习惯于评估和干预每个家庭成员的社会环境。有必要将干预延伸到家庭、学校和社区中，推动各系统之间的交流，与家庭和环境中合适的社会支持系统建立联系，为家庭提供高度个别化的服务。

（4）满足需求。在开展家庭服务中，只有满足家庭的基本需要，例如衣食住行等问题，才能调动家庭的力量，参与到更高层次需要的满足中，因此，要首先关

注家庭的眼前需要,然后才是长远目标的实现。

2. 主要形式

将小组工作运用到家庭服务中,主要有以下两种形式:

(1) 治疗小组。包括:教育性小组、自助小组、互助小组、治疗性小组、成长小组等[①]。在家庭服务中,这样类型的小组包括:育儿技巧学习小组、单亲家庭支持小组、离婚适应小组、新移民家庭互助小组、夫妻冲突学习小组、新婚父母成长小组等。

(2) 任务小组。主要指的是为了完成某些具体任务而组建的小组,它包括:团队、委员会、理事会等。在家庭服务中,任务小组包括:家长联谊会、单身人士俱乐部、流动家庭服务倡导小组等。

三、服务案例

中华女子学院社会工作系与北京某街道妇联合作,在辖区内开办了一个单亲妇女自强小组,用专业的小组工作的方式,来协助妇女解决自己面临的情绪、心理和经济问题。

1. 小组的背景

由于社会、文化的因素的影响、离婚率的上升以及男女寿命不同,大部分单亲家庭是由女性为家长的。在中国过去5年中,离婚案件的不断增加,更导致了单亲家庭数量的提高。根据国家统计局的资料,1995年,我国离婚对数突破了100万对,1998年达到了119万对[②]。有研究发现,在离婚案件中,有90%的妇女得到了子女的抚养权,这些妇女将和子女一起建立起单亲母亲家庭[③]。根据这个比例推断,中国的单亲母亲家庭数量是非常惊人的。

国内外很多研究都涉及离婚的单亲母亲的困难和问题。经济困难是单亲母亲遇到的最大的问题[④]。有研究指出,单亲母亲面对的首要困难就是经济问题,造成经济困难的原因有两个:一是很难选择到高收入的工作,二是获得来自父方的抚养费很少[⑤]。此外,她们还遇到了子女教育、住房、家务、再婚和身心健

① Toseland R W & Rivas R F. 2006. *Introduction to Group Work Practice*. 5th ed. New York: Allyn & Bacon.

② 国家统计局,1996,2000,《中国统计年鉴》,北京:统计出版社。

③ 李银河,1991,《中国人的性爱与婚姻》,郑州:河南人民出版社。

④ 孙文兰,1991,《离婚在中国》,北京:中国妇女出版社;徐安琪,1994,《现阶段离婚特点种种》,《东方》第5期。

⑤ 侯志瑾,1995,《单亲母亲的扶助》,第四次世界妇女大会非政府论坛“妇女群体与社会救助”论坛上的发言。

康等诸多问题。有研究指出，离婚的单亲母亲面临了双重负担：经济的和心理的[①]。造成她们过重经济负担的直接原因有两个：一是她们收入少，二是法律规定由父亲给母亲抚养孩子的费用太低或父亲不能按时给付抚养费。单亲母亲的心理负担也十分沉重，所有的离婚母亲都很焦虑，她们担心自己的孩子会因为离婚而受到伤害，同时，她们自己也身受社会对母亲角色的期望所压迫。在压力之下，她们一方面愧疚可能带给孩子伤害，一方面又没办法好好照顾孩子，甚至造成儿童虐待。

可以看出，离婚的单亲母亲在经济上、生活上、心理上和人际交往上都遇到了一定程度的困难，需要得到社会的支持和帮助，这就为社会工作者提供了一个开展服务的用武之地。

因此，关注离婚的单亲母亲的生活状况，就成为各级妇联的一个任务。从2000年开始，我们就尝试在北京开办单亲妇女自强小组，希望通过我们的服务，能够帮助她们走出离婚的阴影，重新开始自己的新生活。

2. 理论架构

在小组设计中，我们试图将赋权的概念和视角运用到小组中去，同时注意将西方的社会工作价值观与中国的文化传统结合起来，试图探索一个适合中国社会文化特点的工作方法。主要贯穿了以下几个基本观念。

（1）赋权：一个助人自助的过程。通过组前访谈，我们发现，虽然她们面临了很多困难，但是在每位妇女的身上，都具备这样或那样的特点，如：坚韧不拔，富有牺牲精神，能吃苦，愿意关心别人、照顾别人，会精打细算，计划性强等。然而，在很多时候，她们都没有注意到自己这些优点，而是特别强调自己的弱点和命运的不幸，因此，我们认为通过调动妇女自身的潜能，发现自身的力量来解决其面临的问题和困难，是非常重要的，这成为我们这个小组的中心。从个人层面来看，发现自己的潜能，可以帮助她们增强自信心，减低自卑感。从人际互动的层面来看，组员间的相同经验，容易培养集体归属感，组员们可以建立一种社会支持网络。从个人和社会的关系来看，通过社会政策的分析和理解，组员可以将个人问题与社会上的权利、资源分配不均联系起来，可以团结起来，采取共同的行动以改变现状等。

对专业人员来讲，与一群和自己生活经验不同的姐妹相处，从她们的经验中，能够深入了解生活的真正意义，从她们身上可以学到很多书本上无法学到的知识，如她们面对婚姻失败时的勇气、克服日常生活中困难的毅力、发展出各种应付困难的策略的能力等，小组的经验可以帮助她们进一步理解婚姻的机制和

① 王凤仙，2001，《离婚妇女的双重负担》，载林爱冰、陈丽云、王行娟、刘梦主编：《社会变革与妇女问题》，第115－131页，北京：中国社会科学出版社。

夫妻关系等。

(2) 结合中国文化的特点，提出了宽恕和放得下的概念。小组工作是一个从西方引进的工作手法，要将这种方法放在中国文化背景中，使其在中国扎根生存下来，就必须使其本土化，在小组设计中，我们试图将中国文化传统放进小组过程中，并使其具有中国特色，容易为中国人所接受。出于这种考虑，我们在小组的过程中，加进了中国传统文化中的有关宽恕的内容，传统医学中有关身心健康关系的内容，得失转换和平衡的观念，拿得起、放得下的概念。希望通过这种方式，能够鼓励妇女们从婚姻失败的阴影中尽快走出来，学会放弃和宽恕，重新设计自己未来的新生活。

(3) 爱自己与积极思维。我们试图将西方文化中关注个人感受的内容引进小组中。在组前的访谈中，我们发现，妇女们在婚姻中把自己的全部精力放在丈夫和孩子身上，她们很少关注自己的感受和需要。离婚后，她们感到愤愤不平，感到不甘心，将自己沉浸在对丈夫的愤恨中。因此，在小组中，我们加进了“爱自己”的内容，希望妇女们学会关注自己个人的感受和需要，加深对自己的认识和了解，从而进一步发现自己的潜能，改变自我否定和自责的看法。同时，我们十分重视倡导积极思维方式，与组员们一起学习在不如意的生活中，怎样积极地看待周围的一切，培养乐观向上的生活态度。

3. 小组设计的过程

(1) 问题的发现

在开组前，我们分别在某街道办事处的配合下，对离婚的单亲妇女进行了访谈，访谈的主要焦点是她们在离婚前后遇到的各种问题以及是怎样解决这些问题的。访谈分成两个部分：问卷和半结构式访谈。通过对访谈资料的分析，我们发现，她们面临的主要问题集中在以下五方面：

a. 情绪上的问题：悲伤，孤独，愤怒，心不甘，悲观，失望，觉得没有前途和未来，憎恨男性无情无义等。

b. 经济困难：本人下岗，收入减少，孩子的抚养费不能按时拿到，没有住房或住房紧张等。

c. 亲子及姻亲关系：对孩子控制过分，教孩子憎恨父亲，不让前夫家人见孩子，对孩子有负疚感，教育孩子有困难等。

d. 社交圈子：不与过去的同学、朋友交往，整天待在家中，害怕与别人交往，担心自己受到歧视等。

e. 自我认知：自责，认为自己窝囊、无能，不能接受自己离婚的现实。

这些问题成为我们小组中需要解决的问题，并为我们制定小组目标奠定了基础。

(2) 小组目标

a. 在小组过程中，女性能够对自身处境重新认识，实现自我提升，释放潜在的能力；通过小组活动，单亲女性可以学会肯定自己对家庭和社会的付出，发现并欣赏自己的优点。

b. 鼓励单亲女性发出自己的声音，并从其他姐妹的分享中吸取经验，例如，如何改善与子女的关系，如何处理负面的情绪等。

c. 在小组过程中，单亲女性能建立互助和维护自己权益的意识，并敢于向社会提出自己的要求和需要。

（3）小组的设计

据此，我们设计了六节小组活动，主题为“自强自立，单亲也精彩”。每次课程的内容分别为：a. 崎岖中的成长：人生的挑战；b. 爱的释放：释放与宽恕；c. 爱惜自己；d. 自我升华：推己及人；e. 与孩子一起成长；f. 我的新生。整个小组设计注重从身、心、灵和社会层面的介入去协助单亲女性重拾自信，重建自尊、自立、自强和自爱，从而开始新的生活。课程的内容中贯穿了“身体”的运动、呼吸练习、按摩活动，“心”情及情绪的表达和管理，“灵”性反省生命的重塑，“社会”关系和互助精神的培养和训练等。

4. 小组活动效果及组员的反映

经过 6 次活动后，组员们普遍反映变化很大。从组员变化的情况来看，她们经历了一个四部曲：从不理解—理解—投入参与—改变的过程。在小组的第一节中，大部分组员对小组形式不了解，很多人都持怀疑态度，她们怀疑这种活动的有效性和意义，甚至有人怀疑工作人员的动机。经过我们的反复解释，通过我们与她们一起真诚分享，以及工作人员的自我坦露，组员开始对工作人员信任，并理解了小组工作的形式。从第三节开始，组员开始全身心投入小组活动，有一位组员在前几次小组活动中一直很沉默，到了第三节，她主动要求发言，并与组员分享自己的家庭作业。从这时开始，组员的变化开始表现出来了，她们开始将自己的注意力从过去转向了未来，学会了利用积极的情绪来对付负面的情绪，学会了宽恕别人、宽恕自己，放下包袱，计划未来。小组结束时，组员们起草了一份为单亲女性争取搬迁补贴的意见书，希望政府对面临搬迁的、但又住在临时搭建的房屋中的单亲母亲，在拆迁过程中，给予相应的补贴。意见书出来之后，组员们积极与地方政府沟通、反映，最后在地方政府的协调下，她们先后得到了搬迁补贴。根据我们的跟进调查发现，组员在离组之后，生活发生了很大的改变。有位组员很多年没有给自己买过一件新衣，没有进过照相馆，小组结束后，她为自己拍了一套艺术照，再现了自己的美丽和辉煌。还有位组员，平时从来不跟外人交往，整天在家不出门，生活极端贫困，小组结束后，在街道办事处的帮助下，她参加了第五次人口普查工作，由于她工作认真负责，得到了街道有关部门的表扬。

5. 小组的测量与评估

为了提高小组工作的效率,及时改进工作方法,我们对小组进行了评估。我们设计了一份问卷,对组员在社会支持和自我接纳等方面的状况进行了前测和后测,小组结束后3个月,又进行了一次跟进测评。同时,还通过访谈和组员自我评估,了解组员的改变和小组的功效。此外,在征得组员同意的情况下,我们将小组过程进行了录像,作为评估工作员的一个依据。通过问卷分析,发现组员在很多项目指标上有了很大的改进。

第三节 小组工作在老人服务中的运用

一、小组工作在老人服务中的功能

根据《中国统计年鉴》(2010)公布的数据:当前60岁以上的老人为168 889万人,占总人口数的9.71%,当前65岁以上的老人人数为113 199万人,占总人口数的8.5%。根据联合国标准,60岁以上老人达到总人口数的10%,或65岁以上人口达总人口数的7%就是老龄化社会,由此可见,中国已经步入了老龄化社会。因此,关注老人需求,给老人提供专业服务,成为社会工作专业服务的重要领域。

很多研究表明,进入老年阶段之后,人在生理、心理、社会等方面都会遇到新的挑战和问题,身体机能的下降、各种疾病的出现、身体的失能、社会参与的减少等,都会使得老人产生无用感和被抛弃感,出现沮丧和抑郁等状态[①]。因此在老人社会工作实务中,小组工作常常被用于老人服务中,以发挥以下几个功能[②]:

(1) 培育组员的归属感和附属感:小组活动可以协助老人摆脱疏离感和孤独感,建立自己的社会支持网络。

(2) 舆论的证实和肯定:老人彼此之间的经验交流可以帮助他们重建自主感、自信心和自尊。

(3) 疏导情绪和整合:小组情境可以协助老人彼此之间分享感受,反思人生经历,处理过去没有解决的问题。

(4) 提供满足感:小组中可以充分发挥老人的优势,培养其有用感和满足感。

---

① 林万亿,1995,《团体工作》,台北:三民书局。

② 朱佩兰,2007,《安老与社会工作》,香港:香港中文大学出版社。

(5) 学习人际关系:以适应新的角色转变的需要。

(6) 获取信息。

(7) 解决问题。在小组中,老人可以学习解决问题的技巧,以应对自己面临的问题和挑战。

二、小组工作在老人服务中的基本原则和主要形式

1. 基本原则

有学者提出,在老人服务中,除了要坚持接纳、个别化、尊重等原则之外,还要特别坚持以下几个原则:①

第一,同理心和敏感性。在与老人一起工作时,需要能够感同身受地理解老人的生理和心理状态,从而更加有耐心、爱心地为老人服务。敏感性指能按照老人的舒适度来跟老人一起工作的能力,要敏锐地察觉他们的需要和困境,并及时给予回应和处理。这样,才能让老人感到自如和放松。

第二,赋权的原则。老人的赋权指的是我们要相信老人有能力去做决定,采取行动来满足个人的需要,解决个人问题,组织各种资源来控制自己的生活。

第三,自决的原则。要尊重老人的决定,相信他们的选择的合理性和重要性,要为老人的自决提供相关的信息和资源。

2. 主要形式

在小组工作实务中,有一些专门适用于老人的小组形式,根据麦金尼斯-迪特里希(McInnis-Dittrich)②和朱佩兰的总结,归纳出以下几种小组:

(1) 现实引导小组:这类小组基本上是在院舍中专门给那些有轻度或中度认知混乱的老人开设的。在小组中,工作员会不断给老人提供持续的刺激和适当的环境提示,帮助他们明白自己身在何处,不迷失方向,这样有助于防止老人的记忆力丧失,同时还可以与同伴和员工进行交往,与他人建立温暖的人际关系。

(2) 动机激发小组。这类小组旨在帮助老人重新与他人建立关系,帮助他们改善自尊,重新获得能力感和控制感,学习新的角色和技能,重返主流生活。小组会在尊重老人自决的前提下,为他们提供机会,重新肯定他们的能力和技能,或者帮助他们发现新兴趣,让生活充满欢乐。

(3) 社交小组:可以提升老年组员彼此之间的关爱和支持,提升他们的自信心和自我价值,肯定他们的自我概念,满足他们的亲密感情的需要,同时,通过小组活动,可以改变老人的负面感受,从生活的挫折感中走出来。

---

① 梅陈玉婵、齐铱、徐玲,2004,《老年学理论与实践》,北京:社会科学文献出版社。

② McInnis-Dittrich K. 2008. *Social Work with Older Adults*. NY: Allyn & Bacon.

(4) 娱乐小组:这类小组可以帮助组员获得满足感,通过小组活动和讨论,能够帮助老人反省自己新的角色,重新定位自己的生活,找到新的兴奋点和乐趣,使得老年生活充满欢乐和满足,提升晚年生活质量。

(5) 支持性小组。主要用来帮助那些应对因年老产生的适应问题和艰难的生活事件,例如丧偶、慢性病、家庭关系矛盾等。支持性小组中会包含教育的因素,例如,要指导老人如何管理财务、了解某些疾病的知识等,支持性小组还会包含治疗的因素,要协助老人袒露自己的生活,宣泄负面情绪,通过与其他人之间的分享,学习他人经验,找到方法来调整自己,让自己获得成长。小组结束后,可能还会形成自助小组,成为老人生活中新的社会支持网络。

(6) 治疗性小组。虽然很多小组都具有治疗功能,但是老人的治疗小组的焦点在于培育他们解决问题的能力,帮助老人改变功能失调的行为和状态。治疗小组中,需要围绕具体问题,引导组员积极参与问题解决的讨论,找到解决办法,并具体落实。治疗性小组涉及的面比较广,可以是精神问题、慢性病问题、社会性孤独等。

三、服务案例[①]

1. 小组背景

笔者为某社会福利院专职社工,从事相关社会工作近一年,服务对象为城市“三无”老人,所谓“三无”即无劳动能力、无生活来源、无赡养人和抚养人或者赡养人和抚养人无赡养能力和抚养能力。此案例主要关注有过入狱经历的“三无”老年人,即有过被判刑入狱经历,而又刑满释放的高龄老年人,他们大多数刑满释放之后已经55岁以上,无生活来源和劳动能力,身体基本健康。该社会福利院有近60位“三无”老人,其中70岁以上的高龄老人占40%,身体残疾老人占90%以上。他们的人生都比较坎坷,长期生活在社会的底层,他们中有社会流浪人员、曾长期在监狱服刑的人员、从小在福利院长大的身体残疾的人员。由于他们的人生经历都很曲折,看到的大多是社会的阴暗面,所以,他们的认知会带有明显的偏激成分,人生观和价值观有异于主流社会。

2. 小组的理念

本案例中的服务对象,即有过入狱经历的“三无”老人,全部为70岁以上,大多数有慢性疾病,一部分服务对象身体残疾,活动不便,另一部分身体较为健康,甚至较为强壮。对于前半部分的老人,对其护理照料的负担很重。由于身体器官的老化和部分生理功能的丧失,到老人高龄后期,日常生活能力也会下降,对相应的服务资源的需求量会大幅上升,这就造成了一个矛盾,即老人的服务资源

① 本案例摘自 http://www.03964.com/read/cde64202f92a2df108a23faf.html,内容有删减。

需求量的大幅上升跟社会有限的服务资源之间的矛盾。另外，由于此项目的服务对象是特殊群体，是国家全额供养的“三无”老人，很多情况下，他们的合法权益往往被忽视。在社会经济迅速发展的现代社会，由于高龄“三无”老人没有经济收入，对他人和外界环境的依赖性极大；文化程度不高，对自身合法权益及其维护的认识十分有限，所以，其合法权益容易受到侵害。同时，特殊的人生经历导致他们在意识到自身的权益被侵害之后，往往无法通过正确的方法改善，而是试图通过暴力、对抗等方式来改善问题。怎样让这部分老人能够正确争取自己权益，也是本案例中的老年社会工作者所要面临的问题。高龄“三无”老人社会角色丧失，社会交往减少，获得的社会支持也相应减弱，这些对老年人的身心发展都非常不利。怎样合理利用老年人力资源，增加老年人的社会参与和实现其人生最后阶段的价值，对于老年人通过自身的“老有所为”而获得健康愉快的老年生活越来越重要。因此，充分缓解对环境的不适感，成为高龄“三无”老人的另一个问题。

活动理论观点认为，活动水平高的老年人比活动水平低的老年人更容易感到生活满意和更能适应社会。活动理论主张老年人应该尽可能长久地保持中年人的生活方式以否定老年的存在，用新的角色取代因丧偶或退休而失去的角色，从而把自身与社会的差距缩小到最低限度。因此，本小组的目标在于通过小组活动的开展，改善老年的人际交流能力，缓解人际冲突，提高老人协作能力，构建和谐人际关系。

3. 小组活动内容

本小组活动共分 6 节。具体内容如下：

第一节的主要任务是深化组员之间、组员与工作人员之间的互相认识和了解，建立小组规则。

第二节的任务是帮助组员明白小组的意义、任务和目标，培育组员之间的联系和关系，为小组深入活动奠定基础。

第三节的工作目标是协助组员了解国内外大事和新闻，建立与外部社会的联系，培育与外界交往的兴趣。

第四节的任务是协助组员理解非语言信息，了解周围人的需要，关注他人，并鼓励他们表达自身感受。

第五节向组员传授沟通技巧，培养组员之间互相关心，建立友好关系。

第六节要深化组员之间的交往，引导组员学习如何选择共同话题，进一步有效沟通。

第七节通过游戏进一步强化所学的沟通技巧，并鼓励他们运用这些技巧，与其他组员沟通。

第八节是总结和评估。

4. 服务计划实施过程

(1) 前期准备。本案例中的老年社会工作者有一大优势，即与服务对象已建立了长期的工作关系，能够大大缩短前期准备和招募人员的时间。在前期的准备中，老年社会工作者进行了两个方面的工作，一方面是了解服务对象，招募小组成员，对服务对象进行预估和需求评估，另一方面是制定符合小组成员实际情况的小组计划书。经过半个月的工作，本案例中的小组工作前期准备工作基本完成。

(2) 小组初期。小组初期过程中，社会工作者与老年服务对象进行了较为初级的互动。因为社会工作者的工作环境特殊，所以，服务对象之间比较熟悉，这有利于小组活动的进一步开展。小组成员聚集起来之后互相熟悉，探寻小组目标和规范。组员刚开始的时候出现了两种情况，一是小组成员之间互相吸引，另一种情况就是小组成员之间互相逃避。在这个阶段，小组成员之间尚未完全彼此熟悉，成员的情绪起伏较大，经常出现焦虑、恐惧、封闭、伪装甚至不友好的态度。组员对小组缺乏信任，于是老年社会工作者针对这些问题，协助组员进行了澄清、认识个人需要。面对小组成员的抗拒和过度依赖，社会工作者通过一系列互动打开了局面，促成小组成员之间的沟通。老年社会工作者在沟通的过程中，发现和培养小组领袖，使小组顺利过渡到成熟阶段。帮助组员顺利在小组中找到自己的位置，但是小组领袖的地位尚未巩固。

(3) 小组中期。小组中期分为两个方面：小组重整和归纳阶段。组员开始关注自己在小组中的权力与地位，关心自己被小组和他人接纳的状况。成员个人的“本我”暴露有所增加，导致意见分歧的加大和权力的争夺。组员出现了一定的负面情绪：不安、焦躁、迷惑、挣扎、有超越他人的意愿。有人有强烈的分离欲望，对其自主权丧失的恐惧和对环境的抗拒。但是受到前一段活动的影响，小组成员不断确定小组对他们的意义，再度选择投入和承诺，使分化之后的小组出现整合现象。小组中后期出现了相互信任，归属感增强，彼此坦诚交谈，互相分享经验。此阶段小组领袖地位确定，规范被大家接受并遵守，小组已经能够初步有效地处理各种突发事件。在小组中期，随着组员的沟通和互动增强，组员之间会在价值观、权力位置等方面产生冲突和矛盾，通过顺利解决这些矛盾和冲突，小组进入凝聚与和谐阶段。

(4) 小组后期。当第七次活动结束的时候，社会工作者已经告诉小组成员活动到了尾声，所以组员们在第八次，也就是最后一次的时候，都十分准时地到达了活动现场。活动中，老年社会工作者带领大家就前几次活动进行了回顾，引导小组成员反思自己的收获和变化，大家表达了自己参与小组活动之后的思想上、认识上的收获。小组成员彼此交流心得和感受，还互相提出了许多建议和对今后的打算，对老年社会工作者的工作，特别是给予他们的帮助表示了由衷的感谢。但是，也有个别成员表示不希望离开，希望能够再有类似的活动，他们表示，在小组生活中，感到了安全、舒服，而离开小组则会感到压抑和烦躁。整个活动的气氛都十分融洽，小组成员最后更是表达了对小组工作的认同。与第一次活动时比较，大部分组员无论是仪表还是神态都更加自信和爽朗，更可贵的是大家都不再怨天尤人、自暴自弃，已经开始规划自己今后的晚年生活。小组成员彼此建立了关系，而且已经开始了互相间的关注和支持。

5. 小组评估

通过面谈以及在小组开始前和小组最后一节时安排完成的同一份问卷，可以比较服务对象在参加小组前后的沟通模式以及技巧是否有改变。评估结果发现，老人经过了八节小组活动，行为习惯和价值观念有了一定的改善。根据老年社会工作者的调查和统计，小组活动之前与小组活动之后，服务对象行为活动有明显区别，认识和价值观有所改善。小组的目标基本实现。

第四节 小组工作在儿童服务中的运用

在儿童服务中，小组工作适用的人群基本上是两类：儿童和家长。下面我们分别来看看小组在这两类人群中的应用。

一、小组工作在儿童服务中的作用和原则

在儿童服务中，常见的儿童问题有：父母离异、学业困难、情绪问题、行为问题、人际关系问题、亲子沟通问题、疾病、残障、家庭问题（失业、贫困、酗酒、家庭暴力等）对儿童的影响，性侵犯，儿童虐待等。运用小组工作的方式处理这些问题，可以发挥以下作用：

第一，培育归属感和同伴接纳。儿童在成长过程中，特别是在青春期阶段，需要发展出归属感，得到同伴的接纳，而小组工作在发展和培育归属感和接纳方面，优势突出①。

第二，提供正面支持和社会化经验。在小组背景中，儿童可以感受到集体的力量和影响，在群体中，儿童会得到其他同伴的支持和鼓励。

第三，培育舒适感和自由度。在小组活动中，他们不需要独自面对一个成年人的询问，不同的儿童会从不同的角度来分享各自的经验和想法，从而给儿童很大的自由度来参与，因此，会让他们感到舒适和安全。

第四，消除孤独感，建立同伴之间的普遍性感受。在小组中，儿童会逐步发

① Webb N B著，黄玮莹等译，2006，《儿童社会工作实务》，台北：学富文化事业有限公司。

现原来自己不是唯一受到某个问题困扰的人，其他人也有同样的经历和感受。

在主持儿童小组过程中，除了遵循一般性小组工作原则之外，还需要特别遵循以下原则：

第一，坚持儿童优先和儿童利益最大化的原则。联合国儿童公约和我国的未成年人保护法明确规定，应从儿童最大利益出发，实施对未成年人的保护。这就意味着我们在开展儿童社会工作时，时时处处都应从儿童权利和利益出发，遵守儿童优先原则，尽最大可能促进和改善儿童状况。

第二，强调儿童参与的原则。坚持儿童的自主性和独立性，尊重他们的人格和想法，在服务中，要倾听儿童的声音，关注他们的需要和观点，在服务设计和服务提供中，要重视儿童的参与，充分体现他们的想法。

第三，平等、尊重的原则。要把儿童作为发展性的主体来对待，应给予应有的尊重。无论儿童的出生、家庭、智力水平、身体状况、容貌如何，社会工作者都要充分尊重和接纳他们，并能设身处地地为儿童着想。

第四，保密的原则。要特别向儿童说明保密的重要性、意义和方式，帮助他们了解保密的限制和条件。可能在某些情况下，他们不理解为什么要保密，或者他们没有足够的自控能力来做到保密，社会工作者还是要向他们强调保密原则，并尝试努力做到。

二、小组工作在儿童服务中的服务领域

常见的儿童小组主要有：离婚家庭儿童成长小组、丧亲儿童小组、病患子女支持小组、艾滋病家庭的儿童小组、残障儿童手足小组、受虐妇女子女小组、目睹暴力儿童小组、灾后儿童危机分享小组、游戏治疗小组，此外，还有专门为儿童开设的社交技巧训练小组、生命教育小组、自我认知和自我成长小组等。

1. 离婚家庭儿童服务

离婚作为一个重要的生命事件，会给孩子带来一定的影响。有研究表明，离婚会给子女带来以下影响：不良情绪和性格问题、品行障碍、不能进行正常学习、社会适应不良、神经机能失调以及不良习惯[①]。有学者认为，与完整家庭的儿童相比，离异家庭儿童的智力发展、学习成绩、被同学接纳程度以及亲子关系等明显较差，在品德、性格和情绪方面的问题行为也明显较多[②]。同时，也有学者发现，婚姻破裂虽对学龄子女的生活福利、学业、品行、心理发展和社会适应有消极影响，但其负效应并非如一些学者所推测或传媒所渲染的那么严重。不少孩子

---

① 罗清旭等，1989，《父母离异的中学生心理健康问题调查》，《心理科学通讯》第 2 期。

② 吴靖等，1990，《离异家庭儿童学习活动的问题及成因》，《心理发展与教育》第 4 期。

在家庭变故的挫折经历中成长、成熟[①]。因此，在给离婚家庭儿童提供的小组服务中，需要特别关注这样几个问题：要帮助儿童认识离婚和离婚的意义；学会表达和宣泄自己的情感和感受；通过朋辈支持，将离婚经历正常化。

2. 目睹家庭暴力的儿童服务

国内外的研究都表明，曾经目睹过父母之间的暴力行为，会给儿童带来很多负面影响。还有学者指出，那些生活在暴力之中的儿童比生活在没有暴力之下的儿童要更容易实施暴力[②]。而男性儿童在目睹了家庭暴力之后则更容易日后成为罪犯。那些目睹家庭暴力的儿童则更容易遭受各种情感和行为困扰，例如行为畏缩、噩梦和外伤之后的精神压力错乱。经常目睹家庭暴力的儿童还常常出现焦虑、抑郁、攻击性的行为。而相对于那些未受虐待的儿童伙伴来说，目睹家庭暴力的儿童在学校表现较差的比例很高。目睹家庭暴力对孩子未来的潜在影响也很关键。生长在一个暴力家庭中的孩子特别是男孩，会产生这样的认知，暴力是获得想要的东西的一个有效途径。很多孩子把这个经验从青少年带到了成年时代[③]。

在这个人群的小组中，重点要放在培育他们建立信任关系、角色反思和示范、提升自信心，学习人际冲突的解决技巧以及社交技巧，同时也教授儿童自我保护的方法等。

3. 家庭暴力受害儿童服务

针对儿童的家庭暴力往往发生在训诫的情形下，而且经常采用身体折磨或者蓄意残酷的羞辱性惩罚。这样的惩罚会对儿童产生非故意的长时间的伤害，特别是在训诫人因为受酗酒或吸毒影响而暴怒甚至失控的情况下。身体暴力往往还伴随着同样具有伤害性的心理暴力行为，例如侮辱、谩骂、孤立、拒绝、威胁，感情上漠不关心以及故意贬低他们的孩子。上述所有暴力行为都可能对儿童的心理发展和行为规范带来极大的伤害——特别是当这种伤害来自孩子所尊重的父母。因此鼓励父母采用非暴力形式的教育显得至关重要。美国的研究表明，那些有过家庭被虐待史的青少年在犯罪行为方面往往有着更高的危险[④]。

因此，在给这个群体的儿童开展小组工作服务时，需要特别关注这样几个领域：创伤处理；负面情绪的表达和处理；认识暴力；人际冲突技巧的学习；角色示范和学习；朋辈支持、社会支持网络的建立等。此外，还要给施暴者提供相应的

① 徐安琪、叶文振，2001，《父母离婚对子女的影响及其制约因素》，《中国社会科学》第6期。

② 陈若璋，1992，《台湾婚姻暴力策略高危因子之探讨》，《台大社会学刊》第21期。

③ 郭静晃，2008，《儿童少年与家庭社会工作》，台北：扬智文化有限公司。

④ 劳拉·斯坦恩，2007，《家庭暴力使儿童陷入十分危险境地》，《人权》第7期。

辅导、矫正和教育，这样，才能为受害儿童创造一个安全的家庭环境，促进其健康成长。

4. 留守儿童服务

据全国妇联、全国心系好儿童系列活动组委会等机构 2010 年联合发布的“农村留守儿童家庭教育活动调查分析报告”显示，2010 年全国农村留守儿童约 5 800 万人，其中 14 周岁以下的农村留守儿童约 4 000 多万。外出务工年限在 1 年以上的家长合计占了 6 成以上。其中，28.5%的家长外出务工年限在 5 年以上。面对这样一个群体，很多学者从缺失的角度提出了很多问题。有学者的调查表明，有 55.5%的留守儿童表现为任性、冷漠、内向、孤独，长期与父母分离使他们在生理上与心理上的需要得不到满足，消极情绪一直困扰着孩子，使他们变得自卑、沉默、悲观、孤僻，或表现出任性、暴躁、极端的性格①。还有学者认为留守幼儿常常有一种孤僻的心理，表现为沉默寡言、喜欢独来独往、我行我素、胆小、自私、不合群。此外，还有一个很严重的问题就是，留守儿童由于得不到家庭和父母的有力或有效的监管、保护，容易产生人身安全受到侵害的问题，包括受到他人的非法侵害或人身伤害和自己行为失控对自己造成的伤害②。

在为留守儿童提供小组服务时，可以设计自我认知自我成长小组、生命教育小组、朋辈支持小组、互助小组等，同时要遵循这样几个原则：

(1) 正确认识留守儿童，发现他们的抗逆力和优势，重新认识留守儿童的现状，运用优势视角，发现他们的能量和抗逆力，激发他们的优势，来应对眼前的困难。有很多学者发现，留守的经历会给儿童带来负面的影响，但同时也会给他们的独立性发展提供契机，社会工作的目的就是要发掘他们的潜能，找到他们的优势所在。

(2) 相信儿童。相信儿童是独立的个体，有能力、有尊严，值得信任和尊重。相信他们有适应外界变化的能力和新生活的能力，相信他们有表达自己需要的能力，同时，要尊重和信任他们，尊重他们的表达，满足他们的需要。

(3) 支持儿童。社会服务提供者要调整心态，找准立足点，明确自己的职责，扮演好同行者、外来学习者的角色，真正走进儿童的生活，了解他们的需要，为他们的发展创造机会，链接资源，促进儿童的发展。

三、服务案例③

“中学生成长小组”是由中华女子学院社工系学生在督导老师的指导下，在

---

① 叶敬忠等，2005，《对留守儿童问题的研究综述》，《农业经济问题》第 10 期；林宏，2003，《福建省“留守孩”教育现状的调查》，《福建师范大学学报》(哲学社会科学版)第 3 期。

② 周福林、段成荣，2006，《留守儿童研究综述》，《人口学刊》第 3 期。

③ 本案例选自：刘梦，2008，《小组工作案例汇编》，北京：中国人民大学出版社。

北京某学校开展的小组服务。

1. 小组的背景

在北京市中小学校越来越重视学生心理健康教育的背景下，崇文区某学校心理咨询室于2002年成立，成立后得到了北京市团委和崇文区心理健康教育中心的支持，并联合北京师范大学、中华女子学院等高校建立实习基地，吸收高年级学生担任咨询室工作人员，负责信箱、小报、成长小组、个案咨询等工作，本次成长小组就是工作员在学校心理咨询室服务期间开展的活动之一。

2. 理论架构

初中阶段是人的一生发展中最为动荡的阶段，此时个体在生理上迅速发展并逐渐达到成熟，而心理相对于生理发育来说则显得落后，因此容易造成初中生心理发展的一系列危机①。此时，初中生在人际关系方面最容易出现的问题是亲子关系的紧张甚至冲突，初中二年级的亲子冲突则处于顶峰②。

国内外关于青少年亲子冲突的研究很多，但大部分集中在对亲子冲突的特点、发展趋势及其影响因素的描述方面，对于亲子冲突的解决办法也只是着重从父母方面提出理论性建议。对于初中生的生理、心理发展特点的描述也很多，但很少有工作者对处于亲子冲突中的青少年的行为改变或心理成长做出介入。

工作员认为长期的矛盾和冲突会使初中生产生心理、情绪方面的困扰，影响其正常的学习和生活，而小组工作是一种比较好的工作方法，可以通过团体的力量达致个人的改变，其基本信念在于：相信个人在成长中出现困难必然与遇到的问题有直接关系，相信个人有发展的潜能，接纳个体的独特性，便于组员在不自觉中得到帮助而解决问题。而加入该小组也避免贴标签的危险，小组对组员的接纳、爱护使他们对小组有归属感，易于宣泄情绪、表达自我，组员透过互动可以相互学习和相互借鉴，学习新的经验和行为模式，发掘潜能，获得自我成长③。

所以工作员在初二学生中引进小组工作，希望通过小组活动，发挥小组的接纳、支持和促进作用，目的在于促使青少年以积极的心态面对与父母的矛盾冲突，减少冲动性对抗行为，学习自我表达和处理矛盾冲突的方法和技巧，达到观念和行为方面的积极转变。也希望通过对此次小组活动开展效果评估，提出小组活动开展和评估方面的一些建议，为社会工作在初中生小组方面的介入提供

① 李晓东、林崇德，2002，《初中二年级学生学习困难、人际关系、自我接纳对心理健康的影响》，《心理发展与教育》第2期。

② 方晓义、张锦涛、刘钊，2003，《青少年期亲子冲突的特点》，《心理发展与教育》第3期。

③ 吴梦珍，1992，《小组工作》，香港：香港社会工作人员协会。

借鉴。

3. 小组设计

(1) 服务对象的界定。工作员在学校担任心理咨询员期间，在信件咨询过程中发现有不少同学因为亲子关系矛盾冲突存在困扰，进行文献检索后发现初二年级的学生最容易与父母发生矛盾冲突，通过亲子关系问卷对初二年级6个班的学生进行调查发现，学生与父母矛盾冲突的情况普遍存在，于是拟定成立一个以亲子关系为主题的小组，从问卷调查中挑出潜在组员20人，通过组前访谈进一步了解同学情况和参组意愿后，从中选出8个同学组成小组。

(2) 小组目标。在此次小组活动中，工作员希望充分发挥小组的凝聚力，为组员提供一个温暖、安全和信任的环境，进行情绪宣泄，缓解由亲子矛盾冲突带来的紧张和压力，调适心情，同时发挥同辈群体的作用，学习沟通及处理矛盾冲突的方法和技巧，获得个人成长与进步，具体目标有：

a. 营造安全信任的小组环境，使组员可以在小组中宣泄自己的情绪，自由发表意见，而不必担心受到批评、指责，获得小组的温暖和支持。

b. 在小组活动开展的过程中，通过组员的互动来分享经验，促进观念方面的转变，进行自我反思，发掘自我潜能，学习新的处理问题的方式。

c. 引导组员进行情感宣泄，帮助组员调整心态，正视与父母的矛盾和冲突。

d. 增进组员对父母的了解和理解，引导他们学习站在父母的角度来考虑问题。

e. 引导组员控制自己的情绪，学习自我表达和与父母沟通的技巧，增强表达和沟通能力，获得情感、态度及行为方面的成长和发展。

4. 小组具体活动

本小组共有六节，每节活动主要内容如下：

第一节　认识你真好：主要任务就是要建立专业关系，营造信任气氛，缓解组前焦虑，组员之间相互熟悉，营造安全、信任的小组氛围，通过协议签订仪式，宣布小组成立，增强小组凝聚力，了解组员组前状况。

第二节　爸爸妈妈我想对你说：提供安全的环境让组员宣泄情绪，平和心态，通过经验分享和互动让组员明白这不是他一个人所要面对的问题，促进组员间的信任和情感支持，增强小组凝聚力，讨论解决冲突的方法。

第三节　代沟啊代沟：引导组员对父母的同理感恩，减少组员的冲动性对抗行为。引导组员对父母权威一定程度的认同，理解父母作为管理者的角色，在承认父母权威的同时学会拒绝父母的不合理要求。

第四节　屋檐下的风波：引导组员学习控制自己的情绪，通过经验分享和互相学习增进处理冲突的技巧，增强小组的凝聚力。

第五节　我爱我家：将小组中的经验付诸实践，检验这些方法的实际效果，并从自己做起，为改善亲子关系努力。

第六节　欢乐离别会：巩固小组成果，感悟和分享成长，引导组员理解、体谅和包容父母，改进自身行为，为营造和谐融洽的家庭关系努力。

5. 小组评估

在此次小组活动中，笔者选择AB设计对小组活动进行效果评估，通过组前访谈和问卷调查获得组员的基线资料，通过观察记录、问卷、量表和访谈记录等获得有关小组活动的资料，通过前后对比来评估小组的效果。结果表明，组员们在认知层面、冲突情绪和行为表现方面和解决矛盾冲突的措施方面，都有不同程度的改变，当然，有的组员的变化会大一些，有的会小一些。

第五节　小组工作在其他领域的运用

一、灾后重建服务

2008年"5·12"大地震发生后，在中国社会工作教育协会和中国青少年发展基金会共同发起的"抗震希望学校社会工作志愿服务"项目的号召下，多名来自全国社会工作院校的教师和同学投身于灾区的学校社会工作服务中。其中，中华女子学院社会工作系的师生在德阳某乡村学校，针对灾后留守儿童的情况，开展了小组服务，取得了一定成效。

1. 小组的背景

20世纪80年代以来，随着我国改革开放和城市化进程的不断加快，农村剩余劳动力开始大规模向城市转移。但由于我国长期存在城乡二元社会结构以及制度改革的相对滞后，许多务工者不能将子女带进城里生活、上学，"留守儿童"现象由此产生。有研究提出留守儿童是父母双方外出或者父母一方外出时居住在户籍地的儿童①。留守儿童正处于社会化的关键时期，而父母长期在外，孩子就无法享受到父母在思想认识及价值观念上的引导和帮助，极易产生认识、价值观念上的偏离和个性、心理发展的异常，容易出现任性、冷漠、自卑、敏感等性格特征。叶敬忠等在研究中表明，部分留守儿童心理负担重，没有心理归属感，他们非常渴望和父母生活在一起。

德阳某乡村学校的学生来自周围的七个村子。60%以上为留守儿童，其中很多孩子父母双方均在外打工，他们一般与祖父母、外祖父母或其他亲属一起生活，超过50%的留守儿童的家长一年回一次家。大地震之后，很多孩子的家长

---

① 周福林，2008，《我国留守家庭研究》，北京：中国农业大学出版社。

立即赶回家,在确定家人安好之后,迫于重建家园的经济压力,不少父母还是选择外出打工。经历过这次大灾难,孩子们不论在生理、心理或行为上均产生了一些不良反应。四川省心理学会高校心理健康教育专业委员会专家们通过研究发现,孩子们可能有害怕将来的灾难、对上学失去兴趣、行为退化、睡眠失调和畏惧夜晚、害怕与灾难有关的自然现象等不良反应。而青春期前(11～14 岁)的孩子可能会出现食欲不振、退缩、失眠、失去同辈相处的乐趣等症状①。学校社工通过对留守儿童进行深度访谈和焦点小组,发现在大地震之后,特别是在余震不断的时期,留守儿童们的恐惧感、孤独感剧增,也更加渴望父母能够回到家中,获得来自父母的温暖和安全感。部分留守儿童除了出现上述情况之外,还伴随着厌学、暴力倾向、沉默寡言等症状。

学校社工在对留守儿童进行需求评估的基础上,与校方和各班主任协商,最终确定为初一年级的部分留守儿童开展小组。初一年级的很多留守儿童都是住校的,虽然住在板房宿舍,但一遇到余震还是表现出惊恐和担忧,个别孩子会尖叫或哭泣。刚进入初一,本身就面临着学习方法、人际关系和生活方式各个层面的适应,再加上大地震的影响、对父母思念的加剧,孩子们之间会传递消极忧虑的情绪,校方很是着急。我们希望可以透过小组活动缓解他们对地震的恐惧与担忧,建立自信心,以积极的心态面对今后的生活和学习,同时也可以通过互相帮助,互相分享,更好地适应初中生活。

2. 小组的设计理念

在传统社会工作服务中,人们所采用的问题视角面临越来越多的挑战:服务目的、方式和效果都受到不少质疑②。20 世纪 80 年代,社会工作实践性理论的一个新取向——优势视角开始出现在人们的视野中。萨利贝(Saleebey)提出,每个个人、团体、家庭和社区都有优势面对挑战和困难:对服务对象的定位和认识并不局限于服务对象对问题、麻烦、毛病或障碍的描述,而是在服务对象来寻求帮助时,工作者假设他们已经尝试过解决问题,并从尝试中收获很多的经验③。工作者帮助服务对象把这些能力、成就感挖掘出来,成为启动服务对象努力改变和进步的发动机。优势视角同时还认为所有的环境都充满资源。优势视角强调社会工作者应被定位于服务对象的合作者,合作的姿态可以让工作者更能避免助人过程中出现对服务对象的片面评价。

由于社会对留守儿童的一些负面评价,如“冷漠”、“没人管的”、“学习不好”、

① 游秀钦,2008,《试论灾区留守儿童的心理救灾》,《山西青年管理干部学院学报》第 4 期。

② 侯童、田国秀,2009,《学习困境学生:优势视角的解读与干预》,《少年儿童研究》(理论版)第 6 期。

③ Saleebey D 著,李亚文,杜立婕译,2004,《优势视角:社会工作实践的新模式》,上海:华东理工大学出版社。

"习惯不好"等，留守儿童自身也被这些"标签"所左右，可能会出现自卑、封闭自我、消极等心态。但在现实中，很多留守儿童也具有不可忽视的成长潜能，包括自理、自立、自主等。在大地震之后，虽然很多留守儿童想念父母害怕地震，但他们在给父母打电话的时候还是"报喜不报忧"，反而会安慰父母，请父母放心。还有的孩子虽然在学校里不太说话，显得不太合群，可回到家里也用自己的双手搭建临时帐篷，帮助爷爷奶奶领物资，还要照顾弟妹。我们看到，经历过地震，孩子们的心理阴影也许难以在短期内抚平，但是孩子们的某些内在能量也许在这个时期会被激发出来，只是他们自己未曾察觉。"优势视角"正可以将留守儿童的正面能量挖掘出来，提升他们的自我效能感，增强抗逆力，从而能改变他们的自我评价，获得新的生活动力。

3. 小组活动内容

由于灾后服务的应急性特点，没有开展全校性的招募，在对初一学生进行心理筛查的基础上，各个班主任推荐了一些情绪、行为或思想上受地震影响比较大的留守儿童，特别是一些比较沉默寡言，有些自卑的留守儿童。社工通过观察、访谈，介绍小组工作的方法和形式，了解他们参加小组的意愿后，最终确立了6名组员，并对他们发放了小组邀请函。

小组活动共分为六节，为封闭式的成长小组，主题是"建立自信，积极生活"。每一次的活动内容分别为：(1)很高兴认识你；(2)画里的我；(3)快乐大组合；(4)心情晴雨表；(5)拼图大考验；(6)水晶球的祝福。小组从建立关系、分享感受开始，让组员逐渐从地震的阴影中走出来，经过对自我的探索，对自我情绪的认知，在团队的互相支持与鼓励下，树立自信，强化自身的正面能量，积极面对今后的生活和学习。

小组第一节活动时，组员们有些拘束，有两位组员保持沉默，只是微笑或点头，而且喜欢坐在活动室最角落的位置。而后社工为了让组员们放松，在活动室铺上泡沫地砖，大家席地而坐，并给每人发了一个卡通抱枕，增强组员的安全感和舒适感。热身游戏很好地拉近了组员与组员之间、组员与工作者之间的距离，组员在游戏中的投入与放松超乎社工的想象。但在小组的第二、三节，一些主题游戏之后的分享却不尽如人意，一些组员还是不能放开自己，分享感受时也只是简单的"开心"或"不开心"。通过社工在组外与组员的一对一交流，情况有所好转。在小组中期，组员之间的信任感建立起来，组员逐渐发现互相之间有很多的共同点，对留守经历有类似的感受，引发了共鸣，小组进行得较为顺利。在小组末期，出现了离组情绪，部分组员明确表示不希望小组解散，个别组员表现出伤感或抗拒，社工努力将这些负面情绪转化为对小组、对彼此、对自己、对未来的祝福与希望，同时也鼓励组员在小组结束之后还可以保持联系，在生活上、学习上互帮互助，多关注自己和他人的优点，更自信地面对今后的人生道路。

4. 小组的评估

小组的评估采取以下方式:(1)小组的前测和后测;(2)每节的最后,让组员分享体会和感受;(3)观察及分析社工在小组进行过程中的表现;(4)对出席率及参与、投入程度等作评估;(5)通过与组员的组前访谈和组后跟进,及其班主任的反馈来了解组员对小组的感受和收获。小组目标大致实现。小组组员对自己有了更进一步的认识,特别是看到了自己的“可爱之处”,从一定程度上建立了信心。小组成员间形成了良好的互动,开始互相支持和鼓励。此外,在小组活动中,社工也与小组成员讨论技巧和方式在实际学习生活中运用的方法,帮助组员实现自我认知,提升自我价值意识。同时,我们也发现,六次的活动毕竟太短,每次活动时间也有限,组员已经取得的成绩还需要组外环境的配合:老师、同学和家人的鼓励、支持和推进。因此,在新的学期中,需要组织和安排更多的活动,来跟进和维持组员的成长。

二、戒毒服务小组

这个小组活动是云南大学社会工作系师生在昆明“中美戴托普(Daytop)戒毒康复村”举办的。该小组工作带有明显的治疗倾向(行为治疗),活动地点在云南大学社会工作系的教学实习基地。

1. 小组背景

主要针对吸毒者孤僻、不善与人交往、说谎、不信任他人的人格缺陷,开展固定小组的活动。小组的基本理念就是要坚持保密、坦诚、尊重、倾听的原则。

2. 活动形式

由 Daytop 工作人员根据社区居住者的数量,将所有居住者分成若干组,每个组 7 到 8 个组员。每个组各自围坐成圈,工作人员在组与组之间作观察,不参与任何一组的活动。活动时间安排每周二晚上八点开始,由各组组员自己决定何时结束。活动地点:Daytop 六楼大厅。

3. 活动内容

这个开放式的小组没有固定的活动主题,以组员间的相互交谈为主要方式,组员间畅所欲言,自己想说什么就说什么,重在表达与参与。小组的主要目标:让居住者(戒毒者)在小组活动中学会表达自己,加深居住者之间的相互了解,通过对个人痛苦的分享,获得组员的帮助以及形成组员间对苦恼、困难、压力的相互倾诉和对艰难戒毒生活的相互鼓励和相互支持。

4. 优点和缺点

作为一个无结构小组,其优点主要有:通过对固定小组的实际开展情况的观察,固定小组对组员的帮助有:第一,加深组员间的相互了解,增进彼此的感情。Daytop 的很多居住者,特别是新到社区的居住者,出于长期吸毒形成的孤僻的性格特点和对新环境的陌生感以及强烈的自我保护意识，不愿意去了解别人也不愿意被别人了解，这使得本来就痛苦的戒毒生活更加孤独和艰难。固定小组为居住者提供了一个相互了解的空间和机会，组员可以在交谈中尝试放松对他人的戒备和对自己的保护，从一些无关紧要的个人事件中开始彼此了解，这些了解就为他们提供了交流的基础，有利于增进彼此间的感情。第二，组员可以在小组中轻松地释放自己，压力得到缓解。由于固定小组的不固定的主题，组员们可以在小组中分享任何内容，不论是痛苦还是欢乐。很多小组在一个多小时的活动中，笑声不断，交谈气氛十分热烈，活动结束后，能明显感受到组员轻松愉快的心情，单调、压抑的戒毒生活多了一丝亮色。此外，组员在小组中可以无所顾忌地表达自己，可以诉说自己的痛苦、烦恼，通过倾诉释放一部分压力，可以抽烟，可以跷腿，想坐成什么样子就坐成什么样子，不用提心吊胆、小心翼翼地遵守社区的诸如不准跷腿之类的规定，组员可以在小组活动中获得一种轻松自如的感觉。第三，组员可以从小组中获得极大的鼓励与支持。固定小组的组员都曾是吸毒者，都曾经在毒品的驱使下做过令自己清醒时十分后悔的事，也都有过一段属于自己的不堪回首的往事。因此当有组员愿意分享自己的伤痛的时候，能够得到其他组员的发自内心的理解，这种理解使居住者久遭冷落的心感受到爱与关怀。戒毒生活是痛苦艰辛的，对于吸毒者来说，坚持在社区长期地居住下去，要承担来自不同方面的压力，这些压力不断地摧毁着居住者留在社区的决心，可是在没有充分准备好的情况下离开社区，复吸是不可避免的，因此在小组活动中有成员表露出坚持不下去的时候，其他组员会及时地给他鼓励，帮他分析各种利弊，支持他留在社区。

当然，这种无结构式的小组活动也存在一些缺点，主要有：第一，小组无法进行更深层次的挖掘与治疗。固定小组本应是一个治疗性的封闭小组，但是由于Daytop是一个开放性的社区，不断有新的居住者进入社区和老的居住者离开社区，因此就不断地有新组员加入，老组员离开，这就使得小组不具备一个长期的稳定性。小组刚刚涉及深一点问题的讨论时，一个组员离开了，新补充进来的组员什么情况都不了解，其他的组员熟悉新组员还需要一段时间。同时因为小组没有固定主题，缺乏一个长期的焦点，很难围绕一个焦点深入挖掘下去，治疗仅限于肤浅的层面。第二，一些组员可能在活动中受到伤害。社区部分居住者，特别是新到社区的居住者，不懂得尊重他人，妄自尊大、自私、孤僻，这些性格特点，在小组活动中通过某些行为表现出来，例如不听别的组员发言，嘲讽组员所说的内容等，这些行为没有人去制止，十分轻易地就让那些渴望得到帮助却又十分敏感的居住者受到伤害。第三，小组活动初期难以形成组员间的互动和凝聚力。固定小组的成员全是居住者，每个小组都缺乏一个具备小组带领技巧的工作者，这就使得小组在形成初期即小组聚会期时组员间缺乏互动，焦虑情绪、对小组怀疑等情绪无法及时疏解。

三、智障人士社交技巧小组①

2003年6月至9月，香港大学社会工作系学生在北京慧灵家庭服务中心实习期间，与机构合作，开办了智障人士社交技巧培训小组——"十万个为什么小组"。本小组的主要宗旨就是通过社交技巧的培训，提高智障人士的社交技巧，特别是与异性交往的能力，帮助学员初步建立正面的恋爱观及婚姻观，为他们未来走上社会奠定基础。

1. 小组背景

在实习期间，我们发现由于学员都属于轻度智障人士，在人际交往方面，特别是与异性交往方面的经验缺乏，在人际沟通表达上，也存在很多不足。在人际冲突处理上，他们的方法十分简单，除了动拳头就是掉眼泪。在跟机构督导和监护人沟通之后，他们特别希望能够针对人际沟通技巧的学习，获得专业的辅导和服务，因此，我们开始了本小组的设计和服务提供。

2. 小组的理念

在设计本小组的时候，我们相信：

- 每个人都有享受生活的权利，而与异性交往是生活的重要组成部分。
- 智障人士的生理需求和交友需求，应该得到正视和处理。
- 通过适当的引导，智障人士完全有能力处理好自己的问题。

我们采用"社会学习理论"作为小组设计的理论基础。"社会学习理论"相信人可以凭借观察和模仿，学习新行为。若工作人员希望组员学习某些行为，要提供简明的指引，然后做出实际的示范，让组员模拟练习，同时，需要老师和家长在日常生活中配合，为组员提供实习机会，重复尝试，并及时给予意见以便修正，这样才能巩固组员学习的行为。

3. 小组活动安排

鉴于组员都属于轻度智障人士，在人际交往方面，特别是与异性交往方面的经验缺乏，我们一共安排了六节小组活动，每节的主题分别是：走进成年、了解异性、表达的艺术、接受和拒绝、解决异性相处中的矛盾冲突、总结。在小组活动过程中，我们尽量采用口头语言表达的方式，配合文字、图案和实物，帮助组员理解人际关系和人际交往中的规则。同时，我们还采用了游戏、角色扮演、小组讨论和分享的方式，来学习表达和沟通的技巧。此外，我们还向组员介绍了一些音乐冥想练习、深呼吸练习等，来帮助他们缓解压力和负面情绪。在主持小组的同

---

① 本案例摘自：刘梦，2008，《小组工作实务案例汇编》，北京：中国人民大学出版社。小组由笔者和香港大学社工系本科生黄莎莎共同主持完成。

时，我们还要求机构的老师能够配合小组活动内容，在组外鼓励他们运用在小组中学习到的行为，从而使小组活动达到了事半功倍的效果。

4. 小组的评估

为了说明小组的效果，我们设计了一份人际交往和自我认识的问卷，前测和后测的结果表明，组员在对自我成年身份的认识上有了明显的提高，在人际交往中，一些能力也发生了明显的改变。同时，在与机构工作人员和监护人的访谈中，他们都表示，组员在表达沟通和人际矛盾处理上，有明显的进步和改善。这说明小组完成了预设的目标，在促进组员沟通能力改变中发挥了一定的作用。

本章要点

- 小组工作可以被运用在不同的人群中，以帮助他们解决问题，获得成长。
- 小组工作在被运用到不同人群的服务中时，要特别关注不同人群的特点和差异性。要灵活运用小组工作的原则和方法，为他们提供所需的服务，满足他们的需要。

推荐阅读书目

张李玺，2008，《妇女社会工作》，北京：高等教育出版社。

谢秀芬，2011，《家庭社会工作：理论与实务》，台北：双叶书廊有限公司。

朱佩兰，2007，《安老与社会工作》，香港：香港中文大学出版社。

Webb N B著，黄玮莹等译，2006，《儿童社会工作实务》，台北：学富文化事业有限公司。

后　记

《小组工作》于 2003 年正式出版，至今已有 9 年的时间。在这 9 年中，中国的社会工作教育经历了快速发展，开设社会工作本科专业的院校已经将近 300 所，还有若干高职院校也先后开设了社会工作专业。专业教育的迅速发展，对社会工作本科人才培养提出了新的要求，培养社会适应性强、应用型的社会工作专业人才，成为很多高校人才培养的主要目标，这就对课程和教材提出了新的要求。正是为了满足社会工作人才培养的要求，在高等教育出版社的大力支持下，我们开始了《小组工作》教材的修订工作。

本教材经历了 9 年的使用，作者和同仁们都发现，随着社会工作教育的快速发展，本教程的内容已显得相对滞后。2009 年，我们曾做过一个针对教材使用情况的调研，从事小组工作教学和实践的同仁们提出了一些问题，同时也提出了宝贵的建议。这些建议对教材的修订作用很大。

《小组工作》的修订基本上坚持这样几个原则：

第一，完整充实的原则。在保持原教材的完整性前提下，对内容进行了增补和调整，例如，在第二章专业价值观和伦理中，我们增补了有关小组工作价值观和职业伦理的内容，同时，将原来第十三章中有关伦理困境的内容调整到这一章，这种调整保持了内容和结构的完整性。

第二，连续性的原则。在内容上，我们保留了理论和方法的连续性，对这几个部分的内容没有进行大的调整和修改，因为理论和方法的内容相对比较稳定。

第三，实务性的原则。为了进一步说明小组工作实务过程，我们对第十三章作了重大调整，介绍了小组工作在不同人群中的运用原则，案例生动鲜活，既呈现了小组工作在中国本土实践的状况，又展现了如何在某些领域开展小组实践。

第四，时效性的原则。在修改版中，尽量将最近几年小组工作的研究成果纳入教材中，给读者提供新的信息，同时也删去了一些陈旧的内容，提高了教材的可读性和时效性。

本教材在修订过程中，得到了各位作者的大力支持和配合，在此深表感谢。各章分工如下：第一章　张和清、刘梦，第二章　刘梦，第三章　张青方、刘梦，第四章　张和清、张青方、刘梦，第五章　张青方，第六章　刘梦，第七、八章　张和清，第九、十、十一章　陈钟林，第十二、十三章　刘梦。在第十三章的写作中，得到了很多老师和实务工作者的支持，中央民族大学社工系的焦开山、北京农学院社工系的彭君芳、浙江师范大学社工系的朱凯等老师，都为本章提供了资料，在此一并表示感谢。最后，还要感谢高等教育出版社的张然老师为本书的修订出版提供了大力支持。

修订版要出版了，我们心中还是充满了不安和期待。不安是因为不能确定修订版在多大程度上能够满足不同院校社会工作人才培养的需要。在讨论修改时，曾有老师提出建议出版配套的技术实操光盘，但是，由于我们人力物力的不足，这个愿望始终无法实现。我们也期待在使用教材过程中，能够得到广大教师和学生的指正和反馈，同时，也希望未来教材修订的周期能够缩短，要根据中国社会工作人才培养的需要，最大限度地发挥教材的作用。

刘梦

2012 年 9 月于北京望京花园

郑重声明